U0631806

丛书编委会

主　编
刘国永

副主编
李文思　王　萌

编　委
孙晓霞　王华巍　姜　蓉　张　林　罗　杰
王文才　何文盛　马蔡琛　华清君　李宜祥
俞红梅　任晓辉　彭锻炼　汤　泉　刘　敏
信俊汝　吴　晶　夏和飞

全面实施预算绩效管理系列丛书

丛书主编　刘国永

孙晓霞　黄超　刘敏　编著

政府债务预算绩效管理路径探索

基于代际公平和投融资机制的视角

江苏大学出版社

镇江

图书在版编目(CIP)数据

政府债务预算绩效管理路径探索:基于代际公平和投融资机制的视角/孙晓霞,黄超,刘敏编著.—镇江:江苏大学出版社,2021.12
ISBN 978-7-5684-1577-4

Ⅰ.①政… Ⅱ.①孙… ②黄… ③刘… Ⅲ.①国债—债务管理—预算—研究—中国 Ⅳ.①F812.5

中国版本图书馆 CIP 数据核字(2021)第 246344 号

政府债务预算绩效管理路径探索:基于代际公平和投融资机制的视角
Zhengfu Zhaiwu Yusuan Jixiao Guanli Lujing Tansuo: Jiyu Daiji Gongping he Tou-Rongzi Jizhi de Shijiao

编　　著/孙晓霞　黄　超　刘　敏
责任编辑/柳　艳
出版发行/江苏大学出版社
地　　址/江苏省镇江市梦溪园巷 30 号(邮编:212003)
电　　话/0511-84446464(传真)
网　　址/http:∥press.ujs.edu.cn
排　　版/镇江文苑制版印刷有限责任公司
印　　刷/南京艺中印务有限公司
开　　本/787 mm×1 092 mm　1/16
印　　张/16
字　　数/350 千字
版　　次/2021 年 12 月第 1 版
印　　次/2021 年 12 月第 1 次印刷
书　　号/ISBN 978-7-5684-1577-4
定　　价/50.00 元

如有印装质量问题请与本社营销部联系(电话:0511-84440882)

序　一[*]

· · · ·
· · · ·

刘仲藜

　　财政是国家治理的基础和重要支柱，财税体制在国家治理中发挥着基础性、制度性、保障性作用。1993年初夏，党中央做出了实施财税体制改革的重大战略部署，一场影响深远的财税体制改革自此拉开了序幕。十八届三中全会以来，财税体制改革全面发力、多点突破、纵深推进，预算管理制度更加完善，财政体制进一步健全，税收制度改革取得重大进展，现代财政制度框架基本确立。2017年，党的十九大报告从全局和战略高度要求加快建立现代财政制度，建立全面规范透明、标准科学、约束有力的预算制度，全面实施绩效管理。

　　回顾这些年财税体制改革的历程，全面实施预算绩效管理是深化财税体制改革的重要内容，也是新形势下的必然之举。深化财税体制改革的内容涵盖预算管理制度、税收制度和财政管理体制三个领域，其中预算管理制度改革是基础。十八大以来，中期财政规划、预算公开、地方政府债务管理等一系列预算管理制度改革举措的落地实施，为全面实施预算绩效管理夯实了基础条件。从另一个角度看，全面实施预算绩效管理要求强化预算为民服务的绩效理念，促进预算更加公开透明，增强对重大战略任务的财力保障，平衡好促发展和防风险的关系，这些要求则进一步明确了预算改革的目标导向原则，拓展了预算管理的广度和深度，加快了财税体制改革的实施进程。

　　进一步讲，全面实施预算绩效管理是推进国家治理体系和治理能力现代化的内在要求。我国的财税体制改革始终紧密围绕推进国家治理体系和治理能力现代化的总目标推进。随着改革的逐步深入，国家治理体系中一些深层次问题仍有待解决，如政府和市场资源配置效率不高、事权和支出责任关系未理顺、公共服务供给不平衡不充分、绩效理念尚未牢固树立、政府部门履职成效有待提高等。全面实施预算绩效管

＊　本序作者刘仲藜系中华人民共和国财政部原部长。

理，不单单是财政资金的管理，其实是在更深层次上将理财与理政结合在一起，将全面实施预算绩效管理转化为完善国家治理体系、促进发展质量效益提升的动力和重要手段。

纵观我国预算绩效管理的发展过程，自 20 世纪 90 年代探索绩效评价试点开始，我们先后历经了绩效评价扩点增面、全过程预算绩效管理等阶段。历经多年探索，2018 年《中共中央 国务院关于全面实施预算绩效管理的意见》正式发布，为全面实施预算绩效管理做出统筹谋划和顶层设计，预算绩效管理改革按照"全方位、全过程、全覆盖"的框架体系进入全面深化阶段。

当前，我国已进入新发展阶段，随着国内外形势发生深刻复杂的变化，为推动构建新发展格局，必须持续深化财税体制改革。"十四五"时期的财政改革发展各项工作，从强化高质量发展目标引领，注重宏观政策协调配合，促进财政政策提质增效，到深入推进预算管理制度改革、进一步理顺财政体制等，都对绩效管理提出了更高更新的要求。

作为一项长期的、系统性的工程，全面实施预算绩效管理需要在工作实践中不断完善和动态改进。在这个过程中，需要解决的难题很多，需要理顺的关系很多，需要研究的课题很多；在这个过程中，需要汇聚各方力量，各尽其责、各展所长，广泛深入开展研究，为全面实施预算绩效管理建言献策。

刘国永教授及其团队在预算绩效管理领域深耕多年，长期奋战在业务一线，不仅具有深厚的理论基础、专业素养，同时也积累了丰富的实践经验，并于 2019 年推出《全面实施预算绩效管理系列丛书》。几年时间里，我国预算绩效管理体系不断完善，预算绩效管理的范围和层次较以往均有了较大的拓展。刘国永教授及其团队本着与时俱进、精益求精的一贯精神，结合新的实践经验，组织对《全面实施预算绩效管理系列丛书》进行修订，并增编了《政府购买服务绩效评价：理论、实践与技术》《政府债务预算绩效管理路径探索：基于代际公平和投融资机制的视角》等新著，对绩效如何融入全口径预算管理的具体实施路径进行了诸多有益的探索，对如何推动绩效和预算更全面、更实质性地融合等问题的研究更为深入系统，还重点关注了基层政府如何开展预算绩效管理等，案例也很有新意、很具有代表性，应该会激发一些有价值的讨论。

相信系列丛书的新出版发行，会加深读者对"全面实施预算绩效管理"的认识和理解。书中提供了颇多开展绩效管理的方法体系和技术工具，有助于绩效管理改革创新，希望能够给各类读者提供有益的借鉴。

忝为序。

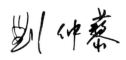

序 二[*]

马蔡琛

　　财政为庶政之母，预算乃邦国之基。2018 年 9 月发布的《中共中央 国务院关于全面实施预算绩效管理的意见》（以下简称《意见》）提出："力争用 3 至 5 年时间基本建成全方位、全过程、全覆盖的预算绩效管理体系，实现预算和绩效管理一体化，着力提高财政资源配置效率和使用效益，改变预算资金分配的固化格局，提高预算管理水平和政策实施效果，为经济社会发展提供有力保障。"三年多以来，财政部门围绕落实《意见》目标，精心谋划、认真组织、大力推动，经各方共同努力，全国各地区各部门强化绩效意识，努力推进改革，已取得诸多成绩。然而，全面实施预算绩效管理这项工程庞大而复杂，由于各地实践的具体环境与所处阶段各有不同，当前对于预算绩效管理先进经验的总结、理念和方法的探讨非常有必要。

　　上海财经大学公共绩效研究院刘国永教授及其团队多年来一直基于实践，系统性地展开预算绩效管理领域的研究，这套《全面实施预算绩效管理系列丛书》（修订版）就是他们不断探索的重要成果。这确实是一件值得祝贺的事情。

　　这套丛书在 2019 年版本的基础上进行了修订和拓展，更成体系，内容更广泛。前两册专业基础和实践指导围绕"四本预算"进行了修订，包括理论梳理、实践论证；全新编撰的第三册《全面实施预算绩效管理案例解读（2021）》则基于各地实践，筛选近年来的典型案例特别是绩效管理探索创新的实践内容，进一步丰富案例积累；新纳入的第四册《政府购买服务绩效评价：理论、实践与技术》立足于政府购买服务绩效评价亟待解决的问题，搭建形成包括理论基础、实施路径、指标体系、评价机制在内的政府购买服务绩效评价理论体系；第五册《政府债务预算绩效管理路径探索：基于代际公平和投融资机制的视角》对全面实施预算绩效管理背景下政府债务如何

---

[*] 本序作者马蔡琛系南开大学经济学院教授，博士生导师。

"全方位、全过程、全覆盖"绩效管理的实施路径进行了探索。丛书内容丰富，相关经验及方法的分享实践指导意义颇大，其体例在国内亦为新颖，编者的研究视野和成书勇气都非常值得肯定。该丛书对于推进全面实施预算绩效管理实践具有很大价值，不仅可为预算绩效领域的研究者提供参考资料，还可以为各级政府部门、第三方绩效评价机构提供有用的实践方法。

我们可以看到，自新《预算法》实施以来，我国一般公共预算、政府性基金预算、社会保险基金预算、国有资本经营性预算这一整套全口径预算管理体系已然基本形成。在此基础之上，考虑到全面实施预算绩效管理的新要求，如何将预算绩效管理的覆盖面从一般公共预算延展到其他"三本预算"，加快建成全方位、全过程、全覆盖的预算绩效管理体系，对当前的预算绩效管理提出了全新的挑战。

将政府性收支最大限度地纳入政府预算管理之中，是全覆盖预算绩效管理行之有效的重要前提，而我国目前"四本预算"之间的界限并不十分清晰，这将在相当程度上制约预算绩效管理的改革进程。这种界限不清集中体现在以下三个方面：

第一，目前我国的"四本预算"之间仍存在"交叉重叠"部分。举例来说，一般公共预算和政府性基金预算存在相同或相似科目。譬如，二者均设置了"城乡社区支出""交通运输支出"的类级科目。其中一般公共预算设置了"城乡社区公共设施""城乡社区环境卫生"两个款级科目，政府性基金预算则设置了"城乡基础设施配套费安排的支出"这一相似的款级科目。对于此种相似领域资金的重复覆盖，将会导致预算绩效实时监督的障碍和矛盾。

第二，政府性基金预算的界限模糊，内容范围规定尚待完善。目前，新《预算法》中已然对政府性基金的征收方式、征收对象和征收依据做出了说明，但由于政府性收费本身数量和种类都较为繁杂，且地方政府性收费一度随意性较强，实际上难以统计和管理。因而，很多具有政府基金性质的杂项收费都并未在法律层面提供有效的划分依据，而各种政府性基金的盈利和增值，也并未纳入政府性基金管理。

第三，国有资本经营预算存在覆盖缺口。目前，国有金融类企业和国家政策性企业的收入尚未纳入国有资本经营预算范围，且未能全面反映国有资本的存量和增量。

而在"四本预算"绩效管理体系的建立之中，需要重点关注两个问题。一是，目前的预算编制、调整权力集中在各级财政部门，由于行政隶属关系的制约，财政部门实际上很难深入国有资本经营预算和社会保险基金预算的编制与决策过程。以国有资本经营预算为例，预算编制的视角应下沉到具体项目和项目承载企业中去，充分考虑实际项目情况。因而预算管理部门在编制预算的过程中，为保证其科学性和合理性，需要适当考虑业务部门的实际，但也不宜过于放权，否则将会致使管理混乱。二是，原来的预算绩效管理主要针对的是一般公共预算，对另外"三本预算"的绩效管理不够规范和完整。不仅难以对其提炼出高质量的绩效信息，对"四本预算"整体预算绩效进行评估更无从谈起。实际上，另"三本预算"的绩效管理各有其特点，政府性基金预算绩效管理应重点关注基金政策设立延续依据、征收标准、使用效果等情况，国有资本经营预算绩效管理要重点关注贯彻国家战略、收益上缴、支出结构、使用效果等情况，社会保险基金预算绩效管理要重点关注各类社会保险基金收支政策效果、基金管理、精算平衡、地区结构、运行风险等情况。因而，规范化"四本预算"的资金管理，精准定位不同评价主体和不同评价对象在预算活动中的功能特点，制定与之契合的绩效目标和评价体系，既是"四本预算"绩效管理中的重点，也是痛点。

在全面实施预算绩效管理背景下，通过全口径预算绩效管理体系的构建，不仅对各本预算进行独立绩效管理，更要将之有机衔接起来，最终织就一张全覆盖的预算绩效管理网。在理论和实践上还有诸多具体问题有待解决，我们在《全面实施预算绩效管理系列丛书》的前三册中可以看到实践者是如何用智慧化解的，也能看到将来还有哪些问题有待更好地完善。

再说对政府购买服务进行绩效评价。当下，"政府购买服务"已然成为包括我国在内的世界主要国家公共治理的核心政策工具，而政府"花钱必问效，无效必问责"已被提至新高度，因此与老百姓关系密切的约1万亿元规模的政府采购服务绩效评价备受关注，也是"全面实施预算绩效管理"需纳入讨论的重要内容。近年来，《财政部关于推进政府购买服务第三方绩效评价工作的指导意见》《政府购买服务管理办法》等先后发布，政府购买服务绩效评价规则进一步细化，但是在评价过程中可能依然会出现以下几个误区：第一，过分强调形式上的"结果"，违背满足社会公众需求的最初目标。如果执着于绩效评价结果，过度强调供给规模，可能反而导致服务质量、供给有效性和效率性下降。第二，政府购买服务的边界不清晰。对于不同性质的公共服务，政府部门和社会组织应当承担的责任是有差别的。因而，应当结合实际情况，明确政府购买服务清单或负面清单，有选择性地推广政府购买服务。第三，不同层级政府和社会公众之间职责分工不明确。应当合理界定政府与社会之间的角色定位和责任分工，充分协调合作，尽可能避免不同合作部门之间的"踢皮球"现象。如何走出误区，更为高效、科学地进行政府购买服务绩效评价？本丛书第四册《政府购买服务绩效评价：理论、实践与技术》给出了最新的探索与实践案例。

最后，我们谈谈丛书第五册《政府债务预算绩效管理路径探索：基于代际公平和投融资机制的视角》涉及的话题"政务债务预算绩效管理"。党的十九大报告中指出："我国经济已由高速增长阶段转向高质量发展阶段。"当前，我国财政运行处于紧平衡状态，经济下行压力加大的同时，财政收入增长动力会有所减弱。一些地方收支矛盾更为突出，有的财力紧张，资金使用固化、僵化问题不同程度存在，保工资、保运转、保基本民生面临困难。地方政府债务能不能发挥预期效果，关系到我国财政长期预算平衡，以及能否为经济社会发展持续提供税源。构建全覆盖预算绩效管理体系过程中，推进政府债务预算绩效管理体系建设也是重要的一环，有助于科学合理配置财政资源，防范地方政府债务风险，提高地方债资金使用效益，实现积极财政政策的

"提质增效"。这本书的探索能够给当前的研究和实践带来一些启发：一是根据债务管理主体职责、债务项目生命周期、债务偿还渠道和债务资金投向等特征，如何构建多位绩效目标体系；二是从债务管理、预算管理和绩效管理一体化的视角，如何构建符合政府债务特征的全过程绩效管理模式。

加快建立现代财政制度，建立全面规范透明、标准科学、约束有力的预算制度，必须以全面实施预算绩效管理为关键点和突破口，推动财政资金聚力增效，提高公共服务供给质量，提升政府公信力和执行力。在实践中，我们需要以预算推动治理，以绩效看待发展，将实施落到实处，《全面实施预算绩效管理系列丛书》（修订版）确实进行了实实在在的探索，取得了颇为可观的研究成果，相信阅览此书的读者诸君一定会获益良多。

是为序。

自 序[*]

· · · ·
· · · ·

构建预算绩效管理新范式：
数据驱动、标准支撑、业财绩融合

刘国永

自《中共中央 国务院关于全面实施预算绩效管理的意见》发布以来，各地纷纷按照
3 至 5 年时间基本建成全方位、全过程、全覆盖的预算绩效管理体系的目标推进各项工
作。在"三全"的框架体系之内，各地还不断尝试创新突破，有的实施基于成本核算的预
算绩效管理，有的开展下级政府财政运行综合绩效评价试点，有的开展绩效标准建设，
应该说都具有各自的亮点和特色。当然，各地也都面临一些问题和挑战，并总结了一些
经验和教训。目前，各地的预算绩效管理工作，既处在阶段收官的成果验收期，也处在
再度出发的未来展望期。值此全面实施预算绩效管理的关键时刻，基于对历史的总结
和未来的期待，我们重新修订了《全面实施预算绩效管理系列丛书》，从各地已经面临或
即将面临的挑战出发，有针对性地总结出五个亟待进一步深化破解的难题，并对应地提
出了一系列看法，以期帮助读者把握未来预算绩效管理工作的主要方向。

一、质量为基：预算绩效管理提质扩围

构建全方位、全过程、全覆盖的预算绩效管理体系，是全面实施预算绩效管理的
主要目标。随着各项工作的不断深入，预算绩效管理改革也进入了"深水区"，管理
对象进一步拓展，延伸到政府性基金预算、国有资本经营预算和社会保险基金预算其
他三本预算，以及一般公共预算中的政府采购项目、政府购买服务项目、政府和社会
资本合作（PPP）项目、政府债务项目、政府投资基金等。从这些管理对象的特点来

---

* 本序作者刘国永系上海财经大学公共绩效研究院副院长、全国财政信息化标准化工作组委员、上海闻政管理咨询有限公
司董事长、上海市公共绩效评价行业协会会长、海南省财政绩效评价行业协会会长。

看，与以往纳入绩效管理的对象相比，主要有以下四个特点：一是管理目标更综合、更立体，例如，上述对象可能与国家关于政府职能转变、理顺政府间财政关系、国有资本保值增值等目标相关联，也会涉及具体某个管理环节的特定要求；二是对财政收入绩效管理提出了明确要求，其他"三本预算"均可能涉及预算收入的绩效管理内容；三是财政管理与其他行业管理特征交织，例如基金、债务等项目还需要结合金融及资金运行风险的相关管理要求；四是管理对象的层次更高，例如一级政府的财政运行情况、某个社会保险基金整体运行情况等。由于这些管理对象存在上述特点，导致在全面实施预算绩效管理之前，大多数财政部门不将这些对象纳入管理范围。

但是，"三全"的管理要求，使得对这类对象的管理需求与日俱增，相关的研究和试点也在陆续展开中，如何有效地将管理范围拓展到这些对象、推动全面实施预算绩效管理工作持续深入，已经成为摆在各级财政部门乃至各级党委政府面前的重大课题。因此，要实现全面实施预算绩效管理的持续深入，有待于进一步明确目标、把握特征、完善路径。明确目标，就是要基于全方位的视角，将目标定位于建立管理对象的目标体系、内容体系、方法体系和标准体系；把握特征，就是要按照全覆盖的要求，在管理过程中充分体现不同对象的不同特征；完善路径，就是要提炼全过程的经验，搭建形成相关管理对象覆盖事前评估、目标管理、运行监控、绩效评价、结果应用等环节的闭环系统。

二、标准为本：预算管理一体化科学化

实现预算与绩效管理一体化是全面实施预算绩效管理的根本目标，集中体现了绩效为预算管理服务，通过绩效管理提升预算管理水平，进而推进预算管理科学化的基本方向。绩效标准体系是全面实施预算绩效管理的基础，也是预算和绩效管理一体化的核心，包括目标标准、支出标准和评价标准三项内容。其中，目标标准是支出标准的依据，支出标准是目标标准的约束，评价标准是目标标准和支出标准的调节机制。"十三五"期间，我国通过推进全面实施预算绩效管理，在完善绩效管理流程、加大绩效管理覆盖范围、强化预算和绩效管理衔接等方面取得了较大进展。但是，在绩效管理的深度上，由于绩效目标标准和支出标准缺乏衔接，绩效管理和预算管理的一体化仅停留在流程和形式上，绩效和预算"两张皮"、预算编制和执行"两张皮"等问题仍然没有解决。只有健全绩效标准体系，以绩效标准作为支出标准的依据，才能进一步发挥绩效标准在预算和绩效管理中的基础支撑作用，从而实现预算和绩效管理全过程的实质性一体化融合。

健全预算绩效标准体系，应以绩效指标建设为基础，包含三方面内容：一是以目标标准与基本公共服务标准、支出标准衔接匹配为原则，建立以规划政策和部门职责为先导，以质量和效益为核心的目标标准；二是要在保障财政资源统筹的基础上，坚持先有目标再有预算，分析实现目标标准的科学合理支出水平，建设财政支出标准；

三是要健全各类绩效评价方法、规则、模型和管理标准等，研判支出安排和目标标准的匹配性，以评价标准的建立促进目标标准和支出标准的动态调整。目标标准、支出标准和评价标准等三项构成了绩效标准的完整体系，需要整体设计和全面推进。绩效标准体系建设的水平和质量，也反映了预算绩效管理的水平，也是实质性通过预算绩效推进预算管理科学化的关键。这也是党的十九大对预算管理改革的要求。

三、主体责任：业、财、绩融合的行业绩效管理体系

在全面实施预算绩效管理的整体背景下，通过若干年的工作实践，预算绩效管理工作已不再是财政部门的"独角戏"，相关要求已经转化为不少行业领域主管部门的自身诉求。这种转变得益于以下三点：一是预算绩效管理正在成为行业主管部门开展内部管理的重要工具，通过将业务和财务相互融合，厘清主管部门和单位之间、机构内部不同处室之间的权责利关系，将绩效管理作为预算部门开展内部管理的新手段、新方法；二是预算绩效管理有助于明确政府开展行业监管和补贴的标准，建立以绩效数据为支撑的行业监管体系，确立行业监管的绩效标杆；三是预算绩效管理可以实现行业管理的进一步科学化、精细化，树立绩效标杆，解决部门预算资源配置效率最大化的问题。

这种转变的产生，来自行业领域主管部门不同的管理诉求，主要包括：第一，行业领域主管部门是预算绩效管理的责任主体，更多的部门预算自主管理权限体现为对行业领域特征的关注；第二，与财政部门更关注资金相比，行业领域主管部门更关注预算绩效管理与部门运转、项目管理、业务开展、部门履职等方面的联系；第三，由于还存在业务方面相关的考核评估，行业领域主管部门还对预算绩效管理与各种形式的督导、考核、评估、评价能否相互融合较为关注。因此，在后续搭建行业领域绩效管理体系的过程中，主要要做到以下三点：一是立足绩效，建立覆盖部门内部所有绩效管理需求的管理体系，覆盖管理的多个层次，实现多类绩效管理需求的统合；二是聚焦财务，抓住资金管理主线，以绩效视角改变传统记账式财务、向管理会计转型，以融合创新支撑财务治理能力现代化；三是专精业务，涵盖运转、人事、资产等各个方面的管理内容，以数据驱动行业领域智能管理、智能决策。因此，预算绩效管理对于部门单位的最大价值是通过优化资源配置，提升部门决策和管理水平。

四、治理规制：基层政府预算绩效决策体系

基层政府是我国政府治理的基础，承担着多数公共服务的主体责任，既向普通民众直接提供教育、卫生、公共安全、住房、文化等基本公共服务，也通过国有企业间接提供供水、供热、公交、环卫等公用事业服务。在履行上述政府职能的过程中，基层政府始终面临着财权事权不匹配、经济基础薄弱、人力资源紧张、管理手段匮乏、预算标准缺失等诸多问题。不同于其他更高层级政府的管理现状，对于基层政府而

言，如何紧紧抓住全面实施预算绩效管理的改革契机，充分发挥绩效"指挥棒"的工具属性，厘清县乡两级政府的财政事权和支出责任，最大限度简化管理流程和降低管理难度，将预算绩效与基层财政资源的整合及配置决策联系起来，既是最为迫切的需求，也是亟待解决的难点。

相对于其他层级政府将项目和政策作为主要绩效管理对象的通行做法，基层政府应立足于自身财政资源的整体配置规划，缩短绩效管理行为与财政资源投入决策之间的半径，按照基层政府财力与事权相匹配的原则，通盘考虑如何有效率、均等化、可持续地回应普通民众希望获得公共服务的基本诉求。为此，对于基层政府而言：一是要推进基本公共服务绩效分析及标准建设，以绩效标准为引领全面盘活县乡两级财政资源，破解当前有限资源和高质量发展目标之间的矛盾难题；二是要加快公用事业国有企业财政补贴标准及机制建设，合理划分政府与市场的边界，提升公用事业的服务供给效率；三是要推进一级政府财政运行综合绩效决策分析，提供县级和乡镇经济社会发展状况的衡量工具，及时发现影响高质量发展的重大风险因素。

五、数据驱动：预算绩效管理大数据分析应用

当前，大数据应用日益成为"数字政府"转型的重要基础和新的驱动力，推动政府数据开放共享，促进社会事业数据融合和资源整合，开展数据应用，将极大提升政府履职能力。财政和预算部门作为绩效管理的责任主体，既有条件，也有必要依托这一抓手，加快推进绩效大数据应用，充分整合和挖掘数据资源，促进政务信息化由传统流程化管理向数据资源价值发挥，支持科学决策的重大转变。预算绩效管理作为贯穿预算编制、执行、监督和决算全过程的管理活动，预算绩效管理的大数据分析应用不应局限于财政自身数据，也需要将各个预算部门和单位的业务数据纳入进去，同时还需要整合政务数据之外的外部数据。

要整合内外数据，开展预算绩效管理大数据分析应用，就需要进一步完善具体的应用路径，具体来说：一是要建立应用机制，加快推动形成以党委领导、政府统筹、政务信息化主管部门协调、行业需求部门主导参与、相关部门单位积极配合的工作格局，深度挖掘行业领域预算绩效管理的需求，通过多种方式支持与专业企业开展合作，理顺大数据建设过程中的权责关系，建立预算绩效大数据的统一标准规范；二是要明确应用场景，将相关场景完全贴合预算管理实践，面向实践工作中面临的难点问题，使得大数据分析应用在预算编制、执行、监督和决算的全流程中充当监管工具、衡量工具、模拟工具；三是要设计应用功能，按照应用场景的基本定位，提供全景现状、问题诊断、仿真模拟等分析功能，有效满足财政部门和预算部门掌握预算绩效全景现状、识别资源配置主要风险、了解不同配置策略下预算绩效变化趋势等管理诉求。

在我国全面实施预算绩效管理即将取得阶段性成果，但预算绩效管理工作亟待持

续深化的大背景下，今天呈现在大家面前的《全面实施预算绩效管理系列丛书》（修订版），是我们近年来按照预算与绩效管理一体化的要求不断探索和实践的结果，凝结了我们多年的心血。与上一版相比，本次修订主要有以下特点：第一，按照目前政府治理、财政和预算管理的一系列新形势、新背景、新政策，对丛书涉及的相关概念、数据和知识体系进行了完善更新，特别对四本预算、部门行业绩效管理、绩效标准和大数据建设应用进行了丰富和拓展；第二，基于我们近两年的深耕，结合我们在各地开展预算绩效管理实务工作的经验，形成了全新的案例解读，更贴近读者工作实际；第三，按照预算绩效管理范围不断拓展的要求，依托近年来我们参与财政部政府购买服务、政府债务等部省共建联合研究课题的成果，特别撰写形成了关于政府购买服务和政府债务预算绩效管理两册专著，以期帮助读者进一步深入理解预算绩效管理在各个财政专题中的深入应用。

从整体内容上看，本套丛书从理论、实践到案例，内容完整，且更加丰富；从篇章结构上看，在知识梳理、路径划定、经验描述方面，也尽量做到简洁清晰、相互呼应。因此，我们有理由相信，本套丛书的再次修订出版，一定会对读者了解预算绩效管理、认识预算绩效管理乃至开展预算绩效管理有所助益。

我们也希望预算绩效管理领域的有志之士能够不断创新，持续研究，大胆实践，共同承担更多责任，为我国深化预算绩效管理改革贡献更多力量。

是为序。

目录

我国政府债务管理法律法规和规范性文件（节选）

本书导读 *

· · · ·

· · · ·

随着 2015 年新《中华人民共和国预算法》的实施，发行政府债券成为地方政府实施债务融资的唯一合法渠道。同时，我国政府债务投资遵从"黄金法则"，即必须用于公益性资本支出，不得弥补经常性支出缺口。对于资本性支出，如交通运输、能源等公共基础设施建设项目，由于其建设周期和服务期限长，投资规模大，如果完全通过财政当期资金进行投入，会形成"成本—效益"在不同代际之间的不公平。通过发行政府债券，在提前使用未来部分财政收入的同时将资本性公共产品的总成本支出向后递延，能够实现成本与效益在不同时间和人群间的共享和分摊，有助于实现代际公平。

基于代际公平和政府投融资机制的视角，政府债务作为我国政府预算的组成部分，既是政府实施宏观调控的重要工具，也是需要强化绩效管理的关键领域。基于此，本书的研究目标是在遵循我国预算绩效管理、政府债务管理和政府投融资方式的现行制度要求和实践范式的前提下，对政府债务尤其是地方政府债务的预算绩效管理进行系统性的理论逻辑思考与技术路径探究，以期为政府债务绩效管理相关实践提供支撑。

全书围绕该目标编撰了七个章节，主要包括政府债务预算绩效管理概述、政府债务的规模和发展、政府债务预算绩效管理的国内外研究和实践经验、政府债务预算绩效管理的内容体系等内容。各章节的具体内容如下：

第一章从全面实施预算绩效管理、政府债务管理、经济社会发展和财政风险四个角度论述了政府债务预算绩效管理体系建立的必要性，界定了政府债务预算绩效管理

---

* 本书基于 2019 年财政部与共建高校联合研究课题"政府债务预算绩效管理研究"，中国国债协会和上海财经大学联合研究成果。

的概念和组成内容，认为政府债务预算绩效管理是以政府债务为对象，将绩效理念方法融入政府债务"借、用、还"的全过程及债务项目全生命周期的预算管理模式。具体而言，政府债务预算绩效管理需全方位涵盖政府举债机制、债务管理、债务项目等层次，贯穿政府债务"借、用、还"全过程，覆盖所有债务预算资金。

第二章从我国政府债务管理的历史沿革出发，剖析我国政府债务的规模和发展情况，并从绩效管理视角介绍了我国当前政府债务的制度体系框架、管理主体和管理流程。

第三章梳理了美国、英国、澳大利亚等西方发达国家政府债务管理的主要特点，并针对性地总结了国外相关管理经验对我国债务预算绩效管理的启示，从管理规范、风险监控、信用评级体系、信息公开等方面为本书开展我国政府债务预算绩效管理体系研究提供借鉴。

第四章基于安徽、陕西、上海等地的公开信息结合实地调研记录，梳理形成我国地方政府基于绩效理念的债务"借、用、还"全过程管理的相关经验。在管理水平不断提高的过程中，我国政府债务预算绩效管理依然在顶层设计、"借、用、还"各个环节及保障措施等方面存在一些亟待解决的问题。最后，基于债务预算绩效管理的工作推进角度，分别从强化顶层设计、开展应用试点、发挥第三方专业作用、夯实保障措施等四个方面提出了相关建议。

第五章和第六章在现状描述、问题梳理和经验总结的基础上，根据政府债务预算绩效管理在管理目标、管理层次、管理口径和管理主体等方面的特征，按照事前绩效评估、绩效目标管理、绩效运行监控、绩效评价的逻辑顺序，分别阐述了政府债务预算在各个环节绩效管理中的内容、主体、形式、流程等方面的侧重点，构建了政府债务全过程预算绩效管理体系。

第七章选取了不同行业领域的政府债务绩效管理典型案例，包括1个棚户区改造专项债项目的事前绩效评估案例、1个公立医院专项债项目绩效运行监控案例、1个水污染治理专项债项目绩效评价案例和1个地区债券资金整体绩效评价案例，展示政府债务绩效管理在不同环节、针对不同对象开展绩效管理活动的思路与路径，并于每个案例结束之后总结案例的局限性和后续有待改进优化的地方，在展示案例的同时也为读者留下了一定的思索和探寻空间。

政府债务预算绩效管理概述

第一章

政府债务是政府作为债权的发行人，依照法定程序发行，并约定在一定期限还本付息的有价证券，是有一种债权债务关系的凭证。债权人对债务人（政府）的权利体现为获取利息和收回本金。政府债务包括中央政府债务（又称国债）和地方政府债务。本章从论述政府债务预算绩效管理路径探索的背景和意义出发，介绍了政府债务的概念和分类，阐述全面实施预算绩效管理背景下政府债务预算绩效管理的概念和组成内容，认为政府债务预算绩效管理是以政府债务为对象，将绩效理念方法融入政府债务"借、用、还"全过程及债务项目全生命周期的预算管理模式，最后介绍债务绩效从宏观经济调控到微观项目的绩效传导机制。

|第一节| 政府债务预算绩效管理路径探索的背景和意义

本书从三个层次来介绍背景和意义：一是现代财税体制建立的客观要求，二是预算管理和政府债务制度改革的题中之意，三是深化预算绩效管理的现实要求。

一、宏观层面：现代财税体制建立的客观要求

财政部部长刘昆在《建立现代财税体制》[①] 中指出，建立现代财税体制是我国进入新发展阶段抓住机遇、应对新挑战的必然要求。2021 年全国两会期间，政府工作报告、财政政策执行情况报告等进一步提出"积极的财政政策要提质增效、更可持续"、要"坚持系统集成、协同高效"等，突出了深化预算制度改革、完善现代税收制度和健全政府债务管理制度等加快建立现代财税体制的重要内容。

过去的 20 多年里，我国每年的基础设施建设投资额达到 GDP 的 10%，该比例远超其他发展中经济体。1994 年分税制改革后的财政分权体制下，地方政府，尤其是基层政府，承担了主要的基础设施建设任务。但是在我国经济高速发展的背景下，地方政府主要依靠税收和上级政府的财政转移支付无法满足城市基础设施建设等公共服务的巨大资金需求，因此，地方政府不得不高度依赖债务融资。

2014 年年底财政部要求地方政府在审计署 2013 年政府性债务审计结果上对存量

---

① 摘自《〈中共中央关于制定国民经济和社会发展第十四个五年规划和二○三五年远景目标的建议〉辅导读本》。

政府性债务进行清理甄别,明确纳入预算管理的政府债务口径。最终,经清理后的政府债务包括 1.06 万亿元获批发行的地方政府债券,以及通过非债券形式举借的存量债务 14.34 万亿元需逐步通过地方政府债券置换的方式转换为政府债券。经过五年的置换已基本置换完毕(截至 2020 年 12 月底,全国非政府债券形式存量政府债务为 1751 亿元),而不纳入预算管理的 8.6 万亿元或有债务需要做好统计分析、风险防控和监管工作。除了外债转贷担保情形外,此后其他任何形式的新增或有债务都认定为违规举债,在"开大前门"赋予地方政府依法适度举债权限的同时"严堵后门"。2017 年 7 月召开的中央政治局会议首次将这部分地方政府违规举借的债务表述为"隐性债务"(见图 1-1)。

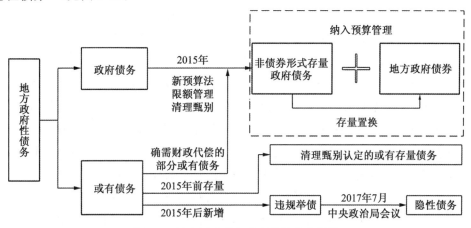

图 1-1　地方政府债务管理的规范化历程

　　然而,债务预算绩效管理机制的不健全导致一些地方政府在提升债务管理效能的过程中仍存在内在动力不充分的问题。一方面,在经济稳增长压力下,政策的周期性放松、预算软约束预期、体制性投资冲动叠加金融创新,一些地方政府仍然持有"重融资轻偿还""重建设轻绩效"的错误观念,地方政府债务资金流向与结构、使用的错配等问题还时有出现,如将债务资金投向低效率重复建设、社会受益度低的公共设施项目等。另一方面,2017 年以来,在中央严肃财政纪律、从严整治举债乱象的背景下,出现一些地方债券发行使用进度慢、项目实施责任不落实、举债资金闲置等情形,未能充分发挥合法合规债务资金对稳投资、扩内需、补短板的效果。

　　建立现代财税体制是推进国家治理体系和治理能力现代化的应有之义,而更好地发挥现代财税体制在资源配置、财力保障和宏观调控等方面的基础作用,客观上要求通过体制机制建设引导和规范政府举债行为,提高债务资金配置效率和使用效益。也就是说,政府债务预算绩效管理体系既要强调政府债务的整体性、系统性管理,以绩效为导向全方位、全过程构建,打破债务管理的碎片化思维,又要着眼于建立健全以绩效为核心的激励和约束制度,摒弃债务管理的随意性,形成政府债务管理工作的内在动力。

二、中观层面：预算管理和债务管理制度改革的题中之义

政府预算体现国家的战略和政策，反映政府的活动范围和方向。从深化预算管理制度改革和健全政府债务管理制度的现实意义出发，政府债务预算绩效管理既有利于有效发挥政府债务融资的积极作用，又有助于防范和化解风险，增强财政可持续性。

（一）政府债务预算绩效管理是充分发挥规范举债对经济社会发展促进作用的关键举措

规范举债对经济社会发展具有积极的促进作用。一方面，举债资金可以有效补充公共财政资金的不足，投入私人资本不愿意进入的保障性住房、交通设施、科教文卫、生态环境保护等公共基础设施建设项目，有利于提升公共服务供给质量；另一方面，通过对债务资金运作进行有效引导，合理配置公共资源，可以扩大社会投资和消费，为地区经济的长期发展奠定基础。

以补短板、强弱项为主导的供给侧结构性改革是我国今后较长时间的经济社会发展政策主线，而构建以绩效为导向的政府债务管理体系是发挥政府债务预算对经济社会高质量发展促进作用的关键因素。高效的政府债务管理可以显著提升政府债务对社会发展的积极作用，而低效、无效的管理则会放大政府债务的负面影响。提高债务项目实施效果和债务预算管理水平，关键就在于遵循政府债务"借、用、还"全流程预算管理环节，以结果为导向构建债务预算绩效管理体系，促使政府债务管理各参与主体更加关注债务资金为公共产品和服务带来的效益，进而提高各管理环节决策的科学性和流程的规范性，推动债务资金聚力增效。

（二）政府债务预算绩效管理是切实防范化解财政风险的重要手段

随着政府治理体系、宏观经济政策和资金市场环境的发展，与地方政府债务管理相关的法律法规和制度框架在过去 5 年经历了巨大的改革。2014 年国务院印发《关于加强地方政府性债务管理的意见》（国发〔2014〕43 号），意见首次赋予我国地方政府进行适度举债的权限，2015 年新修订的《中华人民共和国预算法》再次明确各省、市、自治区可以在国务院确定的限额内，通过发行地方政府债券的方式举借债务，纳入预算管理的政府债务规模开始显著增长。

目前，我国政府债务风险总体安全可控，但不容忽视的是，不同地区间债务负担差异较大。以地方政府专项债务为例，2020 年年末我国地方专项债务余额为 12.92 万亿元，超过同期地方政府性基金 9.35 万亿元的收入，意味着部分地区及项目偿债资金链已暴露出风险。另一方面，当前政府性基金收入结构中以土地出让收入为主导，占比高达 90％左右，在当前去杠杆和房地产调控等政策背景下，土地出让收入对专项债务的支撑能力将逐步弱化。这要求政府举债时需要关注政府财政存续状态和能力，以及对政府债务的支撑能力。

从动态的视角来看，政府债务的风险不仅受债务存量规模的影响，更取决于地方

政府举借债务是否能发挥预期效果，包括是否能产生与债务偿还相匹配的现金流量来保证跨期预算平衡实现代际公平，是否能达到和政府职能、事权及重点发展领域相匹配的效果，为经济社会的持续发展提供税源等。因此，债务的有偿性和政府举债的受托责任性要求政府举债和管理债务资金时必须注重财政承受能力和债务资金运行绩效。随着国家治理复杂程度不断加深，通过建立以绩效为导向的政府债务预算绩效管理体系，把控债务预算从宏观到微观、从资金来源到资金流向终点的绩效，完善管理流程、明确绩效责任，能够成为有效防范化解风险的重要手段。

三、微观层面：预算绩效管理深化的现实要求

全面实施预算绩效管理是推进国家治理体系和治理能力现代化的内在要求，债务预算绩效管理则是全面实施预算绩效管理的有机组成部分。2018年9月，党中央、国务院《关于全面实施预算绩效管理的意见》正式印发，提出"严禁超出限额举借政府债务""积极开展涉及一般公共预算等财政资金的……政府债务项目绩效管理"，同年11月财政部《关于贯彻落实〈中共中央 国务院关于全面实施预算绩效管理的意见〉的通知》（财预〔2018〕167号）进一步提出，"加快对政府投资基金、主权财富基金、政府和社会资本合作（PPP）、政府购买服务、政府债务项目等各项政府投融资活动实施绩效管理，实现全过程跟踪问效"。

"十三五"期间通过推进预算管理改革，在完善预算管理流程，提高财政预算监管效率、加大绩效管理覆盖范围等方面取得较大进展。但是，在绩效管理的深度上，绩效和预算"两张皮"、绩效管理形式化等问题还普遍存在。客观而言，我国距离建立完善的全面预算绩效管理机制，让绩效管理真正发挥在提升财政资源配置效率和资金使用效益等方面的积极作用，还有一定差距。迈入"十四五"新发展阶段，我国财政预算和绩效管理一体化的改革步伐明显加快，政府债务应以此为契机探索并创新以绩效为导向的配套政策和管理模式，规范政府举债行为，从而促进债务预算的高效科学运作，提升政府债务预算管理和绩效管理的一体化和科学化水平。

|第二节| 政府债务的概念

一、政府债务的定义

（一）政府债务和政府性债务的区分

《中华人民共和国民法通则》中指出，债务是指依照法律规定或合同约定而形成的权利义务关系。政府性债务是债务中的一种。在国际上，世界银行经济学家 Hana Polackova 提出了政府财政风险矩阵，根据政府义务是否得到法律确认将政府性债务

划分为显性债务和隐性债务，而根据发生原因的可能性划分为直接债务和或有债务。通过这两个维度的组合，Polackova 得到了财政风险矩阵中反映出来的四种政府负债类型，即直接显性负债、直接隐性负债、或有显性负债和或有隐性负债（见表1-1）。

表1-1　政府财政风险矩阵

	在所有情况下都需要承担的直接责任	在特殊情况下承担的或有责任
显性：法律与合同认可的政府债务	● 政府债务（政府签订的借贷合同与发行的证券） ● 工资与福利欠款的支付（如果是政府的法定责任） ● 不可任意支配的预算支出 ● 长期具有法律约束力的支出（公务员薪资和养老金）	● 政府为公共部门企业的债务及其他责任所做的担保 ● 政府为非公共部门企业的债务及其他责任所做的担保 ● 政府为私人投资所做的担保（基础设施） ● 政府保险（农作物保险）
隐性：反映公共与利益集团压力的政府道德责任	● 公共投资项目的资本留存与未来的周期性成本 ● 地方社会保障计划下未来收益的成本 ● 政府预计未来将提供的公共健康与疾病控制支出及商品与服务方面的支出	● 与政府非正式保证函相关的索赔由破产的金融机构提出的索赔由于为各个企业提供非担保债务、自身的保证、欠款、非正式保证函与其他可能责任的帮助而产生的索赔 ● 与企业重组或私有化相关的索赔 ● 由于超过当地养老基金、就业基金与社会保障基金担保范围而赔偿失败的受益人提出的索赔 ● 与地方危机管理相关的索赔（公共健康、环境、赈灾等）

资料来源：沙安文. 财政管理［M］. 鲍曙光，译. 北京：中国财政经济出版社，2019。

在我国政策口径中，审计署 2011 年和 2013 年的两轮审计结果将我国政府性债务分为三类：有偿还责任的债务、有担保责任的债务、可能承担一定救助责任的债务，其中负有偿还责任的债务被界定为政府债务，后两类被界定为政府或有债务（见表1-2）。

表1-2　我国政府性债务分类

分类	政府债务	政府或有债务	
	政府有偿还责任的债务	政府有担保责任的债务	政府可能承担一定救助责任的其他债务
定义	政府（含政府部门和机构）、经费补助事业单位、公用事业单位、政府融资平台公司和其他相关单位举措，确定由财政资金偿还，政府负有直接偿债责任的债务	政府（含政府部门和机构）提供直接或间接担保，当债务人无法偿还债务时，政府负有连带偿债责任的债务	政府融资平台公司、经费补助事业单位和公用事业单位为公益性项目举借，由非财政资金偿还，且政府（含政府部门和机构）未提供担保的债务（不含拖欠其他单位和个人的债务）。政府在法律上对该类债务不承担偿债责任，但当债务人出现债务危机时，政府可能需要承担救助责任

资料来源：国家审计署网站。

2016 年《国务院办公厅关于印发地方政府性债务风险应急处置预案的通知》(国办函〔2016〕88 号)进一步区分了政府债券、非债券形式存量政府债务、存量或有债务、新发生违法违规担保债务等四类债务类型,《地方政府性债务风险分类处置指南》(财预〔2016〕152 号)明确规定存量或有债务和新发生的违法违规担保债务"不属于政府债务,政府不承担偿债责任"。

2018 年 8 月,中央、国务院出台《关于防范化解地方政府隐性债务风险的意见》,2018 年 8 月下旬起,财政部陆续下发了《地方政府债务统计监测工作方案》《财政部地方全口径债务清查统计填报说明》《政府隐性债务认定细则》等文件,对地方隐性债务进行摸底排查,同时要求各地政府制定债务化解办法,安排逐笔债务的化解。根据各地公开资料,目前确定的化解方法主要包括如下几种:一是一般通过安排当年的财政资金,包括预算资金、超收收入、盘活财政存量资金来直接偿债;二是对于财政资金紧张的地方,考虑通过出让政府股权及经营性国有资产权益偿还,或者利用隐性债务对应的项目结转资金、经营收入偿还;三是一些具有稳定现金流的隐性债务可以考虑合规转化为企业经营性债务;四是企事业单位可以通过借新还旧、展期的方式来偿还债务;五是如果实在无法偿还债务,则可以对债务单位进行破产重组,按照公司法等法律法规进行清算偿债。

专栏 1-1 ▶▶▶   隐性债务的规模

目前仅有个别省市公布了较为详细的隐性债务规模,如安徽省合肥市审计局公开披露,截至 2017 年年末,合肥市级隐性债务规模为 475.38 亿元,是显性债务规模的 72% 左右。而审计署新一轮对地方政府隐性债务审计的结果尚未发布,从当前已有研究来看,对隐性债务规模较为主流的估算方法主要有三种:一是通过基础设施项目投资规模减去预算资金(含地方政府债券)、承接基建工程建设的企事业单位及相关部门的自有资金、市场化主体筹措的债务资金等三个主要大项后进行估算;二是通过对银行贷款、城投债券、非标、融资租赁四类隐性债务来源进行加总估算;三是通过分别以城投融资平台、政府投资基金和 PPP 项目公司等三类非政府举债主体的债务规模乘以一定的系数进行估算(见表 1-3)。

表 1-3 隐性债务规模估算

角度	从资产端角度	从隐性债务来源角度	从举债主体角度
估算方法	以基建项目投资规模减去财政预算资金、承接基建项目的企事业单位及相关部门的自有资金、市场化主体筹措的债务资金后,大致估算隐性债务规模	对银行贷款、城投债券、非标、融资租赁四类隐性债务来源进行加总估算	分别以城投融资平台、政府投资基金和 PPP 项目公司等三类非政府举债主体的债务规模乘以一定的系数进行估算

角度	从资产端角度	从隐性债务来源角度	从举债主体角度
方法优点	理解简便	数据频次高，方便进一步跟踪	数据清晰易得，在很多细节都未知的情况下，粗线条的估计可能反而会有更好的效果，利用城投的所属地，也可以比较容易的得到与比较各个地方的债务规模与压力
方法缺点	基建投资额为年度流量数据，需多年汇总形成存量数据；隐性债务资金使用仅考虑基建项目，忽略了其他投向；市场化主体筹措资金数据获取较难，误差较大	无法具体计算各省市的隐性债务规模	PPP和政府投资基金数据获取难度较高，城投平台数据频次低（半年/年）且口径偏窄，利用乘以系数换算成隐性债务误差可能较大

上述三种方法测算的结果并不准确，是在权威数据未公开的情况下，结合已有数据在各种假设条件基础上的估算，仅便于对地方政府的隐性债务负担和压力有一个更为直观的认识。根据作者梳理，国内外已有研究成果对地方政府隐性债务规模的估算范围偏差较大。BIS 和 IMF 的估算结果较低，分别为 8.9 万亿元和 19.1 万亿元，而大部分国内研究人员的测算在 20 万亿至 50 万亿之间，但债务构成相似，大部分以城投融资平台有息贷款和非标的形式存在。

专栏 1-2 　　**海口市 2018—2019 年政府性债务化解方案（节选）**

从 2018 年起，利用两年的时间，通过加快推进十二个重点产业发展、发展总部经济、做强本地实体经济等措施，发展经济做大做强债务率分母。控增量、降存量多措并举管控和调优债务率分子，两年内消化政府性债务余额 269 亿元，2019 年年底前将全市和市本级政府债务率风险指标控制在警戒线以内。强化长期支出责任管理，规范政府引进社会资本的模式，开好"正门"，堵死"后门"，通过加快推进不规范的政府举债融资行为的整改工作，不断规范政府融资行为，着力控制政府隐性债务的规模，切实防范债务风险。

（一）做大做优做强海口，增强经济实力，增加财政收入，提升偿债能力。

（二）控增量，降存量，多措并举做好债务率"分子"管控，加速化解债务。

一是强化预算管理，严控债务规模和增量。主要措施有：积极争取省级支持，不再增加海口地方政府一般债务余额，我市申报的地方一般债券由省级举借并以财政补助的形式支持海口重大基础设施项目建设；适度发行地方政府专项债券，并结合各区财力将部分债券额度下沉到区级政府。

二是强化长期支出责任管理，严控政府隐性债务规模。

三是多渠道、多方式积极筹集资金，消化存量债务。

1. 压缩经常性支出，统筹新增财力，偿还到期债务。各部门要牢牢树立过"紧日子"的思想，继续优化支出结构，压缩一般性支出和经常性支出。同时，因新一轮财政体制调整，每年将从因体制调整形成的新增财力的50％部分用于偿债。

2. 盘活存量资金偿还存量债务。按照《中共海南省委办公厅海南省人民政府办公厅关于盘活存量资金加快财政支出有关问题的通知》（琼厅字〔2017〕79号）的精神，进一步加大盘活存量资金的力度，从每年盘活的存量资金中安排30％以上用于偿债。

3. 盘活土地资源，加大土地出让力度，筹集资金偿还债务。国土部门要对现有的储备地全面进行梳理，对具备出让条件的土地细化分类，根据我市偿债资金需要，加大土地出让力度，筹措资金偿债。

4. 加快债务置换，优化债务结构，节约利息支出。2018年8月是置换债额度申报的最后时间节点。6月底之前，要完成海秀快速路BT项目的审计报告，确定项目实际投入，市财政局依据审计结果申报置换债额度，完成该项目的债务置换。

四是按照经营城市的理念，盘活国有资产，深度开发城市国有资源，增加国有资产的经营收入。

1. 2018年年底之前，出台停车位、广告牌的管理办法，统一管理，提高国有资源的利用率和效益，增加国有资产的经营收入。

2. 盘活国有闲置房产和土地。加大行政事业单位、国有企业的闲置房产、土地等资源的盘活力度。各部门要对国有资产、资源进行全面的梳理，行政事业单位的经营性资产和资源必须全部移交市国资公司进行管理，市国资公司按照市场化机制进行运营。

五是加快零星债务的处置力度。

（二）政府债务的定义和分类

相较于政府性债务，按照我国政策口径，纳入预算管理体系实行限额管理的显性债务（政府债券和非债券形式存量债务）是衡量我国政府债务存量的狭义口径，是法律意义上的政府债务。

根据《政府会计准则第8号——负债》（财会〔2018〕31号），政府举借的债务（即政府债务）包括：政府发行的政府债券，向外国政府、国际经济组织等借入的款项，以及向上级政府借入转贷资金形成的借入转贷款。

根据发债主体的不同，政府债务可分为财政部代表中央政府发行的国债和以省、自治区、直辖市政府为主体发行的地方政府债务。

1. 国债

我国国债是中央政府向投资者出具并承诺在一定时间内还本付息的债权债务凭证，具备弥补财政赤字、筹集建设资金、调节宏观经济的财政功能，同时由于具有风险低、流动性大、规模大的特点，在金融市场被视为"准货币"，兼具财政和金融双重属性。

我国国债主要分为储蓄国债和记账式国债。储蓄国债是政府面向投资者发行，以募集个人储蓄为目的，期限较长的不可流通记名国债品种。按照记录债权的形式不同，又可细分为凭证式和电子式两种。记账式国债是由财政部面向各类投资者以电子形式记录债权，可以记名、挂失、上市和流通的国债品种。记账式国债具有电子化特性，有效率高、成本低、交易安全等优点。综上所述我国国债可细分为四类：储蓄国债（凭证式）、储蓄国债（电子式）、记账式附息国债和记账式贴现国债（见表 1-4）。

表 1-4　国债的分类及特点

国债类型	细分	特点	还本付息方式	发行期限
储蓄国债	凭证式	柜台购买	到期一次还本付息	3 年、5 年
	电子式	银行柜台和网银购买	每年付息一次，到期还本	3 年、5 年
记账式国债	付息	上市交易	定期支付利息、到期还本付息	1 年、3 年、5 年、7 年、10 年、30 年、50 年
	贴现	上市交易，以低于面值的价格贴现发行	到期按面值还本	91 天、182 天

资料来源：依据政策文件整理。

2. 地方政府债务

按照债务用途分类，地方政府债务分为地方新增债券、地方置换债券、再融资债券和非债券形式存量政府债务。其中，地方新增债券是新增的地方政府债券。我国新增债券实行限额管理，新增债券限额在每年 3 月由国务院报全国人大或者全国人大常委会批准后下达，地方发债主体（省、自治区、直辖市）在财政部下达的本地区债务限额内，提出本地区内限额分配方案报本级人大审批，再通过转贷形式拨付至市县级政府。根据经济形势和宏观调控的需要，部分新增地方政府债务限额可由全国人大授权国务院提前下达。地方置换债券指通过发行债券置换以非债券形式存在的地方政府债务；再融资债券指发行偿还部分到期地方政府债券本金的债券，即用于偿还债券形式的地方政府债务；非债券形式存量政府债务是尚未置换完毕的非债券形式存量政府债务。

按照债务偿还渠道划分，地方政府债务可以分为地方政府一般债务（以下简称一般债务）和地方政府专项债务（以下简称专项债务）。一般债务包括地方政府一般债券（以下简称一般债券）、地方政府负有偿还责任的国际金融组织和外国政府贷款转贷债务、清理甄别认定的截至 2014 年 12 月 31 日非地方政府债券形式的存量一般债务。其中，一般债券是指为没有收益的公益性项目发行的、约定一定期限内主要以一般公共预算收入还本付息的政府债券。专项债务包括地方政府专项债券（以下简称专项债券）、清理甄别认定的截至 2014 年 12 月 31 日非地方政府债券形式的存量专项债务。其中，专项债券是指为有一定收益的公益性项目发行的、约定一定期限内以公益性项目对应的政府性基金或专项收入还本付息的政府债券。

一般债务和专项债务除了对应的公益性项目是否可产生收益的区别外，在预算收支及偿还方式上均存在差异（见表 1-5）。

表 1-5　一般债务和专项债务预算支出方向和偿还方式

债务类型	预算收入形式	预算支出主要方向	债务偿还方式
一般债务	发行一般债券；外债转贷	没有收益的公益性项目；置换非债券形式的存量一般债务；偿还一般债务本金	一般债务本金通过一般公共预算收入（包含调入预算稳定调节基金和其他预算资金）、发行一般债券等偿还；一般债务利息通过一般公共预算收入（包含调入预算稳定调节基金和其他预算资金）等偿还
专项债务	发行专项债券	有一定收益的公益性项目，如土地储备、收费公路和棚户区改造等；置换非债券形式的存量专项债务；偿还专项债务本金	专项债务本金通过对应的政府性基金收入、专项收入、发行专项债券等偿还；专项债务利息通过对应的政府性基金收入、专项收入偿还

资料来源：依据政策文件整理。

根据上述政府债务按照性质和用途的分类，地方政府债券可细分为新增一般债券、新增专项债券等 8 类（见表 1-6）。

表 1-6　地方政府债券分类

分类	新增债券	置换债券	再融资债券	非债券形式存量政府债务
一般债务	新增一般债券	置换一般债券	再融资一般债券	非债券形式一般债务
专项债务	新增专项债券	置换专项债券	再融资专项债券	非债券形式专项债务

与地方政府债务相比，中央对"金边债券"① 背景下国债的发行、管理、偿还的把控能力较强，且在债务项目预算资金使用环节两者的绩效管理要点具备一定的相通处；另外，地方政府债务以地方政府债券为主体，因此本书研究的政府债务预算绩效管理，以地方政府债券为研究重点。

二、政府债务的产生

政府债务的产生，从理论与现实来看均有其必然性。首先，根据财政学跨代均等理论，后代人会从当代的建设成果中受益，那么也应当为建设成果支付与其受益相匹配的费用；其次，政府可能存在收入与支出期限不匹配的情况，需要短期债务融资以平衡财政赤字，从而在财政收入滞后于财政支出的情况下保持预算的跨期平衡；最后，政府债务作为一种政府信用工具，其发行与运作在一定程度上体现了政府宏观经济调控的意向，能够引导社会资源合理配置，进而实现调节经济运行的目的。

（一）代际公平

按照政府提供的公共产品（服务）的受益期限不同，可以将政府支出类型划分为经常性支出和资本性支出。经常性支出一般指支出期限在一个预算年度内的支出，而资本性支出则指跨多个预算年度的公共产品支出。对于经常性支出，通过税收等财政当期收入予以保障，正好可以形成财政收入和支出在受益对象和收支期限上的对应。而对于资本性支出，如交通运输、能源等公共基础设施建设项目，由于其建设周期和服务期限长，且投资规模大，如果完全通过财政当期资金进行投入，会形成"成本—收益"在不同代际之间的不公平。发行政府债务可在提前使用未来的部分财政收入的同时将资本性公共产品的总成本向后递延，能够实现成本与收益在不同时间和人群间的共享和分摊，从而实现代际公平。

（二）弥补财政赤字

财政赤字，指的是一定期限内财政支出大于财政收入形成的差额。目前，我国官方的财政赤字仅考虑一般公共预算总量收支相抵的情况。相比于一般公共预算收支，一般公共预算收支总量还需要考虑借调资金因素，其中收入总量中包括中央和地方财政从预算稳定调节基金、政府性基金预算、国有资本经营预算调入资金，以及地方财政使用结转结余资金等因素，同样，支出总量包括向预算稳定调节基金补充资金，以及结转下年使用资金等因素。从国家财政的角度看，由于现代国家的财政收入一般小于财政支出，国家实行赤字财政，这本身就意味着政府需要举债才能维持财税的收支平衡（见表 1-7 和图 1-2）。

---

① 金边债券最初指英国政府发行的带有金黄边的债券，后泛指风险低、安全性和流动性高的中央政府债券。

表 1-7　2015 年以来全国财政赤字规模情况

亿元

序号	项目	2015 年	2016 年	2017 年	2018 年	2019 年	2020 年
1	全国一般公共预算收入	152269	159604	172592	183351	190382	182894
2	地方财政调入资金	7236	5911	8407	12319	221601	26133
3	中央财政调入资金	1000	1315	1633	2453		
4	全国一般公共预算收入总量（1+2+3）	160505	166831	182633	198124	212543	209028
5	全国一般公共预算支出	175877	187755	203085	220906	238874	245588
6	补充中央预算稳定调节基金	827	876.13	3347	1018	1269	1040
7	转入地方预算收支结余	—	—	—	—		
8	地方政府债券还本	—	—	—	—		
9	全国一般公共预算支出总量（5+6+7+8）	176705	188631	206433	221924	240143	246628
10	财政赤字（9-4）	16200	21800	23800	23800	27600	37600

资料来源：历年《中国财政年鉴》。

图 1-2　"十三五"时期赤字率及全国财政赤字规模

资料来源：《关于 2020 年中央和地方预算执行情况与 2021 年中央和地方预算草案的报告》。

（三）财政逆周期调节

现代国家四大宏观经济调控的目标是：经济增长、物价稳定、充分就业和收支平衡。从国际国内的经验看，无论是经济高涨的繁荣时期，还是经济下行的萧条时期，要同时实现宏观调控的四大目标是不可能的。从经济理论和经济模型的分析看，四大目标实现理论均衡的概率也是极低的。所以，国家的宏观调控政策，需要在社会稳定和经济增长之间做出权衡。

在经济下行时，促进经济增长是政府宏观调控的主要目标。减税和增支是政府拉动经济的重要手段，减税能够让企业生产经营的盈利空间增大，而只有政府在经济弱势时期有动力和能力加大支出。然而在正常的经济运行情况下，无论是中央政府还是地方政府均没有足够的财政盈余来投资和消费，举债成了刺激经济的重要选择。而考虑对地方政府的激励和约束作用，发挥其积极性，避免出现道德风险和逆向选择，地方政府往往成为举债的主体。在经济恢复和上行时，维持社会稳定成了政府宏观调控的主要目标。此时政府往往要处理下行时产生的社会问题，如通货膨胀、产能过剩、地方政府债务过多、资产泡沫等。虽然财政收入增加，但相对于快速增长的公共支出（对企业和个人的财政补贴）、消化过剩的产能、调整供给结构向有效供给转变，以及偿还到期的债务等，仍然可能收不抵支。因此，对于现代经济，无论是考虑经济增长，还是社会稳定，为发挥好财政的逆周期调节作用，政府举债都存在一定的必然性。

专栏 1-3 ▶▶

2020 年政府工作报告（节选）

积极的财政政策要更加积极有为。今年赤字率拟按 3.6％ 以上安排，财政赤字规模比去年增加 1 万亿元，同时发行 1 万亿元抗疫特别国债。这是特殊时期的特殊举措。上述 2 万亿元全部转给地方，建立特殊转移支付机制，资金直达市县基层、直接惠企利民，主要用于保就业、保基本民生、保市场主体，包括支持减税降费、减租降息、扩大消费和投资等，强化公共财政属性，决不允许截留挪用。要大力优化财政支出结构，基本民生支出只增不减，重点领域支出要切实保障，一般性支出要坚决压减，严禁新建楼堂馆所，严禁铺张浪费。各级政府必须真正过紧日子，中央政府要带头，中央本级支出安排负增长，其中非急需非刚性支出压减 50％ 以上。各类结余、沉淀资金要应收尽收、重新安排。要大力提质增效，各项支出务必精打细算，一定要把每一笔钱都用在刀刃上、紧要处，一定要让市场主体和人民群众有真真切切的感受。

|第三节| 政府债务预算绩效管理的概念

一、预算绩效管理的定义及相关内容

预算绩效管理是指在预算管理中融入绩效理念和要求，将事前绩效评估、绩效目标管理、绩效运行监控、绩效评价及结果应用贯穿于预算编制、执行、监督全过程的

一种预算管理模式。预算绩效管理本质上服务于预算管理，并不是与预算管理相割裂、相并行的一个单独体系，而是利用绩效管理理念、方法等对现有预算管理模式的创新与提升，形成一个有机融合、全面衔接的全新预算管理模式，以强调资金使用效益，实现资源的优化配置，提高财政管理水平。

我国预算绩效管理在推进预算管理改革中不断发展完善的过程，大致可以划分为自发探索萌芽、加强绩效评价试点、全过程预算绩效管理、全面实施预算绩效管理四个阶段（见表1-8）。

表 1-8　我国预算绩效管理阶段的演变历程

阶段	时间	对象	组织主体	环节	价值
萌芽探索	20世纪90年代至2003年	各类形式	党委政府效能办、绩效办等	事后评价	执行力
绩效评价试点	2003—2009年	项目、部门考评	财政部门	事后评价	问责与执行力
全过程预算绩效管理	2010—2017年	项目、政策、部门预算	财政部门	事后评价为导向推进全过程预算绩效管理	经济、效率与效益
全面实施	2018年至今	全方位、全覆盖	政府、财政与预算部门	全过程的同时将绩效关口向事前和事中聚焦	预算与绩效管理一体化

2018年《中共中央　国务院关于全面实施预算绩效管理的意见》正式印发，指出要建成全方位、全过程、全覆盖的预算绩效管理体系，包括构建全方位预算绩效管理格局、建立全过程预算绩效管理链条和完善全覆盖预算绩效管理体系。其中，全方位角度提出开展政府预算绩效管理、部门预算绩效管理、政策和项目预算绩效管理；全过程角度提出开展事前绩效评估、绩效目标管理、绩效运行监控、绩效评价和结果应用；全覆盖角度要求将四本预算全部纳入预算绩效管理范畴，并提出"加快对……政府债务项目等各项政府投融资活动实施绩效管理，实现全过程跟踪问效"。

二、政府债务预算绩效管理的定义

参照前述关于政府债务及预算绩效管理的定义和要求，本书将政府债务预算绩效管理界定为：以政府债务为对象，将绩效理念方法融入政府债务"借、用、还"全过程及债务项目全生命周期的预算管理模式。

从政府债务预算绩效管理对象看：政府债务预算绩效管理的对象包括纳入预算管理的所有债务资金。

从政府债务预算绩效管理层次看：既包括各级政府层面的政府债务管理绩效，也包括各级预算部门（单位）的债务项目绩效。

从政府债务预算绩效管理环节看：覆盖政府债务事前、事中、事后全环节管理。即把绩效目标管理、事前绩效评估、绩效运行监控、绩效评价管理及结果应用贯穿于政府举债决策、债券发行、债券资金安排使用、债券偿还等债务"借、用、还"管理全过程。

三、政府债务预算绩效管理体系的架构

按照中共中央、国务院《关于全面实施预算绩效管理的意见》和财政部《关于贯彻落实〈中共中央 国务院关于全面实施预算绩效管理的意见〉的通知》（财预〔2018〕167号）"全方位、全覆盖、全过程"三个维度的总体要求，基于债务预算管理、项目管理和绩效管理一体化的视角，本书构建了政府债务预算绩效管理体系（见图1-3）。

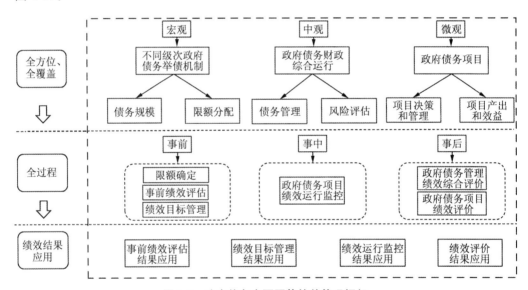

图 1-3　政府债务全面预算绩效管理框架

一是政府债务预算绩效管理需全方位涵盖不同级次政府举债机制、债务管理和债务项目等层次。宏观层面，根据财政政策逆周期调节的需要及财政可持续的要求，合理确定政府债务规模和管理机制；中观层面，基于合规、风险防控、财政可持续性等财政管理诉求，提高财政、主管部门和项目单位等各级预算管理部门的债务管理财政运行绩效；微观层面，以债务项目资金的使用效益、管理效率和偿还保障等为主线，压实项目单位在债务项目全生命周期中的绩效主体责任。

二是政府债务预算绩效管理需贯穿政府债务"借、用、还"全过程。一方面，在预算周期的事前阶段，合理确定地方政府债务限额，确保一般债务限额与一般公共预算收入相匹配，专项债务限额与政府性基金预算收入及项目收益相匹配，在预算周期的事后阶段，加强政府债务管理绩效综合评价，合理评估政府债务管理、偿债能力、偿债风险等。另一方面，以政府债务项目全生命周期为主线，从债务项目申报、债券发行、项目建设、项目运营到债券偿还等环节，按照管理要点不同，建立包括事前绩效评估、绩效目标管理、绩效运行监控和绩效评价等环节的闭环系统。政府债务项目全过程绩效管理见图1-4所示。

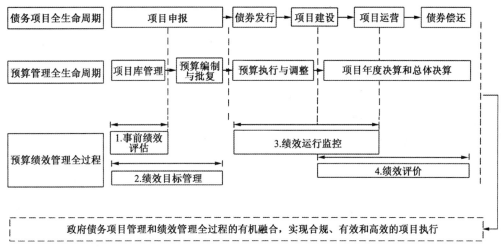

图 1-4　政府债务项目全过程绩效管理示意图

三是政府债务预算绩效管理需覆盖所有债务预算资金。根据债务预算纳入全口径预算管理的特点，将计入赤字纳入一般公共预算管理的一般债务和纳入政府性基金管理的专项债务中，全部纳入债务预算绩效管理范围中，并根据不同预算资金的性质和特点分类实施。

四、政府债务和非债务预算绩效管理体系的比较

政府债务预算绩效管理作为全面实施预算绩效管理的组成内容，需要遵循我国当前预算绩效管理的基本要求，但同时，政府债务作为一项特殊的财政预算形式，在资金用途、管理体制、融资机制等方面有其显著特征，因此其预算绩效管理体系的内容也和非债务预算绩效管理体系存在一定区别。

（一）政府债务和非债务预算比较

政府债务作为政府预算收入的一种形式，和税收等法定财政收入不同，需要以政府信用为担保。同时，我国政府债务投资遵从"黄金法则"，即必须用于公益性资本支出，不得弥补经常性支出缺口及中央明令禁止的楼堂馆所等建设。因此，和非债务预算相比，政府债务在支出科目、资金用途、收入形式、管理对象等方面具备不同的特征（见表1-9）。

表 1-9　政府债务与非债务预算的内涵比较

项目	非债务预算	政府债务
预算支出经济分类科目	工资福利支出、商品和服务支出、对个人和家庭的补助、债务利息及费用支出、资本性支出、对企业补助、其他支出等	资本性支出
资金用途	业务发展类、基础设施建设及维护类、政策补贴类、设备购置类、信息化建设及维护、其他用途等	基础设施建设类为主
收入形式	非债务形式的税收和非税收入	发行政府债券
管理对象	预算收入和支出	预算收入和预算支出

（二）政府债务和非债务投资活动预算绩效管理体系的比较

基于政府债务主要投向以基础设施建设等公益性资本性支出项目为主的特点，有必要进一步将政府债务和政府自有财力等非债务投资活动的绩效管理体系进行分析比较。对于政府债务而言，其作为政府预算收入的一种形式，是政府财政运行层面综合绩效管理的重要内容，因此和政府自有财力投资预算绩效管理相比，政府债务预算绩效管理在管理目标、内容和主体等方面均有所拓展（见表 1-10）。

表 1-10　政府债务与非债务投资活动预算绩效管理的区别

项目	政府自有财力投资	政府债务
管理目标	提高资金配置效率和使用效益、压实责任约束	提高资金配置效率和使用效益、压实责任约束、保障政府融资需求、履行债务偿还义务、防控债务风险
管理层次	项目为主	债务管理和债务项目
管理口径	预算支出为主	预算收入和预算支出
管理主体	行业主管部门、预算单位、项目单位	政府、财政部门、行业主管部门、预算单位、项目单位

管理目标上，债务预算绩效管理要求政府在"量力而为"的风险防控基础上满足政府融资需求，同时压实责任约束，提高各级管理主体的履职效能，实现各级管理主体的"尽力而为"，从而提高资金配置效率和使用效益，确保债务偿还义务得到履行。

管理内容上，债务预算绩效管理按照管理层次划分，分为债务管理和债务项目；按照管理口径划分，分为债务举借和债务资金支出。

管理主体上，政府作为债务举借、债券发行的主体，对政府债务预算绩效承担总体责任，各级财政部门作为债务管理部门，各级行业主管部门、预算单位、项目单位等作为具体项目实施机构，分别按照职责分工对债务"借、用、还"管理过程中的合规性、经济性、效益性和效率性承担相应主体责任。

（三）政府债务项目和其他政府主要投融资活动绩效管理体系的比较

财政部《关于贯彻落实〈中共中央 国务院关于全面实施预算绩效管理的意见〉的通知》（财预〔2018〕167 号）提出，"加快对政府投资基金、主权财富基金、政府和社会资本合作（PPP）、政府购买服务、政府债务项目等各项政府投融资活动实施绩效管理，实现全过程跟踪问效"。以政府投资基金和 PPP 为例，政府债务预算绩效管理体系和这两者之间既有区别，又有联系。政府债务与其他类型政府投融资活动绩效管理的区别如表 1-11 所示。

表 1-11　政府债务与其他类型政府投融资活动绩效管理体系的区别

项目	政府投资基金	政府和社会合作（PPP）	政府债务项目
管理目标	提高资金配置效率和使用效益、压实责任约束、发挥基金引导作用和政策效果	提高资金配置效率和使用效益、压实责任约束、实现风险分担和按效付费	提高资金配置效率和使用效益、压实责任约束、发挥专项债杠杆作用、保障债务偿还、防控债务风险
管理主体	政府、财政部门、行业主管部门、代持机构、基金管理机构、项目单位	政府、财政部门、行业主管部门、项目公司、项目单位	政府、财政部门、行业主管部门、预算单位、项目单位
管理周期	基金设立、基金投资、基金退出	项目识别、项目采购、项目建设、项目运营、项目移交	项目申报、债券发行、项目建设、项目运营、债券偿还

一是管理目标的延展维度不同。政府投融资活动的绩效管理目标均在传统项目的预算绩效管理目标上更加多维，但在延伸的维度上存在区别。政府投资基金侧重于发挥基金的引导作用和政策效果，PPP 着重于实现政府和社会资本间的风险分担并按效付费，而政府债务则是要控制政府债务借、用、管、还各环节的风险。

二是管理主体存在差异。政府投资基金和 PPP 一般存在政府方和社会资本方，政府投资基金一般由政府财政出资方设立母基金，并引导社会方合资设立子基金，并由基金管理机构具体负责基金运营；PPP 一般由政府方或其指定机构和社会资本方设立项目公司，负责项目实施运营，而政府债务的项目实施主体主要是行业主管部门或依法合规授权的事业单位及其他单位，对项目的建设和运营负主体责任。

三是管理周期存在区别。根据三者全生命周期涵盖的阶段不同，全过程绩效管理各环节在管理周期中的侧重点不同。政府投资基金包括设立期、投资期、退出期，PPP 包括识别、采购、建设、运营和移交，而政府债务分为项目立项、债券发行、项目建设、项目运营和债券偿还等阶段。

|第四节| 政府债务的绩效传导机制

绩效传导机制的基本思想是政府债务的宏观经济调控目标如何影响具体债务资金项目的决策管理。本节从政府举债对宏观经济影响的原理出发，介绍我国如何通过债务规模管理调控举债的经济影响，再落脚到"资金跟着项目走"这一机制如何确保债务资金的使用绩效。

一、政府举债对宏观经济的影响效应

（一）政府债务对宏观经济影响的理论学派

关于政府债务对投资等宏观经济影响效应的评价，比较有代表性的理论学派主要有四个：李嘉图等价学派、新古典学派、凯恩斯学派和公共选择学派。这四个学派关于政府债务对投资效应的观点有所不同：李嘉图等价理论认为政府债务对投资的影响是中性的；新古典学派（及货币主义学派）认为政府债务会对私人投资产生挤出效应；凯恩斯学派则认为政府债务会促进投资；公共选择学派认为政府债务本身是中性的，关键看融资募集资金的投向。

1. 政府债务的挤出效应

亚当·斯密等古典经济学家在政府具有非生产性的假定下均反对发行债务来融通政府财政支出。亚当·斯密在其经典著作《国民财富的性质和原因的研究》一书中提出的观点是，财政支出应遵循厉行节约、"量入为出"的原则，不列赤字；公债是当代人对下代人的犯罪，政府应尽量减少发行公债。他的解释是：政府的性质和职能是"守夜人"，因此，财政追求的最高目标应当是"廉价的政府"，政府应尽量减少对资源的消耗。亚当·斯密持有这些观点是因为在资本主义发展的早期阶段，经济的发展主要靠私人企业的竞争，农民和小手工业者人数还有很多，社会经济波动的幅度及其危害性不太严重，社会矛盾也没有达到非常尖锐的程度。政府对社会经济的介入程度还不需要很深。在这种情况下，属于那个时代的古典经济学在财政方面就主张量入为出的年度平衡预算政策。既然政府不过是"守夜人"角色，政府不应当也不可能直接参与国民经济的运行和活动，让经济由市场这只"看不见的手"指挥和决定可以取得更好的效率和结果。与亚当·斯密同时期的学者大卫·休谟（D. Hume）有句名言："国家如不消灭公债，公债势将消灭国家。"

所谓挤出效应（crowding-out-effects），是指政府通过向企业、居民和商业银行借款来实行扩张性政策，增加对资金的需求，在资金供给不变的条件下，这将引起利率上升而导致民间部门支出减少，从而使财政支出的扩张作用部分或全部被中和抵消。财政赤字与政府债务的"挤出效应"，主要是通过资金供给和资金需求两个渠道

发挥作用的。

(1) 资金供给。在某一时期，民间的可用投资资金总额是既定的。政府发行债务，实际上是政府与民间企业争夺资金。这是因为企业和居民购买债务以后，对其他投资必然要减少。这相当于进行了一次资产组合结构的调整，导致资金使用权从民间转移到政府手中，形成了对民间投资的挤出。尽管利率的一个微小的提高可以引起经济中储蓄总额的增加，但增加的储蓄额远低于债务的发行额。可以看出，产生这种挤出效应的机制需要两个前提条件：一是利率市场化，利率能反映资金供求变动；二是利率必须为实际利率，因为真正影响经济个体投资决策的是实际利率。也就是说，只有当政府财政赤字能影响市场利率变动，真实利率能影响经济个体的投资行为时，扩张性财政政策才能影响民间投资。

(2) 资金需求。在货币供给不变的情况下，政府通过大规模发行债务来弥补财政赤字，进而扩大政府支出规模，其结果是导致政府在资金需求上和民间进行竞争，而如果在一定时期内，整个社会的资金供给是相对稳定的，政府这种大规模的资金需求必然导致社会闲散资金减少，商业银行收缩放贷规模，资本市场由于资金缺乏而导致市场低迷，使民间部门的可获得资金减少，从而产生了对民间投资的挤出效应。

2. 政府债务的挤入效应

20 世纪 30 年代，年度平衡预算思想无论是在实践还是在理论方面都遇到了巨大的挑战，这种挑战肇始于 1929 年爆发的世界经济大萧条。这次大萧条动摇了西方经济学家对自由放任的市场经济内在稳定机制的信念，把政府干预经济提上了议事日程。此时，凯恩斯学派应运而生。

凯恩斯学派认为，政府债务融资不但不会对私人投资产生挤出效应，而且还会促进投资。因为在一个低利率和通货紧缩的世界里，国家发行债券不但成本较低，而且不会导致利率上升，不会对民间投资产生"挤出"效应。此时，政府发行债务可以有效利用沉淀在银行储蓄账户里的资金，否则它们将继续在银行那里沉淀下去。政府债务投资及其产生的乘数效应将提高社会的有效需求，拉动民间投资和消费，这就是所谓的政府债务投资的挤入效应。国家虽因发行债务而产生较大的财政赤字和债务负担，但同国家在经济危机面前无所作为、听任经济继续滑坡所带来的损失相比是值得的。而且，随着经济在财政刺激的帮助下复苏，财政赤字和债务负担将得到有效控制。

后来，凯恩斯的理论不断得到发展，最终形成了所谓"周期预算平衡论"。这种理论又称为"长期预算平衡论"，主张财政要发挥反经济周期的作用：在经济衰退时期，为了消除衰退，政府应该减少税收，增加支出，有意识地使预算形成赤字。这既可直接扩大投资和消费，补充私人投资和消费需求的不足，又可间接地刺激私人投资和消费需求，从而提高国民经济的有效需求水平。而在经济繁荣时期，政府应该增加税收，紧缩开支，有意识地使预算形成盈余，从而不使私人投资和消费需求过旺，有利于降低有效需求。这样，一方面，财政将发挥其反经济周期乃至"熨平"经济周期波动的作用；另一方面，政府仍可使其预算保持平衡，只不过这时的预算平衡不是年度平衡，而是周期平衡，即从整个经济周期来看，繁荣时期的盈余可以抵消衰退时期的赤字。

然而，周期预算平衡论也存在着自身无法克服的缺陷。因为经济周期的变化并不完全有规律性，并不是始终围绕着某个正常水平上下波动，经济循环的上升或下降的深度和持久性并不一致，总的来看在经济周期中预算赤字和盈余不可能相互抵消。资本主义经济周期的实际情况往往是，在长期严重的衰退之后，紧接着的是短期而有限的繁荣。因此，在衰退时期会呈现大量的赤字，而在繁荣时期只有少量盈余甚至没有盈余，结果表明周期平衡仅仅成为一种理论上的假设。

20 世纪 70 年代后，西方国家出现了一种高失业、经济停滞与高通胀并存的滞胀局面，西方经济理论界对凯恩斯理论和周期预算平衡的批评与日俱增。以弗里德曼为代表的货币主义学派和以卢卡斯为代表的理性预期学派等都对凯恩斯理论及其政策主张进行了无情的抨击，认为由于理性预期等因素的作用，政府政策是无效的，甚至弊大于利。在实践中，随着资本主义经济的高度发展，西方国家经济增长率逐渐趋于一个较低水平，追求经济增长的代价越来越高，而就业问题越来越成为许多国家面临的最紧迫和最难以解决的问题，于是充分就业逐渐取代经济增长成为政府政策的首要目标。为缓解失业，达到充分就业，美国政府于 20 世纪 60 年代实行了以实现充分就业为主要目标的财政政策。这种政策认为，联邦预算应发挥刺激经济增长的功能，既不应追求年度平衡，也不应追求周期平衡，而应以实现充分就业为目的。这样的预算在短期内可能有赤字，但随着经济的增长可以实现平衡。因此，这种政策思想又称为充分就业预算平衡。

3. 政府债务中性论

1820 年，英国经济学家大卫·李嘉图（David Ricardo）认为，政府为筹措战争或其他经费，采用征税或者发行债务的影响是等价的。也就是说，公债无非是延迟的税收，在具有完全理性的消费者眼中，债务和税收是等价的。根据这个定理，政府发行债务并不会推高利率，对私人投资不会产生挤出效应，也不会增加通货膨胀的压力。1974 年，美国哈佛大学教授罗伯特·巴罗（Robert J. Barro）在其发表的论文中，用现代经济学理论重新阐述了李嘉图的上述思想。由此，他们的这一观点又被称为巴罗—李嘉图等价定理（Ricardo Barro Equivalence Theorem）。但是，巴罗—李嘉图等价定理也有一些明显的局限：

（1）公共部门可能比家庭具有更长的借债视野。如果政府今年减少税收，它可以持续积累债务数十年，直到遥远的将来再提高税收。此时，今天的家庭将会把现在的减税看成是真实的收入增加，从而刺激了家庭的消费。

（2）金融市场的一些缺陷也可能导致该定理失效。对于许多低收入家庭而言，理财原则是以收定支，现在可支配收入的任何增加都会使其增加开支，不可能把当前的减税收入留给将来的后代。

（3）税收制度也会影响该定理的有效性。例如，在政府实施结构性减税时，对当前劳动收入减税可能意味着将来对资本收入的增税，这种减税可能导致私人储蓄下降，而不是上升。又例如，累进的遗产税刺激了当前消费，影响了留有遗产的积极性。

4. 政府债务的公共选择理论

公共选择学派的代表人物詹姆斯·麦吉尔·布坎南（James Mchgill Buchannan）因其"公共选择理论"于1986年荣获诺贝尔经济学奖。他坚持将个人作为经济学分析的基础，这也体现在他的公债理论研究中。他认为，公债与私债在性质上有所不同。私人债务就是一部分人向另一部分人借钱，借钱的人享受使用钱的效用；而公债是政府向一部分人借钱，然后又以某种形式（免费的大桥、公路、公园或直接补助）给一部分人用，政府并不是财政支出的真正受益者。如果财政支出项目是资源有效配置的话，实际上政府只是财富的"经手人"，而不是财富的挥霍者。从这个角度来看，所谓政府的债务危机并不存在，虽然政府借了很多钱，但都用在老百姓身上了。

政府与商业银行有些相似，向一部分人借钱，然后把这些钱给了另一部分人。商业银行之所以会破产，是因为一些商业银行把大量的贷款贷给不负责任的企业。因此，衡量商业银行的风险指标是看该商业银行的坏账占其总贷款的比重，而不是商业银行贷款的总规模占其总资产的比重。按照这一道理，政府的债务水平很高，就类似于商业银行贷款量很大，但问题的关键并不在于此，关键在于政府的债务有多大比例被用于不合理的地方。

布坎南认为，通过债务为当前的财政支出融资，就像是把苹果树当作柴火拿来烧，必将减少果园未来的苹果产量。融资行为本身并不是件坏事，关键看融资募集的资金用在什么地方。根据布坎南的观察，战后美国联邦政府持续出现财政赤字，债务资金被长期用于政府消费，据此，他认为：如果没有政府融资行为，民间储蓄可以转化为民间投资，有利于资本积累；当政府融资时，民间储蓄转为投资国债，此时政府把民间储蓄的资金用于消费，实际上降低了社会的资本积累，进而降低了未来的产出。

（二）政府债务的经济增长效应

1. 我国积极财政政策下政府债务对经济社会发展的正面影响

国内学者采用各种方法对我国政府债务的经济增长效应进行了研究，结论基本一致：自1981年恢复国债发行以来，我国的债务发行和国民经济增长存在明显的正相关关系，越来越大的债务发行规模有效促进了国民经济快速、稳定的增长，而且我国政府债务发行对私人投资部门的挤出效应并不明显。具体看，债务发行与社会投资总额呈现显著的正相关，债务加快了储蓄向投资的转化，对于弥补私人部门投资不足、促进经济增长起到了积极的作用。与此同时，债务资金的投向有助于调整经济结构，体现为由于发行国债而扩大的政府投资起到了双重调节作用：一是政府投资本身旨在消除产业结构"瓶颈"；二是政府投资通过示范效应诱导非政府投资逐步实现产业结构优化，实现总供给与总需求在结构上的平衡。

根据1996年原国家计委投资研究所对1991—1995年全国固定资产投资形势的分析，投资对GDP的增长弹性均大于1，即每1％的投资率能够带动超过1％的GDP增幅（见表1-12）。

表 1-12　固定资产投资对 GDP 的增长弹性

年份	投资实物工作量增长率（1990 年价）（％）	投资率（1990年价）（％）	投资对 GDP 的增长弹性（1990 年价）
1991 年	13.1	24.8	1.40
1992 年	23.7	26.9	1.67
1993 年	25.3	29.7	1.87
1994 年	19.4	31.7	1.64
1995 年	11.0	31.9	1.00

资料来源：刘立峰. 1995 年固定资产投资形势分析［J］. 经济研究参考，1996 年。

从1998年开始，作为扩张性财政政策的重要组成部分，国债政策在我国的宏观经济政策中发挥的作用越来越重要。例如，根据1997年的项目法人制度和资本金制度，国债的每1元资本金投入能引起2元以上的信贷资金投入，仅1999年新增发的600亿元国债就带动了2500亿元银行贷款。积极财政政策不但刺激了需求，带动了经济增长，迅速增长的国债规模也促进了国债市场的发展，通过国债市场实现货币政策目标的传导机制逐渐形成，国债在宏观经济调控中的地位和作用得以加强。

我国政府债务投资对经济增长和社会发展的作用体现在三个方面：一是大规模债务投资于基础设施建设，适应了逆周期宏观调控的需要，提高了公共产品与准公共产品的供给能力，为非政府部门的投资创造了较好的环境；二是将公共支出项目与企业技术改造和产业政策结合起来，启动了关于重点企业、重点行业和重点产品的投资需求，改善供给，提升了产业结构能级；三是利用政府债务资金全面开展生态建设和环境保护工程，促进了生态可持续发展。

2. 政府债务规模的"阈值"

从财政乘数的角度而言，在政府债务水平较低时，政府举债对利率的提升幅度较低，财政乘数为正，此时实行扩张性的财政政策对私人部门投资的挤出效应较小，对经济的促进作用较为明显。随着政府发债量的不断增加，政府债务水平不断提升，利率水平不断提高，财政乘数不断减小，甚至为负。挤出效应不断增大，最终将超过政府债务所带来的正效应，对经济增长产生负面影响。

2008 年国际金融危机爆发后，各国实施积极财政政策以刺激经济增长，导致政府债务迅速膨胀，特别是欧洲主权债务危机引发了各界对政府债务扩张后果和财政可持续性的广泛担忧。如何降低政府债务规模，同时又确保经济持续增长，已成为各国政府面临的重要政策难题之一。在此背景下，许多学者就政府债务对经济增长的影响进行了实证分析。其中以哈佛大学的罗格夫（Kenneth S. Rogoff）和马里兰大学的莱因哈特（Carmen M. Reinhart）两人合作研究提出的"阈值论"最为有名，即政府债务/GDP 比率超过一定水平时，政府债务对经济增长有负效应。这项研究显示，当政府债务与 GDP 之比超过 90％时，与不到 90％相比，年经济增长率下降 1.2％。当政府债务比例较小时，没有观测到债务增加对经济增长产生影响。但是债务一旦超过 GDP 的 90％，就会出现经济增长随着债务增加而下降的倾向。从这种非线性关系推断，存在着"政府债务积累阻碍经济增长"的因果关系。

政府债务之所以被认为拖累了长期平均 GDP 增长，主要原因有：

（1）随着债务增长，利息支出也会增长。本息负担越重，意味着税收越高，政府支出效率越低。由于很大一部分债务由外国持有，国内投资及国内消费可用的资源就减少了。更糟的是，高债务需要的高税收是扭曲的，会阻碍经济活动甚至遏制经济增长。

（2）随着债务增长，主权信用风险溢价也会升高。经济学和政治学都对税率上限作出了规定。如果一国维持税收可持续需要将税率提高至该上限之上，那么该国不得不面对主权信用违约风险，要么是直接违约或通过通货膨胀违约。随着债务水平的上升，该税率上限被突破的概率就越大。主权风险溢价上升，导致借贷成本上升，私人投资及长期增长都将放缓。

（3）随着债务增长，政府丧失了采取逆周期政策的灵活性，因而导致了较高的不稳定性、不确定性及低增长率。

不过上述"阈值论"也受到了以克鲁格曼为代表的一批经济学家的反对。他们认为，在政府债务与经济增长之间并不存在稳定的单一关系。

二、我国地方政府债务的限额管理

（一）地方政府债务的限额确定

我国地方政府债务余额实行限额管理，即通过限定一个年末不得突破的债务余额上限，以达到在管控法定债务风险的同时发挥政府债务融资的积极作用的目的。年度地方政府债务限额等于上年地方政府债务限额加上当年新增债务限额（或减去当年调减债务限额），具体分为一般债务限额和专项债务限额。根据《关于对地方政府债务实行限额管理的实施意见》（财预〔2015〕225 号），地方政府债务总限额由国务院根据国家宏观经济形势等因素确定，并报全国人民代表大会批准。年度预算执行中，如出现下列特殊情况需要调整地方政府债务新增限额，由国务院提请全国人大常委会审批：当经济下行压力大、需要实施积极财政政策时，适当扩大当年新增债务限额；当经济形势好转、需要实施稳健财政政策或适度从紧财政政策时，适当削减当年新增债务限额或在上年债务限额基础上合理调减限额。

《国务院关于进一步深化预算管理制度改革的意见》（国发〔2021〕5 号）提出，"一般债务限额与一般公共预算收入相匹配，专项债务限额与政府性基金预算收入及项目收益相匹配"，即地方债限额应与偿债资金来源相匹配。当前主要使用债务率作为主要指标表征债务规模风险。本书第二章对我国地方政府债务规模、债务率数据等进行了介绍，债务率就是政府债务余额和当年政府财力的比值。若仅考虑整体政府债务率，即将一般债务余额和专项债务余额合并作为分子，则分母中的政府综合财力为一般公共预算收入、政府性基金预算收入与上级补助收入之和减去上解支出①。财政部 2015 年 8 月提交给全国人大的债务限额议案中提出，"参照国际通行做法，结合具体国情，拟将债务率不超过 100% 的水平作为我国地方政府债务的整体风险警戒线"。也就是说，全国地方政府一般债务和专项债务限额主要依据对下一年一般公共预算财力、政府性基金财力、专项债项目收益等的预测，在警戒线区间内由国务院根据国家宏观经济形势、政策等分别确定。各级地方政府在上级下达的限额内，依据本地区经济发展和财政收入情况，考虑存量债务水平，在保持财政可持续运行的前提下，编制本级政府和下级政府债务限额分配方案。

（二）地方政府债务的限额分配

根据《新增地方政府债务限额分配管理暂行办法》（财预〔2017〕35 号），各省、自治区、直辖市、计划单列市新增限额由财政部在全国人大或其常委会批准的地方政府债务规模内测算，报国务院批准后下达地方。省本级及市县新增限额由省级财政部门在财政部下达的本地区新增限额内测算，报经省级政府批准后，按照财政管理级次向省本级及市县级财政部门下达。

财政部对地方政府的新增限额分配选取影响政府债务规模的客观因素，根据各地区债务风险、财力状况等，并统筹考虑中央确定的重大项目支出、地方融资需求等情况，采用因素法测算。各客观因素数据来源于统计年鉴、地方财政预决算及相关部门提供的资料。新增限额分配用公式表示为：

某地区新增限额＝［该地区财力×系数 1＋该地区重大项目支出×系数 2］×该地区债务风险系数×波动系数＋债务管理绩效因素调整＋地方申请因素调整

其中，各分配因素说明见表 1-13。

---

① 计算口径来源于《新增地方政府债务限额分配管理暂行办法》（财预〔2017〕35 号）。

表 1-13　地方政府债务限额分配因素说明

分配因素	说明
地区财力	某地区政府财力＝某地区一般公共预算财力＋某地区政府性基金预算财力
系数 1	系数 1＝（某年新增限额－某年新增限额中用于支持重大项目支出额度）/（$\sum$ i 各地政府财力），i＝省、自治区、直辖市、计划单列市
该地区重大项目支出	重大项目支出主要根据各地区落实党中央、国务院确定的国家重大战略及重点方向的融资需求测算
系数 2	系数 2＝（某年新增债务限额中用于支持重大项目支出额度）÷（$\sum$ i 各地重大项目支出额度），i＝省、自治区、直辖市、计划单列市
地区债务风险系数	债务风险系数反映地方政府举债空间和偿债风险，根据各地区上年度政府债务限额与标准限额等比较测算。其中，某地区地方政府债务标准限额＝该地区可以用于偿债的财力状况×全国地方政府债务平均年限。全国地方政府债务平均年限＝（地方政府债券余额×地方政府债券平均年限＋非政府债券形式债务余额×非政府债券形式债务平均年限）÷地方政府债务余额
波动系数	为防范地方政府债务风险，避免债务过快增长和异常波动，保障年度间地方财政运行的稳定性，以全国人大批准的新增限额平均增长率为基准确定波动系数区间，即各地区新增限额增长率最高不超过波动系数区间上限，最低不低于波动系数区间下限
债务管理绩效因素调整	为促进地方加强政府债务管理，保障债权人合法权益，提高债务资金使用效益，财政部根据地方政府债务收支预算编制、项目管理、执行进度、存量债务化解等因素，加快开展地方政府债务管理绩效评估，根据管理绩效情况对该地区予以适当调整
地方申请因素调整	为合理反映各地区公益性项目建设融资需求，各地区的新增限额不应超过本地区申请额

　　从公式中可以看出，地方政府债务限额主要受到地方财力、债务风险、重要支出及债务管理绩效因素的影响。第一，新增一般债限额、新增专项债限额分别按照一般公共预算、政府性基金预算管理方式，单独测算；第二，新增限额分配应当体现正向激励原则，财政实力强、举债空间大、债务风险低、债务管理绩效好的地区多安排，反之则少安排或不安排；第三，重大项目支出在限额分配公式中影响较大，地区重大项目支出包括党中央、国务院确定的国家重大战略及重点方向的融资需求测算。总之，地方债限额管理主要目的在于防范地方债务风险，同时通过"正向激励"引导各地方政府合理利用债务融资，支持国家重点发展战略。

　　在限额管理制度下，我国地方债务限额的配置效率实际上包括四个层次：一是全省（包括自治区、直辖市、计划单列市，下同）政府债务的规模总量控制在财政部下发的限额内；二是债务额度在省本级及省以下政府的纵向分配效率；三是债务额度在省内不同地区间的横向分配效率；四是债务额度配置到各具体项目的效率。显然，这四个层次之间并非割裂独立的，在实际限额分配中，中央会考虑地方的偿还能力和重大项目实际支出需求，而地方将上级下达的限额作为天花板，结合项目筹划情况分配债务资金，形成自上而下与自下而上的衔接。

从地区内债务额度分配和实际债务余额结果来看，部分地区参照财政部做法充分考虑债务管理绩效、重大项目等因素调整进行限额分配，而部分地区存在"一刀切"现象，举债规模过于分散，容易导致"马太效应"。一方面，一些财力充裕的城市债务限额分配多，但未使用的限额也多；另一方面，由于不同地区的基础设施状况和水平差别较大，债券项目产生的公共产品效益的发挥可能不仅取决于分配给某单个项目的债券资金，还取决于其他项目。如某城市的高速公路效益不仅取决于本城市的公路建设项目，还受邻近城市接驳的公路建设状况的影响（见表1-14）。

表1-14 2018年部分省市的省本级、市级和县区级债务余额情况

省份（自治区、直辖市）	全省（自治区、直辖市）债务余额（万元）	省（自治区、直辖市）本级债务余额占比（%）	市级债务余额占比（%）	县（区）级债务余额占比（%）
海南省	1941.71	21.8	32.3	45.9
甘肃省	2492.13	34.0	24.0	41.9
山西省	2963.67	17.4	49.5	33.1
北京市	4248.89	37.6	—	62.4
重庆市	4690.41	30.3	—	69.7
吉林省	3711.62	20.7	53.2	26.1
新疆维吾尔自治区	3980.20	25.7	26.0	47.5
黑龙江省	4116.52	12.9	68.4	18.7
广西壮族自治区	5493.45	23.7	62.3	12.9
湖北省	6675.69	5.1	51.3	43.6
安徽省	6704.65	6.5	49.0	44.5
河北省	7278.26	9.8	42.9	47.3
内蒙古自治区	6555.31	7.3	36.6	55.9
云南省	7139.80	26.0	38.6	35.4
四川省	9298.73	6.3	31.5	62.2
浙江省	10794.43	3.4	54.0	41.8
江苏省	13285.55	4.0	63.5	32.5

资料来源：各地预算执行报告。

因此，针对债务的限额分配，一方面要从地区的财权、事权划分的治理架构和地区整体的公共服务绩效出发，结合不同政府层级项目情况，提升债务额度在不同层级间的纵向分配效率；另一方面，要以风险防控为底线，考虑地区间的均衡发展状况，提升债务额度在不同地区间的横向分配效率。

三、政府债务"资金跟着项目走"

自 2015 年法定政府债务逐渐发挥其稳投资作用后，近年来在中央和财政部相关政策与会议表述中频繁提及"资金跟着项目走""尽快形成实物工作量"。实物工作量是工程学词汇，其中的"基建实物指标"是用实物单位表示的统计指标，如基本建设中建设项目个数，建成投产的单项工程个数等；又如房屋建筑面积按平方米计算，新建公路按公里计算，新建粮食仓库按万公斤计算等。由此引申出的"实物工作量"即以实物计量单位表示的报告期内实际完成的工作量，包括可以用实物单位计量的建筑安装工程量（以立方米表示的钢筋混凝土工程量，以平方米表示的竣工房屋建筑面积等）；此外，"实物工作量"也包括如在地质测量中以平方公里为计量单位、钻探以米为计量单位、槽探以立方米为计量单位等。可见实物工作量是以实物量为衡量标准，与投资额指标有一定差异。事实上，2014 年全国固定资产投资统计制度方法改革试点实现统计方法的两个转变：一是将投资统计对象由投资项目转变为法人单位；二是将投资额计算方法由实物工作量法转变为财务支出法。

从实物工作量的概念可知，财政政策的积极信号、财政预算的积极支出再到实物工作量的形成大致可概括为"积极财政政策信号发出→地方政府债务发行→财政资金拨付→项目端开工→形成实物工作量"。这一传导链的前半部分即"财政政策端积极信号→人大会议确定一定规模的地方债额度→审核各地上报的项目信息是否满足地方债发行要求→全国额度分配→额度逐步下达至各地→各地根据实际情况合理安排发行节奏"是相对顺畅的。但后半部分即"地方债发行→财政资金拨付→项目端开始施工→形成实物工作量"传导时常会受到现实的影响与限制。

第一，自地方债发行到财政资金拨付本身存在时滞与资金闲置等问题，如前述章节所述，多地审计局曾指出由于项目准备不充分、项目进度缓慢或停止实施、自行改变对应项目或用于日常支出经常性支出等原因造成部分地区资金沉淀。2020 年这一问题更加突出，故 2020 年年中财政部发文表示"对因准备不足短期内难以建设实施的项目，允许省级政府及时按程序调整用途……合理简化程序，确保年内形成实物工作量"。

第二，财政资金拨付到项目端开工及形成实物工作量的时滞或更长、沉淀资金或更多。尽管不少地区的专项债资金支出不及时、存在"趴在账上"的现象，但财政纪律考核在一定程度上保证了大部分地方的地方债收入能够做到及时支出。因此更大程度影响实物工作量形成的根源在财政资金拨付之后，如项目配套资金无法跟上、因前期工作深度不足等问题导致的项目开工条件不完善、施工进度难以推进甚至项目停止导致的已拨付资金"趴在"表外的账上。

总体而言，项目质量、施工条件等问题同时影响了已发行债券的财政资金拨付效率，以及已拨付资金的产出效率，但后者影响程度更大，这也是 2020 年以来强调"推动实物工作量形成"的同时，专项债审核也更加严谨规范并提出要探索对专项债券项目实行穿透式监管的重要原因。"资金跟着项目走"是政府债务项目绩效管理的指导原则。

第二章

我国政府债务的历史沿革和管理模式

我国最早具有现代政府债务性质的政府借款是 1894 年清政府举办的"息借商款",目的是应付甲午战争的军费。随着 1949 年中华人民共和国成立,我国进入一个新的历史时期,其后我国政府对政府债务管理的认识不断深入,对政府债务这一财政手段的运用也逐步成熟。本章分别从国债和地方政府债务的历史发展沿革出发,着重从绩效管理视角介绍我国当前政府债务的制度体系框架、管理主体和管理流程。

|第一节| 我国政府债务的发展情况

一、我国国债的发展阶段

我国国债的发展历程大体经历了四个阶段。

萌芽阶段(1949 年至 1968 年):在 20 世纪 50 年代,我国国内国债的品种主要有 1950 年发行的"人民胜利折实公债"和 1954 年至 1958 年连续发行的"国家经济建设公债"两种,主要用于接连不断的内外战争后的安定民生、恢复和发展经济。1958 年以后,我国中央政府不再发行新国债。1968 年,我国政府还清了期限为 10 年的国债,再加上 1965 年还清了欠苏联的外债,1969 年 2 月 21 日,周恩来总理通过《人民日报》宣布我国已经成为世界上既没有内债,又没有外债的国家。

恢复发行阶段(1979 年至 1987 年):1979 年开始我国政府恢复举借外债;1981 年我国恢复内债发行,主要用于弥补财政赤字,同时支持国家经济建设,发行规模较小。此阶段,国债发行采取行政分配,暂不能在市场上流通转让,国债发行以实物或收据为载体,国债品种单一,只有到期一次性还本付息的债券。

快速发展阶段(1988 年至 1996 年):由于国家预算体制改革,财政不能向中央银行透支解决赤字问题,因此国债发行量涨幅较大。此阶段,国债的发行市场和二级市场初具雏形,发行方式逐步由柜台销售和承购包销过渡到公开招标的方式,期限以 3 年期和 5 年期为主。1988 年起实物国债被取消。

逐步成熟阶段(1997 年至今):为了拉动内需和应对经济危机,我国实行积极的财政政策,扩大政府投资,国债的发行量上升较为迅速。国债的发行期限由中短期趋势向中长期趋势转变,以适应基础设施建设周期的需求。国债市场机构投资者范围逐步扩大，商业银行成为国债市场上重要的参与者。

二、我国地方政府债务的发展与演变

回顾我国地方政府债务融资历史，按照地方政府债券发行发展情况划分，大体可分为六个阶段：

（一）1949 年至 1978 年：中华人民共和国成立初期曾举债，1968 年后"既无外债也无内债"

为了解决中华人民共和国成立初期经济处于崩溃边缘和人民生活水平极度匮乏的问题，增加建设资金投入，经中央政府批准，我国出现了两次地方政府公债发行活动，即"东北生产建设折实公债"和"地方经济建设公债"。公债发行主要面对东北地区职工、农民、工商界和市民等当时相对富裕的阶层，明确分配了认购指标，并规定不得作为货币进入市场流通。另外考虑到通货膨胀因素，这批公债的募集与还本付息均以实物为计算标准，并用沈阳市当时具有代表性的生活用品（包括高粱米、五福布、粒盐、原煤）价格来定义其计算单位，与当时中央政府发行的人民胜利折实公债保持一致。

1958 年中央先后发布了《关于发行地方公债的决定》和《中华人民共和国地方经济建设公债条例》，规定自 1959 年起，停止发行全国性公债，并停止举借外债，改由各级地方政府必要时发行短期地方公债，以作为筹集地方建设资金的一种方式。上述文件还对经济建设公债的发行目的、数量等管理制度作了原则性规定。此后安徽省、黑龙江省等地方政府结合本地区实际发行了"地方经济建设公债"。安徽省在 1959 年至 1962 年期间先后发行了 7660 万元的安徽省地方经济建设公债。1959 年至 1960 年，黑龙江省也发行了地方经济建设公债。除上述两次地方经济建设公债的发行外，有些地方政府和企业因超范围使用和超计划投资而形成了政府性债务。在监管机制缺乏的情况下，这一阶段有部分地方政府的投资项目效率低下、浪费严重，造成欠账、亏损和基本建设欠款等现象。为了清理原建设单位拖欠企业贷款，1962 年中央政府向建设银行拨付了超过 20 亿元的款项，实质上将地方债务转变为中央债务，债务风险由地方转移至中央。

20 世纪 60 年代，随着计划经济体制的逐步形成，中央将全社会的财力集中掌握，将各级财政的税收和利润集中收缴，同时银行信用由中央政府集中管理，不再需要通过发行公债筹集建设资金。1968 年还清所有的内债外债后，我国进入了一段较长的"既无外债也无内债"时期。

（二）1979 年至 1997 年：从"拨转贷"到分税制下的地方融资平台模式兴起

改革开放初期，我国经济体制由计划经济向市场经济转型，在中央和地方的财权事权划分方面曾做出了一些尝试。中央为调动地方政府的积极性，提出了"分级管理"的思想，授予地方一定的自主权。通过"分权让利"政策，地方政府配置资源的权力范围扩大，激发了地方政府发展经济的积极性，形成了各地争先发展的局面。地方财政支出的比重得到了提升，支出责任逐渐增加。

这一时期可以称之为地方政府负债的活动是"拨转贷"现象，即中央将拨给地方政府的基本建设预算拨款转为银行贷款。中央政府为加强对地方政府基本建设活动的支持力度，于 1979 年在一些企业和省市内进行试点，将基本建设资金预算实行拨转贷，并逐渐将预算内基本建设资金全部采用这种方式。由于拨转贷在使用过程中政策灵活，权责规定较模糊，地方政府在贷款使用过程中违规现象严重，大量的地方基本建设项目立项不规范，导致了地方政府债务集中出现，给银行造成了大量坏账。直到 1988 年我国进行投资体制改革才对这一问题进行了治理。

这一时期，为了解决财政收入不能满足资金需求的情况，许多地方政府再次尝试开展举债融资。1993 年，由于担心地方政府缺乏债务偿还能力，国务院禁止了地方政府的举债行为。1994 年颁布的《预算法》进一步明确："地方各级预算按照量入为出、收支平衡的原则编制，不列赤字。除法律和国务院另有规定外，地方政府不得发行地方政府债券。"

在此背景下，地方政府开始发展融资平台。1992 年上海市政府批准建设上海市城市建设投资开发总公司，是我国最早设立的地方政府融资平台公司。该平台公司的融资模式主要有两类，一种是通过发行城市建设债券筹措资金，另一种是发展项目融资，通过与投资者签署"特许权协议"，利用公开招标方式来选择投资者，对缺乏现金流量的城市基础设施项目给投资者以补贴。

（三）1998 年至 2008 年：国债转贷—代发代还试点

在此期间出现了两次地方政府债务的大规模增长，都是在中央政府为应对国际金融危机实施财政扩张政策背景下，地方政府为响应中央政策而造成的结果。第一次是为应对 1998 年亚洲金融危机而导致的债务规模大幅增长，第二次是为了应对由美国次贷危机引发的国际金融危机。

1998 年，为应对亚洲金融危机，我国启动了扩张性财政政策，即通过国债资金来建设基础设施项目。为支持地方经济建设，1998 年以后，由财政部通过增加发行国债后转贷给省级政府，用于国家确定的国债资金建设项目，由地方政府还本付息，不列入中央预算。国债转贷本质上仍是国家信用的主权债，由于该模式下的债务资金不列预算赤字，因此在债券对应项目安排中往往存在监督手段少、资金使用效率低、配套资金落实难等问题。

1998 年至 2005 年，国债转贷资金规模为 3300 亿元左右。中央在安排这些国债转贷项目时，大多要求地方政府提供配套资金。

在实施了 7 年扩张性财政政策之后，自 2005 年起，我国中央政府转向实施稳健性财政政策，大幅削减长期建设国债的发行规模。自 2006 年起，中央政府不再把国债资金转贷给地方政府（见表 2-1）。

表 2-1　历年国债项目资金

亿元

年份	1998	1999	2000	2001	2002	2003	2004	2005	2006	2007	2008
转贷给地方的部分	580	300	500	400	250	250	150	100	0	0	0
中央政府自用的部分	500	800	1000	1100	1250	1150	950	700	600	500	300
国债项目资金综合	1080	1100	1500	1500	1500	1400	1100	800	600	500	300

资料来源：根据历年预算执行报告整理。

（四）2009 年至 2014 年：自发自还试点

2008 年美国次贷危机逐步升级，全球经济危机爆发。2009 年，为应对国际金融危机，缓解财政收支压力，我国开始尝试代发代还试点模式，由财政部代理地方政府发行债券并代办偿本付息。中央相继出台了《2009 年地方政府债券预算管理办法》《2009 年地方政府债券资金项目安排管理办法》和《财政部代理发行地方政府债券财政总预算会计核算办法》等多项文件，规定由财政部代理地方政府发行债券，债券名中明确带有地方政府名称，并采用记账式国债发行方式，通过国债发行渠道进行发行。中央政府根据地方政府申报的债券发行申请，充分考虑地方政府偿债能力和向中西部倾斜的原则，确定地方政府每年发行债券的总额度、发行期限、债券资金用途等，并要求地方债券纳入省级财政预算。债券实行年度发行额管理，期限为 3～7 年，债券资金用途应为中央公益性建设项目投资中的地方配套部分或融资困难的公益性基础建设项目，不得用于经常性支出项目。和国债转贷模式相比，代理发行的债券资金明确列入省级预算管理，偿债责任更加明确，但仍附加了中央财政信用。

2011 年，财政部发布《2011 年地方政府自行发债试点办法》，允许上海市、浙江省、广东省、深圳市等试点省（市）在国务院批准的规模限额内，自行组织本省（市）政府债券发行，由财政部代办还本付息。2012 年 1 月—2013 年 12 月，发行地方债共计 58 只发行规模达 8000 亿元，其中 2012 年和 2013 年分别发行 2500 亿元和 3500 亿元，并发行 3 年期、5 年期及 7 年期 3 类期限债券。这段时期债券发行的特点包括一是地方政府直接参与一级市场的发债操作中，熟悉承销商和发债流程，为今后过渡到自主发债积累宝贵经验。二是试点发债的利率与国债利率出现倒挂现象，体现出市场上的投资者对于地方债市场的看好，也体现出对试点省份经济实力和偿债能力的信任，说明地方政府债券市场有充足的资金供给。三是在试点发债的情形下，中央政府直接掌握地方政府的债务情况，消除中央和地方政府之间的信息不对称，而且债券发行的很多信息直接在网上进行了信息公开。2013 年经中华人民共和国国务院批准，适当扩大自行发债试点范围，再增江苏和山东两省，2013 年六个试点地区，统计共发行了 652 亿元地方债券，较 2012 年多发行 360 亿元。2013 年自主发行的地方债息票水平与国债相近，相较于传统由财政部代发的地方债，机构的认购热情较高，平均认购倍数在 2.14 倍左右，中标利率平均 3.75%，比传统财政部代发地方债低 30 个基点左右，比 AAA 级城投债低 2~3 个百分点。和代发自还相比，由地方政府自主发债无疑更强调地方政府信用，并且这一阶段的试点为今后完善地方政府发债程序、发行期限、监管机制等积累了经验（见表 2-2）。

表 2-2　试点四省市自行发债的市场表现

地方政府	上海市		广东省		浙江省		深圳市	
债券期限（年）	3	5	3	5	3	5	3	5
债券规模（亿元）	36	35	34.50	34.50	33	34	11	11
认购倍数	3.50	3.10	6.50	6.39	3.84	3.70	2.44	2.27
中标利率（%）	3.10	3.30	3.08	3.29	3.01	3.24	3.03	3.25
同期限国债利率（%）	3.13	3.34	3.14	3.37	3.17	3.40	3.11	3.31

资料来源：根据历年债券发行信息公告整理。

2014 年 5 月 21 日，财政部印发《2014 年地方政府债券自发自还试点办法》，经国务院批准，2014 年上海、浙江、广东、深圳、江苏、山东、北京、江西、宁夏、青岛试点地方政府债券自发自还。所谓自发自还，指地方政府可以在国务院批准的发债规模限额内，自行组织本地区的政府债券发行、支付利息和偿还本金。这被视为对以往地方政府债券"自发代还"模式的又一次推进。

经国务院批准，2014 年试点发债地区所发行的政府债券为记账式固定利率付息债券，政府债券期限为 5 年、7 年和 10 年，结构比例为 4∶3∶3，试点地区发债总规模为 1092 亿元，当年有效不得结转下年。试点发行主体为省、自治区、直辖市和计划单列市，名义上都属于"地方政府"，但考虑实际资金运用，具体可区分为两种不同形式：一种是层级下移型代发代还，即原本由财政部代地方发行债券改为省政府代市、县政府发行，在资金运用中存在转贷，并由省政府代下级政府负担偿债责任；另一种是真正的自发自用自还，即北京、上海、青岛、深圳等市级政府发行的债券。2014 年 1 月—2015 年 4 月（5 月开始了地方债存量置换），自发自还地方债共计发行 43 只，4000 亿元，其中 2015 年 1 月—2015 年 4 月，无地方债发行。2014 年发行 5 年期地方债发行利率为 3.63%~4.06%，7 年期地方债发行利率为 3.79%~4.22%，10 年期地方债发行利率为 3.81%~4.33%。2014 年自发自还并非完全意义上的自主发债，实际是自发代还的升级版，其具有三个典型特点：一是试点地区自行支付债券本息、发行费等资金，财政部不再代办还本付息，同时要求建立偿债保障机制；二是债券的期限结构有所变化，取消了 3 年期债券品种，增加了 10 年期债券品种；三是要求试点地区要开展地方政府债券信用评级，并及时披露政府债券基本信息、地方财政经济运行及政府债务状况。2009—2014 年地方政府债券发行方式及规模见表 2-3。

表 2-3   2009—2014 年地方政府债券发行方式及规模

亿元

年份	年发行额	财政部代理发行地方政府债券（代发代还）	自行发债（自发自还）	自主发债（自发自还）
2009	2000	2000	/	/
2010	2000	2000	/	/
2011	2000	1771	229（北京、上海、广东、深圳）	/
2012	2500	2211	289（北京、上海、广东、深圳）	/
2013	3500	2848	652（北京、上海、广东、深圳、江苏、山东）	/
2014	4000	2908	/	1092

资料来源：根据历年新闻报道整理。

（五）2014 年至今："开前门、堵后门"，地方政府债券管理进入规范化时期

2014 年，新《预算法》出台，允许地方政府举借债务，同时从六个方面作出限制性规定：① 限制举债主体。地方政府举借债务的主体只能是经国务院批准的省、自治区、直辖市政府。② 控制举债规模。省级政府举借债务的规模由国务院报全国人大或者全国人大常委会批准。地方政府在国务院下达的限额内举借债务。③ 明确举债方式。举借债务只能采取发行地方政府债券的方式，不得采取其他方式筹措，除法律另有规定外，地方政府不得在法律规定之外以其他任何方式举借债务，不得为任何单位和个人的债务以任何方式提供担保。④ 限定债务资金用途。地方政府举借债务只能用于公共预算中必需的部分建设投资，公益性资本支出，不得用于经常性支出。⑤ 列入预算并向社会公开。地方政府举借的债务列入本级预算调整方案，报本级人大常委会批准。政府举借债务的情况要向社会公开并作出说明。⑥ 严格控制债务风险。地方政府举借债务应当有偿还计划和稳定的偿还资金来源，国务院建立地方政府债务风险评估和预警机制、应急处置机制及责任追究制度。2015 年，随着新《预算法》的正式颁布，地方政府债务的规范管理开始进入了新的历史时期。

三、我国政府债务规模情况

（一）政府债务总体规模

根据财政部数据，2020 年年底，中国政府债务余额为 46.55 万亿元，较上年增加 8.6 万亿元，负债率为 45.8%，较上年增加 7.5 个百分点，低于国际通行的 60% 警戒线，风险总体可控。其中，中央政府债务余额 20.89 万亿元，较上年增加 4.24 万亿元，占 GDP 的 20.6%，较上年增加 3.8 个百分点。地方政府债务余额为 25.66 万亿元，较上年增加 4.35 万亿元，占 GDP 的 25.3%，较上年增加 3.8 个百分点，

均控制在全国人大批准的限额之内。其中，一般债务 12.74 万亿元，专项债务 12.92 万亿元，专项债务余额首次超过一般债务（见表 2-4、表 2-5）。

表 2-4 2015 年—2020 年中央及地方政府债务规模

万亿元

项目	2015 年	2016 年	2017 年	2018 年	2019 年	2020 年
中央政府债务年末余额	10.66	12.01	13.48	14.96	16.8	20.89
地方政府债务年末余额	16.01	15.32	16.47	18.39	21.31	25.66
全国政府债务年末余额	26.66	27.33	29.95	33.35	38.11	46.55

资料来源：财政部。

表 2-5 2015—2020 年一般债务和专项债务规模

亿元

年度	一般债务余额限额 (1)	专项债务余额限额 (2)	一般债务新增限额＝ $(1)_n - (1)_{n-1}$	专项债务新增限额＝ $(2)_n - (2)_{n-1}$	一般债务年末实际余额	专项债务年末实际余额
2015 年	99272	60802	5000	1000	92619	54949
2016 年	107072	64802	7800	4000	98313	55245
2017 年	115489	72685	8300	8000	103632	61468
2018 年	123789	86185	8300	13500	109939	73923
2019 年	133089	107685	9300	21500	118694	94378
2020 年	142889	145185	9800	37500	127395	129220

资料来源：财政部。

据国际清算银行（BIS）数据，截至 2020 年二季度中国政府部门杠杆率为 58.7％，略高于新兴市场国家的 55.5％，低于通行的 60％ 警戒线，并显著低于 G20 成员均值 94.9％（见图 2-1）。

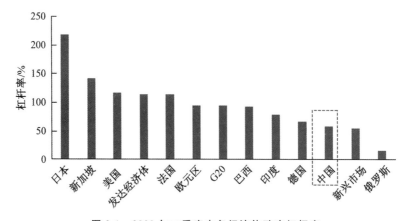

图 2-1 2020 年二季度末各经济体政府杠杆率

资料来源：BIS 数据。

（二）我国地方政府债务情况

截至 2019 年年末债务余额规模前五的地区为江苏（14878 亿元）、山东（13128 亿元）、浙江（12309 亿元）、广东（11949 亿元）和四川（10577 亿元），分别占地方政府债务总额的 7.0%、6.2%、5.8%、5.6% 和 5.0%。表 2-6 和表 2-7 列出了 2016—2019 年全国各省、直辖市和计划单列市政府债务总体规模情况，以及一般债务和专项债务的规模情况。

表 2-6　2016 年—2019 年全国各省（市）政府债务规模

亿元

省（市）	2016 年	2017 年	2018 年	2019 年
江苏省	10915	12026	13286	15868
山东省	9444	10197	11437	13615
广东省	8531	9023	10008	13573
广东省（不含深圳市）	8403	8906	9862	12886
浙江省	8390	9239	10794	12623
山东省（不含青岛市）	8494	9135	10164	11830
四川省	7812	8497	9299	11094
浙江省（不含宁波市）	6994	7696	8987	10624
湖南省	6828	7667	8708	10197
贵州省	8710	8607	8834	9938
河北省	5691	6151	7278	9732
辽宁省	8526	8455	8596	9423
河南省	5525	5548	6541	9212
云南省	6353	6725	7140	9001
安徽省	5319	5823	6705	8491
湖北省	5104	5716	6676	8315
内蒙古自治区	5677	6217	6555	7661
辽宁省（不含大连市）	6572	6516	6612	7365
上海市	4485	4694	5035	7126
陕西省	4918	5395	5887	7038
福建省（不含厦门市）	4731	5208	5777	7018
福建省	4723	5157	5699	6879
广西壮族自治区	4567	4837	5493	6626
江西省	3957	4269	4779	5875

省（市）	2016 年	2017 年	2018 年	2019 年
重庆市	3737	4019	4690	5846
北京市	3743	3877	4249	5559
新疆维吾尔自治区	2837	3378	3980	5197
天津市	2913	3424	4078	4979
黑龙江省	3120	3455	4117	4907
吉林省	2896	3193	3712	4627
山西省	2291	2579	2964	3702
甘肃省	1779	2069	2492	3208
海南省	1560	1719	1942	2327
青海省	1339	1513	1763	2244
大连市	1955	1939	1985	2058
宁波市	1396	1544	1807	1999
宁夏回族自治区	1171	1226	1389	1818
青岛市	951	1062	1272	1785
厦门市	479	560	637	848
深圳市	128	117	146	687
西藏自治区	58	99	135	323

数据来源：各省市财政厅（局）。

表 2-7　2016—2019 年全国各省（市）一般债务和专项债务规模

亿元

省（市）	2016 年		2017 年		2018 年		2019 年	
	一般债务	专项债务	一般债务	专项债务	一般债务	专项债务	一般债务	专项债务
北京市	1728	2016	1860	2016	2034	2215	2712	2847
河北省	4187	1504	4154	1997	4564	2714	5984	3748
天津市	1118	1795	1333	2091	1400	2679	1524	3455
山西省	1730	561	1812	767	1975	989	2348	1354
内蒙古自治区	4706	971	5220	998	5421	1134	6132	1529
辽宁省	6147	2380	6112	2344	6270	2326	6968	2454
辽宁省（不含大连市）	4858	1714	4836	1681	4953	1659	5547	1818
大连市	1289	666	1276	663	1318	667	1421	637

省（市）	2016 年		2017 年		2018 年		2019 年	
	一般债务	专项债务	一般债务	专项债务	一般债务	专项债务	一般债务	专项债务
吉林省	2085	811	2353	840	2647	1064	3184	1442
黑龙江省	2423	697	2714	741	3188	929	3732	1175
上海市	2410	2075	2523	2171	2643	2392	4192	2934
江苏省	6414	4501	6668	5358	6653	6633	7610	8258
浙江省	4814	3576	5160	4080	5809	4986	6514	6109
浙江省（不含宁波市）	3926	3068	4178	3517	4657	4330	5280	5344
宁波市	888	508	981	562	1152	655	1234	765
安徽省	3320	1999	3415	2408	3522	3183	4190	4300
福建省（不含厦门市）	2092	2639	2526	2683	2603	3174	3034	3983
福建省	2328	2395	2780	2377	2883	2816	3389	3490
厦门市	236	243	254	306	280	358	354	494
江西省	2782	1175	2827	1442	2959	1821	3562	2313
山东省	6041	3403	6190	4007	6372	5064	7224	6391
山东省（不含青岛市）	5408	3086	5558	3577	5666	4498	6236	5594
青岛市	633	318	632	430	706	566	988	797
河南省	3910	1615	3649	1900	4062	2479	5774	3439
湖北省	3301	1803	3403	2313	3742	2933	4410	3905
湖南省	4460	2367	5092	2575	5582	3126	6220	3977
广东省	5370	3161	5297	3726	5313	4695	7117	6456
广东省（不含深圳市）	5242	3161	5200	3706	5227	4635	6792	6094
深圳市	128		97	20	87	59	325	362
广西壮族自治区	2673	1893	3050	1787	3402	2092	4047	2579
海南省	1098	462	1162	557	1249	692	1456	871
重庆市	2201	1536	2236	1783	2356	2334	2767	3079
四川省	4650	3162	5173	3324	5466	3833	6405	4689
贵州省	5206	3503	5114	3493	5326	3508	6210	3728
云南省	4378	1976	4761	1964	4913	2227	6218	2783
西藏自治区	55	3	77	21	101	34	285	38

省（市）	2016 年		2017 年		2018 年		2019 年	
	一般债务	专项债务	一般债务	专项债务	一般债务	专项债务	一般债务	专项债务
陕西省	2806	2111	3155	2240	3428	2459	4148	2890
甘肃省	1258	521	1397	671	1625	867	1972	1236
青海省	1172	167	1253	259	1463	300	1825	419
宁夏回族自治区	917	255	985	242	1070	319	1345	473
新疆维吾尔自治区	2180	657	2707	671	3048	933	3626	1571

资料来源：各省市财政厅（局）。

从负债率来看，以债务余额/GDP 的数值衡量，截至 2019 年年末青海政府负债率最高，为 70.9％，较 2018 年上升 9.4 个百分点；第二位是贵州（57.7％），较 2018 年下降 2.0 个百分点；其后是宁夏（44.2％）、内蒙古（42.5％）、海南（42.0％）和吉林（37.1％）。除青海以外，其余各省的政府债务仍在安全线 60％以内，如广东（11.1％）、北京（14.0％）、河南（14.6％）相对较低。绝大多数省份地方政府负债率处于预警线以下。整体来看，地方政府负债率大小与经济发达程度整体成反比。具体来说，青海、贵州、宁夏、内蒙古、海南等欠发达地区负债率比较高；广东、北京、江苏、山东等发达地区的负债率比较低。结合《马斯特里赫特条约》规定的 60％的预警线来看，如图 2-2 所示，2019 年仅有青海（70.88％）一个省份超过了 60％的预警线；2018 年贵州负债率虽有下降但亦十分接近预警线（59.66％），到 2019 年负债率又进一步下降（57.68％）。

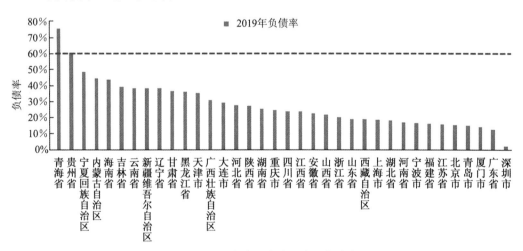

图 2-2　2019 年全国各省（市）负债率

从债务率来看，以债务余额/（一般公共预算收入＋政府性基金预算收入＋上级补助收入－上解支出）衡量，2019 年有 11 个省市债务率超过 100%，较 2018 年增加 5 个。其中，贵州债务率最高，达到 148.4%，辽宁（139.0%）、内蒙古（136.9%）、宁夏（114.4%）、天津（113.1%）分别排名第 2—5 位。债务率在各省市的普遍提高，体现出在减税降费和支出刚性的形势下债务规模增加，债务风险扩大。

四、地方政府债务的发行趋势

近年来，在"加大前门"的政策背景下，我国地方政府的债券发行呈现进度加快、债券期限延长、利率成本下降、资金用途领域更广等特征。

1. 发行进度加快

2018 年 3 月至 7 月，专项债券与一般债券月度发行额呈快速上升趋势，其中一般债券从 2018 年 3 月的 1813 亿元涨到同年 7 月的 5611 亿元；专项债券从 2018 年 3 月的 592 亿元涨到同年 7 月的 1959 亿元。随后，一般债券的月度发行额下降，但专项债券继续上升并超过一般债券。2019 年以来，在专项债扩容和提前下达限额的背景下，专项债券发行继续呈上升趋势，一般债券则呈震荡趋势。2020 年地方专项债券发行高峰期为 5 月，当月发行规模为 10310 亿元，一般债券发行高峰期为 8 月，当月发行规模为 4798 亿元（见图 2-3）。

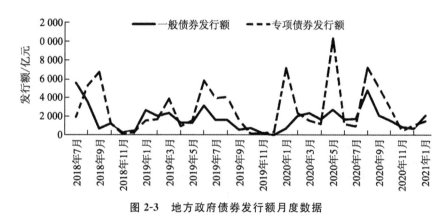

图 2-3　地方政府债券发行额月度数据

资料来源：中国地方政府债券信息公开平台。

2. 债券期限更长

2019 年以来，长期期限特别是 15 年、30 年的超长期限的债券发行额占比较 2018 年以前大幅提高。2018—2020 年，地方政府债券平均发行期限分别为 6.1 年、10.3 年和 14.7 年，其中一般债券分别为 6.1 年、12.1 年和 14.7 年，专项债券分别为 6.1 年、9 年和 14.6 年（见图 2-4）。

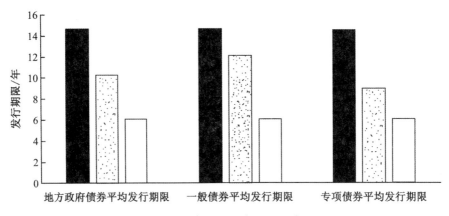

图 2-4　2018—2020 年地方政府债券平均发行期限

资料来源：财政部。

3. 债券发行平均成本下降

从发行利率看，2018 年以来，受宽松货币政策影响，地方政府债券利率出现整体下行。2018—2020 年，地方政府债券平均发行利率分别为 3.89%、3.47% 和 3.40%，其中，一般债券分别为 3.89%、3.53% 和 3.34%，专项债券分别为 3.90%、3.43% 和 3.44%（见图 2-5）。

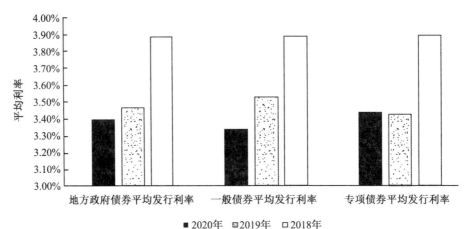

图 2-5　2018—2020 年我国地方政府债券发行平均利率情况

资料来源：财政部。

4. 资金用途领域更加丰富

从债券资金用途来看，近年来我国各地区专项债券的发行品种更加丰富，虽然仍以棚户区改造、土地储备、交通等领域为主，但开始逐步用于能源、水利、教育、医疗等其他民生服务领域。以 2019 年地方政府专项债为例，本书根据各省市的债券发行公开信息，整理资金用途如表 2-8 所示。

表 2-8 2019 年我国地方政府专项债资金用途情况

地区	资金用途
安徽	医疗卫生、教育、环境保护、水利建设、乡村振兴、产业园区、棚户区改造、收费公路、土地储备等
北京	棚户区改造、土地储备
福建	产业集群、城乡供水、教育文化、民生保障、棚户区改造、生态环保、市政发展、收费公路、土地储备、乡村振兴、医疗卫生
甘肃	教育收费、绿色产业发展、绿色生态产业发展、棚户区改造、收费公路、水利建设
广东	产业发展、城市发展、互通建设、基础设施建设、科创平台建设、棚户区改造、生态环保、水资源配置工程、土地储备
广西	产业园区、高等学校、公立医院、棚户区改造、社会领域、收费公路、土地储备
贵州	棚户区改造
海南	轨道交通、基础设施、棚户区改造、收费公路、土地储备
河北	基础设施、教育培训、棚户区改造、生态环保、收费公路、土地储备、乡村振兴、雄安新区建设、民疗卫生、园区建设
河南	保障性住房、城乡发展、公办高校、洛阳城市轨道交通 1 号线、棚户区改造、区域医疗中心、社会发展、生态环保、收费公路、土地储备、乡村振兴
黑龙江	城乡发展、公立医院、教育、棚户区改造、收费公路、水资源保护、土地储备
湖北	轨道交通、基础设施建设、两湖隧道、棚户区改造、收费公路、土地储备、医疗卫生
湖南	"两供两治"、棚户区改造、收费公路、土地储备、园区建设
吉林	产业园区、城乡公用事业发展、公办高校、棚户区改造、生态保护、收费公路、土地储备、医疗机构建设
江苏	城乡建设、棚户区改造、收费公路、土地储备
江西	轨道交通、核心功能区建设、红色旅游、经济转型、科创城建设、绿色市政、农田建设、棚户区改造、试验区建设、收费公路、土地储备、医疗
辽宁	棚户区改造、土地储备、乡村振兴、医疗卫生
内蒙古	集大高铁、棚户区改造、收费公路、土地储备
宁波	棚户区改造、土地储备
宁夏	城乡发展、基础设施、棚户区改造、生态环保、收费公路、水处理、土地储备、医疗卫生
青岛	产业集群、公立高校、公立医院、供热设施、机场、锦江绿道、科创平台、农业、天然气管网、停车场建设、治水提质
青海	基础设施、林业生态、绿色交通、棚户区改造、收费公路、医疗卫生
厦门	轨道交通、旧村改造、土地储备

地区	资金用途
山东	城乡发展、高等教育、高铁建设、黄水东调、机场和园区建设、机场建设、基础设施建设、棚户区改造、桥梁隧道建设、生态旅游、市政发展、土地储备、乡村振兴、医疗与教育发展、灾后重建水利、灾后重建
山西	棚户区改造、天然气管网、土地储备
陕西	公立医院、轨道交通、收费公路、水利建设、土地储备、棚户区改造、"一带一路"建设、公立高校
上海	棚户区改造、土地储备
深圳	河流污染治理、公路建设、轨道交通建设、机场建设、棚户区改造、城中村治理、公立医院建设、土地储备等
四川	"8.8"九寨沟地震恢复重建、城乡基础设施建设、地震重建、防洪工程建设、扶贫开发建设、工业园区建设、工业园区、基础设施、旅游扶贫开发、锦江绿道、棚户区改造、生态环保建设、收费公路、水务建设、土地储备、土地整理、文化旅游、乡村振兴、学校建设、医疗养老、游仙经济开发区、综合管廊建设
天津	城际铁路、城乡发展、轨道交通、会展配套、会展中心周边配套设施建设、基础设施建设、旧城区改建、绿色港口、棚户区改造、生态保护、示范镇、收费公路、土地储备、污水处理厂管网配套工程、医疗卫生
西藏	土地储备
新疆	土地储备、收费公路、棚户区改造
云南	公立医院、教育、生态环保、收费公路、水务、棚户区改造、土地储备、城乡基础设施
浙江	环保、棚户区改造、收费公路、土地储备
重庆	棚户区改造、土地储备

资料来源：中国债券信息网。

|第二节| 我国政府债务管理制度建设情况

2014年颁布的《中华人民共和国预算法》（2014年修订）和《国务院关于加强地方政府性债务管理的意见》（国发〔2014〕43号）为地方政府的债务融资建立了基础性制度框架。随着近年来地方政府债务管理工作的深化，党中央、国务院及财政部等中央部委持续加强顶层设计，从限额管理、预算管理、风险防控、债券使用、信息公开等方面先后印发一系列地方政府债务管理的顶层制度，为债务预算绩效管理打下了良好的基础。

一是硬化法定预算约束，制定了地方政府债务限额管理、地方政府一般债务和专项债务预算管理办法、债务限额分配管理办法等，规定了地方政府举债规模的"天花板"，明确地方政府债务纳入全口径预算管理的路径；二是推进专项债券管理改革，推进发行项目收益与融资自求平衡的专项债券品种试点等，扩大专项债券使用范围；三是强化风险评估预警，印发《地方政府性债务风险应急处置预案》《地方政府性债务风险分类处置指南》，建立了地方政府性债务风险应急处置的分级响应机制；四是明确地方政府举债融资的"正负面清单"，印发《关于进一步规范地方政府举债融资行为的通知》《政府采购货物和服务招标投标管理办法》等制度文件，从地方政府和金融机构等债务资金供需两端，约束地方政府的主要违法违规融资行为；五是推进地方政府债务信息公开，出台《地方政府债务信息公开办法》，要求公开包括预决算公开范围的地方政府债务限额、余额等信息及预决算公开范围之外的地方政府债券发行、存续期、重大事项等相关信息，促进形成市场化的融资自律机制。

部分关于地方债务管理的相关政策文件列表见表2-9。部分政府债务管理的重要制度文件的原文摘要见附录四。

表 2-9　中央有关地方政府债务管理的部分政策文件

政策文件	关键词	发布时间
《国务院关于加强地方政府性债务管理的意见》（国发〔2014〕43号）	顶层规章	2014年9月
《地方政府存量债务纳入预算管理清理甄别办法》（财预〔2014〕351号）	存量置换	2014年10月
《关于对地方政府债务实行限额管理的实施意见》（财预〔2015〕225号）	限额管理	2015年12月
《地方政府性债务风险分类处置指南》（财预〔2016〕152号）	风险管理	2016年11月
《地方政府一般债务预算管理办法》（财预〔2016〕154号）	预算管理	2016年11月
《地方政府专项债务预算管理办法》（财预〔2016〕155号）	预算管理	2016年11月
《新增地方政府债务限额分配管理暂行办法》（财预〔2017〕35号）	限额管理	2017年3月
《关于进一步规范地方政府举债融资行为的通知》（财预〔2017〕50号）	举债融资	2017年4月
《地方政府土地储备专项债券管理办法（试行）》（财预〔2017〕62号）	专项债券管理	2017年5月
《地方政府收费公路专项债券管理办法（试行）》（财预〔2017〕97号）	专项债券管理	2017年6月
《关于试点发展项目收益与融资自求平衡的地方政府专项债券品种的通知》（财预〔2017〕89号）	专项债券管理	2017年6月
《政府采购货物和服务招标投标管理办法》（财政部令第87号）	风险管理	2017年7月

政策文件	关键词	发布时间
《关于规范政府和社会资本合作（PPP）综合信息平台项目库管理的通知》（财办金〔2017〕92 号）	风险管理	2017 年 11 月
《关于做好 2018 年地方政府债务管理工作的通知》（财预〔2018〕34 号）	综合性制度	2018 年 2 月
《关于规范金融企业对地方政府和国有企业投融资行为有关问题的通知》（财金〔2018〕23 号）	风险管理	2018 年 3 月
《试点发行地方政府棚户区改造专项债券管理办法》（财预〔2018〕28 号）	专项债券管理	2018 年 3 月
《地方政府债务信息公开办法》（财预〔2018〕209 号）	信息公开	2018 年 12 月
《土地储备项目预算管理办法（试行）》（财预〔2019〕89 号）	专项债项目预算管理	2019 年 5 月
《关于做好地方政府专项债券发行及项目配套融资工作的通知》	专项债券发行	2019 年 6 月
《关于加快地方政府专项债券发行使用有关工作的通知》（财预〔2020〕94 号）	专项债券管理	2020 年 7 月
《关于进一步做好地方政府债券发行工作的意见》（财库〔2020〕36 号）	债券发行	2020 年 11 月
《地方政府专项债券项目资金绩效管理办法》（财预〔2021〕61 号）	专项债券绩效管理	2021 年 6 月

上述制度主要以地方政府债券管理为主，除此之外，2016 年印发的《国际金融组织和外国政府贷款赠款管理办法》（财政部令第 85 号）对于纳入一般公共预算管理的国际金融组织和外国政府贷款债务的筹借、使用和偿还进行了规定。2019 年 5 月，《财政部关于印发〈国际金融组织和外国政府贷款赠款项目绩效评价管理办法〉的通知》（财国合〔2019〕18 号）出台，从管理机构职责、评价内容、组织实施、评价结果应用等方面明确了国际金融组织和外国政府贷款赠款项目的绩效评价办法。2021 年 6 月，财政部印发《地方政府专项债券项目资金绩效管理办法》（财预〔2021〕61 号），首次以专项债券支持项目为对象，明确了专项债券项目在事前绩效评估、绩效目标管理、绩效运行监控、绩效评价管理、评价结果应用等环节开展绩效管理的要求。

|第三节| 我国政府债务的管理主体及流程

一、政府债务的管理主体

财政部作为我国政府债务管理的总体组织和统筹者，负责拟定和执行政府债务管理制度和政策、防范化解地方政府债务风险等。财政部内设预算司承担政府债务管理有关工作，负责提出政府债务管理制度的建议等；国库司负责政府内债发行、兑付等有关管理工作。除财政部以外，其他主要参与主体及主要职责如表2-10所示。

表 2-10　政府债务管理主要参与主体及职责内容

参与主体	职责内容
全国人大	审核批准全国债务限额，对债务预算进行审查监督
中央相关行业主管部门	配合财政部加强债券管理，指导和监督地方行业主管部门及项目实施机构做好主管领域的债券资金使用和偿还管理相关工作
国家发展和改革委员会	会同相关部门拟订政府投资项目审批权限和政府核准的固定资产投资项目目录，按权限审核重大项目
中央国债登记结算有限责任公司	政府债务的托管主体，承担总登记托管结算职能，负责运营全国国债托管系统
省级人大	审核批准本地区债务限额、对债务预算进行审查监督
省级人民政府	审核、批准全省债券发行计划及方案
省级财政部门	负责本省政府债券额度管理和预算管理、组织债券发行、还本付息等工作，并按照债券风险防控要求审核项目资金需求
省级行业主管部门	负责审核本省主管领域的债券资金需求，配合财政部门做好债券发行准备工作，指导和监督省级项目实施机构规范使用债券资金
省级发展和改革部门	负责组织编制本省政府投资计划；按权限审核固定资产投资项目
市县级人民政府	审核、批准本级债券项目及其资金需求、实施方案、第三方评估意见等
市县级财政部门	负责按照政府债务管理要求复核本市县债券资金需求，做好债券额度管理、预算管理、发行准备、资金监管等工作
市县发展和改革部门	负责组织编制本市县政府投资计划；按权限审批、核准、备案政府债务投资项目
市县级行业主管部门	负责提出和审核本市县主管领域的债券资金需求，配合做好债券发行各项准备，指导和监督项目实施机构规范使用债券资金
项目实施单位	负责测算提出债务项目资金需求，配合提供债券发行相关材料，规范使用债券资金，提高资金使用效益
金融机构	证券公司、银行等金融机构是政府债券的发行承销商，可以选择在交易所市场及银行间债券市场发行债券
第三方机构	参与债务预算绩效管理工作，对债券进行信用评级，协助编制债务项目实施方案、法律意见书、财务评价书等

资料来源：根据制度文件等公开资料整理。

二、地方政府债务管理流程

相较于国债而言，我国地方政府投融资管理的分散性和限定省级政府为举债主体的机制决定了地方政府债务预算资金管理的链条和流程较长。以新增债券为例，地方政府债务"借、用、还"管理流程及各个环节的主要参与主体如图 2-6 所示。

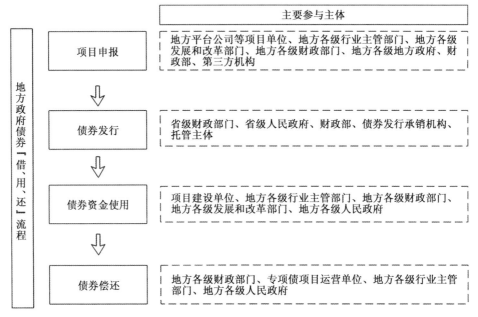

图 2-6　地方政府新增债务"借、用、还"各流程主要参与主体

（一）项目申报

地方债券发行前一年，各级项目单位和行业主管部门根据地区发展规划、职能履行等提出债务项目额度需求，编制可行性研究报告，财政、投资主管等各部门结合预算评审、项目审批等，筛选有必要通过债务资金保障的项目，并根据项目是否存在收益分门别类相应纳入一般债务和专项债务管理。省级财政部门汇总本地区内额度需求上报财政部，经国务院报全国人大批准全年债务新增限额。财政部在全国人大批准的限额内，根据各地区债务风险、财力状况等因素测算后提出分地区债务限额总额和分配方案，报国务院批准后下达至省级（自治区、直辖市）财政部门，省级财政部门在下达的债务限额内，提出本地区债务限额分配方案，报本级人大批准后下达至下级财政部门。

对于专项债务项目，各级项目实施主体需组织编制项目资金平衡方案，并组织对方案中的融资收益平衡情况进行财务评价，出具财务评价报告。针对项目本身的合法性问题，以及项目申请债券融资的其他合法性问题，实施主体组织第三方机构进行法律审查，并出具法律意见书。

财政部相关文件并未明确具体规定项目申报的主体和程序要求，鉴于债务项目属于政府投资项目，实践中省级项目主要由省级财政部门提交至省级政府审核，市县级项目由本级财政部门汇总提交本级政府审核后报送或指定本级财政部门报送至省级财政部门（见图 2-7）。

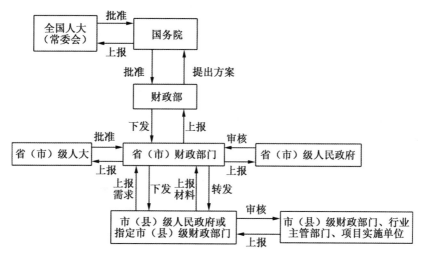

图 2-7　地方政府债券申报审批流程

（二）债券发行

债券发行阶段，省级财政部门根据本级人大常委会批准的预算调整方案，综合各地区项目申报情况和债券市场状况等因素，确定各项目发行债券的规模、期限、批次、发行时间等计划安排。

债券发行方案经省级人民政府审核批准后，遵循公开、公平、公正原则采取市场化方式发行，由证券公司、银行等机构进行债券发行的承销，在交易所市场及银行间债券市场发行，并在招标结束后办理总登记托管和分登记托管。同时，做好债券发行的信息披露和信用评级等相关工作，并报财政部备案。

（三）债务资金使用

发行债券募集资金缴入省级国库，对于省本级债券项目，省级财政部门根据预算安排及时拨付至项目实施单位，对于市县级债券项目，由省级财政部门按照转贷协议及时拨付至市县级财政部门后再拨付至项目实施单位。

行业主管部门、预算单位及项目建设单位等项目实施主体需要依据债券发行对应的用途及项目使用债券资金，并将项目执行过程中的有关情况及时、准确地向相关监管部门报送。确需调整支出用途的，应当按照规定程序办理。尤其对于专项债券项目，需要将债券募集的资金严格使用至所申报的项目上，不得挪用于其他用途。

由于债务投资项目的专业性及复杂性，政府有关部门及单位一般不直接实施具体项目建设，而是根据政府授权，通过招投标等委托方式，选择符合条件的建设单位进行项目建设。这些单位通常以地方政府大型平台公司为主，也可以是其他国有企业或民营企业等单位。

各级财政部门会同行业主管部门对本级债务项目招投标、开工、施工、竣工验收等建设过程中的预算执行、资金使用等进行监督管理。

（四）债务偿还

作为债券发行主体，省、自治区、直辖市政府债券到期本金、利息等由省级财政部门统筹偿还，市县级政府应承担的偿债资金由市县级财政部门向省级财政部门缴纳。

对于专项债券项目，项目收益需要在项目建成后通过运营实现，项目运营单位负责向本级财政部门按时缴纳到期专项债券本金、应付利息和发行费用等。

专栏 2-1 　　　　　　　　　　地方政府专项债券预算编制与预算执行

以"2020 年 A 省政府收费公路项目"为例，说明接收政府债务限额、项目储备、预算编制、债券发行、债务转贷、专项收入上缴、还本付息支出等流程的管理。

一、接收财政部下达的债务限额

A 省财厅接收财政部下达的债务限额。A 省地方政府举债不得突破批准的限额。

经全国人大常委会授权和经国务院批准，财政部于每年 10 月 31 日前，按照本年度地方政府债务新增限额的一定比例，提前将下一年度地方政府债务新增限额下达至省级财政部门。下年度，经全国人大或其常委会及国务院批准后，财政部正式将全年地方政府债务新增限额下达至省级财政部门。

二、项目储备

A 省各单位将本单位专项债务项目录入项目库，规范、完整、准确填报项目要素。该项目经过部门审核、财政审核后作为预算储备项目。其中包含省本级"2020 年 A 省政府收费公路项目"，资金性质是"专项债券"；B 市"国道 B 市北绕城段政府收费公路工程项目"，资金性质是"政府专项债务转贷收入"。

具有一定收益，且能够实现预期收益与融资自求平衡的公益性项目，可以申请专项债券支持，没有收益的公益性项目和可以商业化运作的产业项目不得申请专项债券支持。申请专项债券支持的项目信息还应当包括发行专项债券规模、经营期限、收益与融资平衡方案等情况。其中"国道 B 市北绕城段政府收费公路工程项目"收益和融资平衡方案如表 2-11 所示。

表 2-11　国道 B 市北绕城段政府收费公路工程项目收益和融资平衡方案[①]

项目	内容				
项目名称	国道 B 市北绕城段政府收费公路工程项目				
项目类型	政府收费公路				
本只专项债券中用于该项目的金额	2.0000 亿				
项目描述	××××××				
项目建设期	2020 年—2021 年				
项目运营期	2022 年—2023 年				
项目总投资	26.0857 亿				
其中：不含专项债券的项目资本金	16.0857 亿				
专项债券融资	10.0000 亿				
其他债务融资	0.0000 亿				
项目分年融资计划					
融资项目	2020 年		2021 年		
专项债券融资	2.0000 亿		8.0000 亿		
其他债务融资					
项目总收益	18.4647 亿元				
债券存续期内项目分年收益					
2022 年	1.7458 亿	2023 年	1.8050 亿	2024 年	1.8606 亿	2025 年	1.8929 亿	2026 年	1.8639 亿

2022 年	1.7458 亿	2023 年	1.8050 亿	2024 年	1.8606 亿	2025 年	1.8929 亿	2026 年	1.8639 亿
2027 年	1.8240 亿	2028 年	1.7784 亿	2029 年	1.8330 亿	2030 年	1.8663 亿	2031 年	1.9948 亿
						项目总收益/项目总投资			0.71
项目总债务融资本息		14.0000 亿		项目总收益/项目总债务融资本息					1.32
项目总债务融资本金		10.0000 亿		项目总收益/项目总债务融资本金					1.85
项目总地方债券融资本息		14.0000 亿		项目总收益/项目总地方债券融资本息					1.32
项目总地方债券融资本息		10.0000 亿		项目总收益/项目总地方债券融资本息					1.85
项目收益预测依据	依据 A 省发展改革委、财政厅、交通运输厅《关于重新核定全省车辆通行费收费标准的通知》（A 发改费字）〔2017〕816 号								

相对应的地方政府债券还本付息项目，财政部门根据债务本级、利率、期限等信息，测算债务还本项目和债务付息项目支出需求，经过确认后纳入项目库作为预算储备项目。

---

① 资料来源：王小龙、李敬辉，等. 预算管理一体化规范实用教程［M］. 北京：经济科学出版社，2020。

三、预算编制与批复

政府专项债务收入纳入主管部门的部门预算。部门和单位根据市场变化合理评估专项债券项目成本、预期收益和对应资产价值等，动态调整完善预算平衡方案，保持项目全生命周期收支平衡。财政部门对专项债券项目预算进行审核。部门、单位根据财政部门的意见修改完善。新增的专项债务项目预算管理要素包括预算年度、预算数、资金性质、支出功能分类科目、部门预算支出经济分类科目。

对下级政府的地方债务转贷支出，应当在本级人民代表大会或其常委会会议批准后的 30 日内正式下达。

四、债券发行

根据市场化原则，"2020 年 A 省政府收费公路专项债券（一期）"采用公开方式发行。按有关规定组建债券承销团，开展信用评级和信息披露。信息披露的主要内容如表 2-12 所示。

表 2-12　2020 年 A 省政府收费公路专项债券（一期）信息披露管理要素

编号	管理要素	编号	管理要素
1	债券名称	8	项目总投资
2	债券类型	9	其中：不含专项债券的项目资本金
3	计划发行额	10	专项债券融资金额
4	债券期限	11	其他债务融资金额
5	信用评级结果	12	分年融资计划
6	还本方式	13	分年收入计划
7	对应项目数量		

五、地方政府债券发行收入确认与转贷

"2020 年 A 省政府收费公路专项债券（一期）"发行后，A 省财政厅按有关规定确认债券发行收入，并转贷至市县级财政部门。

（一）地方政府债券承销团成员按照债券应缴款金额，不迟于债券缴款日，将发行款缴入债券发行文件中规定的国家金库 A 省分库。

（二）A 省财政厅收到债券发行款后，按照转贷协议及时将资金调度到有关市县级财政部门。其中包含 B 市财政用于"国道 B 市北绕城段政府收费公路工

程项目"的债务转贷收入按照实际收到的转贷金额入账。债务转贷信息的主要内容如表 2-13 所示。

表 2-13　国道 B 市北绕城段政府收费公路工程项目债务转贷信息

编号	管理要素	编号	管理要素	编号	管理要素
1	债券代码	8	债券期限	15	转贷方财政区别
2	债券名称	9	票面利率	16	新增债券金额
3	债券简称	10	还本方式	17	转贷协议号
4	债券类型	11	转贷日期	18	备注
5	实际发行额	12	转贷金额	19	实际到账日期
6	发行日期	13	业务年度		
7	发行年度	14	财政区别		

六、专项收入上缴

专项债券对应项目专项收入，反映地方政府专项债券对应项目形成、可用于偿付专项债券本息的经营收入。

（一）A 省财政根据新增专项债券应还本金利息金额，在债券兑付日前一定时期内向项目实施及其主管部门下发上缴专项收入通知。主管部门据此向新增专项债券对应项目建设单位开具电子《非税收入一般缴款书》，由项目实施单位将应上缴项目收益按时足额上缴财政，用于新增专项债券还本付息。

（二）A 省财政确认专项债券对应项目专项收入后，登记相应项目的"待还地方政府债券本金支出"和"待还地方政府债券利息支出"；财政部门偿还项目还本付息资金后，应冲减相应项目的应付政府债券和应付利息。

（三）如果项目主管部门和单位未按既定方案落实专项债券还本付息资金，财政部门可以采取扣减相关预算资金等措施，确保债券按时足额还本付息。

七、结转结余

项目结余资金，由财政收回用于偿还相应项目的债务本金和利息。

八、项目结束和终止

"2020 年 A 省政府收费公路项目"还本完成后，项目"终止"。

　　2020 年新冠肺炎疫情对财政收支造成较大冲击，在更加积极有为的财政政策背景下，2020 年《政府工作报告》中提出，财政赤字规模比去年增加 1 万亿元，同时发行 1 万亿元抗疫特别国债，上述 2 万亿元全部转给地方，建立特殊转移支付机制，资金直达市县基层、直接惠企利民，主要用于保就业、保基本民生、保市场主体，包括支持减税降费、减租降息、扩大消费和投资等。

　　建立特殊转移支付机制的主要内容是在保持现行财政管理体制不变、地方保障主体责任不变、资金分配权限不变的前提下，按照"中央切块、省级细化、备案同意、快速直达"的原则，完善相关资金分配程序，建立健全监督问责机制。"中央切块"就是中央按照有关的因素分配到省，将 2 万亿元资金根据不同的分类，用相关的因素直接切块到省。"省级细化"就是省级要按照直达基层的要求将切块资金全部提出分配到市县的方案。"备案同意"，就是省级财政将分配到基层或者直达基层的方案报财政部备案同意。"快速直达"，就是备案同意后，省级部门限时将资金下达基层，尽早发挥资金的作用。

　　如表 2-14 所示，2 万亿元新增财政赤字和抗疫特别国债资金由五部分资金构成，涵盖中央和地方一般公共预算和政府性基金预算，不仅涉及缓解基层"三保"压力，还有部分用于资本性支出和纾困惠企等方面。

表 2-14　2 万亿元新增赤字和特别国债的资金构成情况

直达资金来源	资金构成	金额（亿元）	直达流程	主要用途
中央新增赤字	中央一般公共预算	3050	因素法切块，省级细化	主要用于保就业，保基本民生、保市场主体，包括支持减税降费、减租降息、扩大消费和投资等方面
	列入正常转移支付的增量和存量	6450	按现行管理办法分配到省后落实到市县	主要弥补地方减税降费之后形成的财力缺口，统筹支持落实"六保"任务
地方新增赤字	地方一般公共预算	500	按一般债务管理规定下达省级财政部门，后落实到市县	重点用于落实"六保"任务，给与地方统筹使用的权利

直达资金来源	资金构成	金额（亿元）	直达流程	主要用途
抗疫特别国债	中央政府性基金预算（中央偿还全部利息及30％本金）	3000	因素法切块，省级细化	主要用于保就业，保基本民生、保市场主体，包括支持减税降费、减租降息、扩大消费和投资等方面
	地方政府性基金预算（地方偿还70％本金）	7000	因素法切块，省级按照"资金跟着项目走"原则落实到市县和具体项目	主要用于有一定收益的公共卫生等基础设施建设和抗疫的相关支出，各地可预留一定比例的机动资金

资料来源：2020年《政府工作报告》、财政部《建立特殊转移支付机制国务院政策例行吹风会文字实录》、2020年《中央对地方转移支付预算表》等。

　　根据财政部数据，2万亿元新增资金中有3000亿元用于支持新增减税降费；其余1.7万亿元资金实行直达管理，截至2020年10月30日，实行直达管理的1.7万亿元资金当中，中央财政下达了1.695万亿元，进度是99.7％。省级财政分配下达了1.615万亿元，占中央下达指标的95.6％，市县财政已将1.553万亿元下达到资金使用单位，占省级下达预算指标的99.5％。从使用的情况看，截至2020年10月底，各地已将包含32.63万个项目的1.607万亿元预算指标下达到资金使用单位，形成支出1.198万亿元，占中央财政已下达的70.9％，高出序时进度4.2个百分点。其中，新疆、深圳、厦门、山东、四川、青岛、广东等地区支出进度超过80％，进展较好。1.198万亿元支出中，市县支出1.152万亿元，占比96.1％，体现了省级财政当好"过路财神"、资金直达基层、"一竿子插到底"的政策效应。随着抗疫特别国债资金加快使用，政策效果逐步显现。一是进一步补齐公共卫生、生态环境保护等领域基础设施短板，积极带动社会投资，有力拉动经济增长。二是支持开展公立医院改造升级、购买核酸检测试剂、加强应急物资储备等疫情防控工作。三是推动落实减免企业房租、创业担保贷款贴息、援企稳岗等政策，为市场主体纾困解难，推动企业复工复产。四是安排资金解决基层特殊困难，进一步缓解地方财政收支压力，增强基层财政保障能力。

第三章

国外政府债务预算绩效管理的相关经验

政府债务预算绩效管理作为政府财政预算绩效管理的组成内容之一，同样需要按照政府财政预算绩效管理的制度体系、组织架构和管理内容来开展。同时政府债务预算绩效管理还应满足政府债务作为管理对象的相应特征，即管理目标、管理主体、规模控制、信用评级、信息公开、预算控制等内容特征。因此，本章系统梳理了美国、英国、澳大利亚等西方发达国家当前政府债务预算绩效管理的具体情况，归纳了国外政府债务预算绩效管理的主要特点，并有针对性地总结了国外相关管理状况对我国的经验启示。

|第一节| 西方国家债务绩效管理实践经验

一、美国政府债务绩效管理的实践经验

（一）美国市政债券管理概况

　　为了满足地方政府公共物品配置，解决促进地方经济发展而大规模投资引起的代际公平问题，美国地方政府可以发行政府债券，统称为市政债券（Municipal Bonds）。

　　1. 管理体制

　　在联邦政府层面，美国地方政府债务管理采用制度约束型（Rule-based Controls），即利用明确的法律管理地方政府债务，规定债务总额和资金用途。宪法规定州及州以下政府在举债时不需要联邦政府同意或批准，债券发行时也不需要向美国证券监督委员会（U. S. Securities and Exchange Commission，SEC，以下简称"美国证监会"）报告和登记，由本级政府自主决定。

　　在地方政府层面，许多地方政府在举债流程和举债规模上对市政债券进行了限制。但发行一般责任债券需要经过严格的预算审批程序，有时还需要全民公投。

　　2. 管理主体

　　美国地方政府的财政部门是市政债券的主管部门，负责地方债的发行和使用。在联邦层面，主要有两个机构对市政债券进行监管：

　　第一，市政证券规则制定委员会（Municipal Securities Rulemaking Board，

MSRB）主要负责对参与市政债券、票据和其他市政证券等市场的投资公司及银行制定规则与政策。由市政证券规制制定委员会监管的活动包括市政证券融资公共项目的承销、交易和出售。

第二，美国证监会的市政债券办公室一方面对市政债券反欺诈相关事件进行监管，对此类事件的责任主体进行处罚，主要包括限期整改、罚款及提起诉讼；另一方面制定或者委托制定约束市政债券第三方（经纪人、承销商、律师、会计师等）的行为规则，包括信息披露义务等，通过对第三方的监控达到对市政债券监管的目的。

3. 分类和规模

市政债券[①]主要是为基础设施建设，如学校、医院、公路、下水道等提供项目资本金，分为一般责任债券（General obligation bond）和收益债券（Revenue bond）。其中，一般责任债券由发行者的信誉和信用作为全部的担保，以税收收入偿还；收益债券是由特定的项目收入为担保，部分收益债券不附追索权。美国联邦政府对个人投资者的市政债券利息所得免征税，同时州和地方政府也有相应的免税政策。目前，美国市政债券月度发行额度和规模具体见图 3-1。

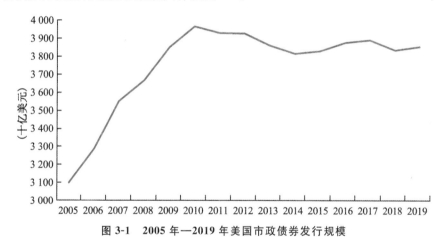

图 3-1　2005 年—2019 年美国市政债券发行规模

数据来源：路孚特（Refinitiv）。

4. 信用评级

债券信用评级是揭露债券发行人潜在风险的工具，同时，信用越高的债券融资成本越低。

第一，市政债券评级内容上比较全面。《市政证券规则 G-47》（MSRB Rule G-47)规定金融专业机构在市政债券交易之前需要披露与债券相关的信用评级和信用变化的信息，以充分揭露债券的信用风险。市政债券评级机构的情况见表 3-1。

---

① 信息来源：SEC 的投资者教育和宣传办公室。

表 3-1　美国市政债券评级情况

穆迪 （Moody's）	标普 （Standard&Poor's）	惠誉 （Fitch Rating）	克罗尔 （Kroll）	描述
Aaa	AAA	AAA	AAA	最高质量
Aa1	AA+	AA+	AA+	高质量
Aa2	AA	AA	AA	
Aa3	AA−	AA−	AA−	
A1	A+	A+	A+	中上等级
A2	A	A	A	
A3	A−	A−	A−	
Baa1	BBB+	BBB+	BBB+	投资级
Baa2	BBB	BBB	BBB	
Baa3	BBB−	BBB−	BBB−	
Ba	BB	BB	BB	投机级
B	B	B	B	
Caa	CCC	CCC	CCC	
Ca	CCC	CCC	CCC	
C	C	C	C	
			D（Defalult）	

资料来源：MSRB 市政债券信用评级规制。

市政债券在评级时，评估内容一般包括[①]：财务状况评估、债务情况、债券本金和利息偿还的来源、是否有法定限制会影响发行人提高收入、发行人还本付息能力、债券追索权、债券融资的目的及当地经济的优势或劣势，以及对发行人财务状况的潜在影响等。

第二，美国在评级机构的管理上有着较为成熟的评级机构规范制度。早在 1975 年为了规范信用评级行业的发展，美国证券监督委员会制定了"全国认可统计评级组织"制度（Nationally recognized statistical rating organization，NRSRO），确定"国家认可的评级机构"（NRSROs）。评估的内容主要包括[②]：评级机构的组织结构、评级机构的财务情况（是否能够独立于经济压力与其评级的公司）、评级机构的规模与人员的质量（确定该实体是否有能力全面的评估发行人的信用）、评级机构是否独立于其评级的公司、评级机构的评级程序（以确定是否具有可靠和准确的评级程序）、

① 信息来源：MSRB 市政债券信用评级规制。
② 信息来源：评级机构在证券市场的角色和功能（SEC－2003 年）。

评级机构是否具有防止滥用非公开信息的内部程序，以及是否遵循这些程序，等等。

美国 2006 年出台的《信用评级改革法案》（Credit Rating Agency Reform Act of 2006）确定了美国证券监督委员会通过"全国认可统计评级组织"制度对评级机构进行监管，此后美国证监会可对"国家认可的评级机构"有记录保存、报告和检查的权力。除此之外，"国家认可的评级机构"有根据法案要求进行特定的公开披露、留存必要记录、向美国证监会提交财务报告、披露和管理利益冲突等义务。在后续法案的更新中，美国证监会对"国家认可的评级机构"评级时的透明度和记录保存提出了更高的要求。截至 2019 年 10 月，在美国证监会官网上公布的"国家认可的评级机构"有 10 家[①]。

5. 信息公开

美国证监会对市政债市场的监管属于间接监管，方式是通过对监管承销商的监管，实现对发行人的监管。

第一，在信息披露上，1989 年美国证监会《15c2－12 规则》（Rule 15c2－12）提出了对市政债券的信息持续披露的要求。后续美国证监会多次对《15c2－12 规则》进行了修订：1994 年的修订案要求发行人持续披露重大事项和年报。如果发行人不遵守信息持续披露的要求，承销商不得承销其发行的市政债券。2008 年，证监会对此法案进行了修订，其修订案要求建立市政债券市场的电子数据库系统。2009 年的修订案对二级市场流通的市政债券信息披露的质量和及时性提高了要求。2018 年的修订案要求政府必须在 10 个工作日内披露市政当局产生的债务、债务违约及可能影响债券持有人金融合同的变化。

第二，在信息化建设上，自 2009 年 7 月起，美国证监会要求市政债券发行人和其他义务人需要在市政证券规则制定委员的市政债券电子信息平台（Electronic Municipal Market Access，EMMA）系统披露年度报告和其他重大事项。市政债券电子信息平台是一个共享的中央数据库系统。此系统为发行人、投资者和市政债券其他相关参与者提供了数据和信息的便利。投资者可在平台上查阅发行文件、交易品种、价格要素、和其他重要信息。

6. 预算控制

美国政府债务预算管理集中体现为对市政债券的监管，具体包括预算约束、规模控制、市政债券保险制度和发行管理等。

第一，预算约束。美国大部分州实行硬预算约束。美国全国预算管理协会（NASBO，National Association of State Budget Officers）信息显示，目前美国 45 个州相关法律都要求州长向议会提交平衡的预算，其中 41 个州的规定更严格，议会只会通过平衡的预算法案。

---

① 信息来源：SEC 官方网站网。

第二，规模控制。美国对市政债券的发行规模有所限制，主要通过负债率、债务率和偿债率等指标控制（见表3-2）。

表 3-2　美国市政债规模控制指标

指标	公式
债务率	州及州以下地方政府债务余额/州及州以下地方政府年总收入的范围控制在 90%～120%
负债率	州政府债务余额/州内生产总值的比例控制在 13%～16%
偿债率	债务支出/经常性财政收入

第三，市政债券保险制度。市政债券保险制度是指发行人通过向保险机构支付一定的保费，将市政债券的违约风险转嫁到保险机构的一种增信手段。市政债券保险制度由于提升了市政债的偿还保障，因而提高了债券的流动性和信用评级，降低了债券发行的成本。金融保险协会（Association of Financial Guaranty Insurers，AFGI）目前已经可以针对市政债的不同环节提供保险服务。截至2016年50%以上的市政债券都购买了保险。

除此之外，美国市政债券的发行要求比较严格。根据2014年全国预算管理协会《各州资本预算情况（Capital Budgeting in the States）》[①] 相关报告的披露，目前19个州的一般债券发行均需要通过公民投票来实现。

（二）美国债务绩效管理模式

美国债务预算绩效管理遵循美国绩效管理的特点。美国是最早提出绩效预算的国家，成功的通过预算改革带动了政府改革，在债务预算绩效管理上也相对成熟。

1. 制度体系

1993年，美国政府制定的《政府绩效与结果法案》（Government Performance and Results Act，GPRA）第一次以法律的形式要求机构起草战略方案并量化、报告绩效，为联邦政府的绩效管理奠定了坚实的基础。2001年，为了让政府"以民为本，市场为基础，结果为导向"，布什总统首倡总统管理日程动议，提出"总统管理议程和绩效改善计划"（或称预算和绩效整合计划），强调了对政府各部门的定期绩效审查、给予他们更多的管理自主权、加强雇员问责制。2004年，《项目评估与结果法案》（Program Assessment Rating，PAR）解决了如何提升项目实施效率及如何有效测量项目绩效这两个核心问题，通过对公共财政支持的公共服务项目发起、实施、过程控制、结果评价、及时干预等的规制，有效弥补了《政府绩效与结果法案》的不足。

2. 组织架构

美国是三权分立国家，由立法、司法和行政机关共同对预算进行管理。预算编制

---

① 信息来源：州预算办公室（NASBO）。

由总统、总统管理与预算办公室（Office of Management and Budget，OMB）和财政部合作进行，财政部负责编制相关预算草案①。除此之外，美国还有绩效评价组织，主要分为两类：一是责任总署主管型组织，由组织内专职公务人员组成，实施绩效评价的一般路径是审计总署（Government Accountability Office，GAO）绩效评估办公室依照科学原则，结合部门职能和责任遴选关键绩效指标，确定合理的绩效评价方法；二是政府受托评估型组织，该组织是联邦政府部门受国会责任总署委托成立的"计划与评估办公室"，较之于责任总署主管型组织，政府受托评估型组织内不仅包含"计划与评估办公室"公务人员，还吸纳了一部分来自高校、社会的第三方专家②。

3. 绩效管理流程

美国政府绩效预算管理过程分为五个阶段，分别是编制、审核、执行、评估和结果应用。其中，编制阶段是联邦政府各部门根据项目情况制订一份详细的计划，同时从源头将绩效和预算编制融为一体，美国政府要求项目管理者在提交年度预算申请时一并提交相应的绩效信息，并且这份绩效信息中要提供足够充分的绩效数据用以佐证支持新项目的实施或者暂停甚至取消现有项目执行是正确的决定；审核阶段是国会收到总统提出的联邦预算草案后，组织对支出有管辖权的委员会及两院筹款委员会进行审议的过程；执行阶段，预算由国会通过并经总统签署后，以法律的形式规定下来。执行预算过程中，如果需要推迟或取消某些项目的支出，必须向国会报告；评估阶段，国会责任总署（审计署）绩效评估办公室以结果为导向，通过选用合适的评估工具，对项目的绩效开展全面评估；结果应用阶段，联邦政府各部门对实际取得的绩效成绩和年度绩效计划中的绩效指标进行比较。如果没有达到绩效目标，必须说明没有达到目标的原因，以及将来完成绩效目标的计划和时间表。如果发现某个绩效目标不实际或不可行，要说明改进或终止目标的计划。

二、澳大利亚政府债务绩效管理的实践经验

（一）澳大利亚政府债务管理概况

1. 管理体制

与美国不同，澳大利亚地方政府债务管理体制是协商制，即对于地方政府债务的管理，由联邦政府和地方政府协商决定，而不是由法律直接控制。

澳大利亚宪法赋予了州政府、地方政府举借债务的权利与对债务进行监管和偿还的义务。同时，经财政部批准，州政府还可通过透支、贷款或其他方式举债。

---

① 信息来源：杨颖. 政府预算绩效管理：模式与路径 [D]. 武汉：华中师范大学，2015.
② 信息来源：高小平，贾凌民，吴建南. 美国政府绩效管理的实践与启示："提高政府绩效"研讨会及访美情况概述 [J]. 中国行政管理，2008 (9).

2. 管理主体

澳大利亚于 1927 年成立了借款委员会（The Australian Local Council，ALC），主要负责协调、监督和管理公共部门的债务。

3. 分类和规模

澳大利亚政府债务包括提款权（SDRs）、货币及存款、债券、贷款、抚恤金、标准化担保计划和其他应付账款形式的债务责任。

从政府债务存量情况上看，2010—2020 年澳大利亚政府债务规模整体处于上升趋势（见图 3-2），至 2020 年债务总额达到 5917.4 亿美元，年均增长率为 19.1%。2020 年澳大利亚政府债务规模已超 2010 年债务规模的 5.7 倍。从政府债务额与 GDP 的比例上看，2010—2020 年澳大利亚负债率逐渐攀升，2020 年澳大利亚政府债务占名义国内生产总值的百分比达到 43.2%。

图 3-2　2010—2020 年澳大利亚一般政府债务总额

资料来源：环亚经济数据（CEIC Data）。

4. 信用评级

澳大利亚政府债务在发行上虽然没有硬性要求，但是信用评级机构作为第三方也起到了监督澳大利亚政府借款融资的作用。除此之外，信用评级较高者可以以较低的成本筹集资金。

穆迪每年会对澳大利亚的主权评级进行定期审核，2019 年审核结果为主权评级维持 Aaa。其中，经济实力，被评估为"非常高（+）"；国家实力"很高"；财政实力"很高"；事件风险的敏感性"低"。虽然澳大利亚财政近期面临整顿的挑战，但是国家整体债务压力与其他同评级的主权国家相比适中（moderate）。虽然 GDP 增长率比商品价格指数增长率低，但是就业人数稳步增长，经济状况良好。不过值得关注的是，澳大利亚政府债务率有上升的趋势，穆迪预测，截至 2020 年 6 月 30 日的财年（2020 财年），澳大利亚的一般政府债务负担/GDP 将从 2015 财年的 36.1% 增至 43% 以上[①]。

---

① 资料来源：穆迪官方网站。

在地方政府债务层面上，由于财政实力强与经济多元化，新南威尔士州同时获得了穆迪和标准普尔的最高信用等级 AAA。但是昆士兰州 2016 年失去了 AAA 评级，目前穆迪对昆士兰州的评级为 Aa1，而标准普尔评级为 AA＋①。

5. 信息公开

在发行信息披露上，澳大利亚金融管理办公室（Australian Office of Financial Management，AOFM）官方网站每年会更新国债的发行和回购信息。例如，《2019—2020 国债发行计划》（Issuance Program：Budget 2019—2020）详细写明了 2019—2020 年预计国债发行额度为 580 亿澳元，预计回购 150 亿～200 亿澳元的 2020 年 6 月 30 日之后到期的短期国债等信息。

除此之外，澳大利亚还建立了较为完整的政府工作报告披露制度。制度要求地方政府将借款分配和调整的情况如实的反映在预算报告中。除此之外，地方政府还需根据澳大利亚会计标准体系披露政府各项债务信息，以及政府财务报告里需要反映其某一时点和一段时间内的资产、负债和净资产的情况。

6. 预算控制

第一，预算管理。澳大利亚地方政府债务的预算管理较为严格。一方面，政府预算体系里面需全面反映政府债务举借和偿还的情况。另一方面，联邦政府和州政府需向借款委员会陈述下一年融资需求。借款委员会通过对各级政府财政现状、基础设施建设需求和项目对国家宏观经济的影响分配债务额度。

第二，规模控制。在地方债务的管理上，借款委员会采取了限制债务规模的措施，具体规定是借款委员会分配的债务额度与预算报告中的债务额度之间的差额，以及本年度借款实际发生额与预算报告中借款额度的差额，均不得超过本级政府非金融公共部门收入的 2%。

（二）澳大利亚债务绩效管理模式

1. 制度体系

1997 年，澳大利亚制定发布《财政管理和责任法》（Financial Management and Accountability Act，FMAA）和《联邦政府机构和公司法》（Commonwealth Authorities and Companies Act，CACA）。上述立法活动取消了对各支出部门在资金使用上的详细的、强制性的要求和指令，同时赋予各部门主要负责人以更大的自由裁量权；同年，澳大利亚颁布实施《审计长法》，对澳大利亚审计署开展的财务报表审计和绩效审计做出了明确规定；1998 年，澳大利亚制定发布《预算报表诚信法》，规定了财政报告和经济发展报告的形式与内容，并明确要求应把财政报告建立在权责发生制的会计基础之上。根据上述法律，澳大利亚进行了权责发生制政府会计制度改革，使政府报表能够更加真实、全面地反映政府活动的成本，也让绩效评价过程中的成本测量有

---

① 信息来源：新南威尔士州和昆士兰州官网。

了科学的支撑；1999 年，《公共服务法》明确规定了公共服务人员的责任和权利，希望最大化提高公共服务效率和服务效果。

2. 组织架构

澳大利亚是一个高度分权的联邦制国家。政府主要分三级，分别负责各自层面的事务。绩效管理（包括绩效测量和项目评估）主要是各支出部门的事务。政府要求每个政府机构都要确定全面的、详尽的产出和结果目标，明确衡量政府活动数量、质量及政府活动有效性的方法，并在预算和决算报告中报告相关事宜。其中，财政部通过发布绩效管理政策指引来引导各机构准备并提出高质量的绩效报告，推动预算绩效管理工作。财政部还就政府支出的总体优先顺序向政府提出建议。议会负责审查预算、监督预算执行的机构主要是公共账户与审计联合委员会和参议院财政与公共管理委员会，它们负责审查、通过相关规定，对各部门年度报告中所应包含的绩效信息提出要求。

3. 绩效管理体系

为了保证评估主体的多元化和公民的广泛参与性，澳大利亚的绩效评价主要有三种方式：一是综合绩效评价，即全国政府服务整体绩效评价，每年一次。由总理内阁部内设的政府服务筹划指导委员会组织对政府部门提供的服务进行绩效评价，强调政府的整体服务情况和经济建设、社会发展的综合指标，是在政府职能定位、公众满意程度等方面对政府服务综合绩效的一种考核。二是部门绩效评价，澳大利亚联邦财政部规定，各个部门在绩效信息、绩效考评办法、绩效评估和绩效报告等方面，都应当依据财政部制定的原则进行管理。各部门按季度提交部门绩效评价报告，主要包括本年度计划绩效指标与实际执行情况的对比、与以往年度绩效指标实现情况的比较、对年度绩效计划的评价等内容。三是绩效审计，澳大利亚《审计长法》规定，联邦审计署可以对政府任何机构、企业、项目、行业进行绩效审计。绩效审计是通过检查和评估资源使用、信息系统、风险管理、提供产品和服务、遵守法规和职业道德、监督控制和报告系统及运营考核等，来衡量公共部门管理的经济性、效率性和效果。

三、英国政府债务绩效管理的实践经验

（一）英国政府债务管理概况

1. 管理体制

英国地方政府债务管理体制为制度约束型。2004 年以前地方政府借款需要获得中央政府的批准。但是实际操作上相对宽松，地方政府只要不超过承受能力范围，就可以自行举债，但不得为经常性支出负债。

2. 管理主体

1998 年英国财政部（HM Treasury）成立了债务管理办公室（Debt Management

Office，DMO）。债务管理办公室主要负责政府债务和现金管理、向地方政府提供贷款和一些公共部门资金的管理。

针对地方政府的贷款，英国在 1817 年成立了公共工程贷款委员会（The Public Works Loan Board，PWLB）。公共工程贷款委员会隶属于债务管理办公室，主要负责向地方政府发放贷款，贷款投向主要是资本性的项目。

3．分类和规模

英国地方政府举债主要包括两种方式，一是向公共工程贷款委员会贷款，二是向商业银行贷款。公共工程贷款委员会贷款占地方政府债务余额一半以上。贷款利率是根据 1968 年颁布的《国家贷款法》（National Loans Act）规定，在实际操作中一般由债务管理办公室根据具体情况确定，采用固定利率模式，目前利率水平在 2.6%～3.3%（到期时间 1 至 50 年）[1]。

从规模上看，英国政府债务额呈上升趋势，至 2020 年年末英国政府债务已达30144.9 亿美元，从英国政府债务占 GDP 比例来看，2010—2019 年整体变动不大，在 75%至 90%之间波动，而 2020 年升至 102.9%，为 1963 年以来首次超过 100%，政府债务扩张力度创近 30 年来最大（见图 3-3）。

图 3-3　英国政府债务概况

资料来源：环亚经济数据（CEIC Data）。

4．信息公开

在会计准则上，英国政府会计已经全面采用了权责发生制来编制政府预算和财务报告，此会计计量的模式更有利于全面反映政府债务的情况。

5．预算控制

第一，规模控制：英国中央政府规定政府债务余额应当低于 GDP 的 40%，地方政府债务余额占 GDP 的比重应控制在 4%以内。但自 2007 年开始，英国政府债务占

[1]　数据来源：英国债务管理办公室。

GDP 比重已经超 40%，截至 2020 年年末比例已经至 102.9%；且近年来地方政府债务余额占 GDP 比重也已超过 4%，呈缓慢的上涨趋势。说明政府债务余额要求在实际情况会有一定的浮动。

第二，谨慎性制度：2004 年建立的地方政府融资谨慎性的监管框架，要求地方政府遵循特许财政与会计协会（The Chartered Institute of Public Finance and Accountancy，CIPFA）的会计原则。谨慎性监管框架主要包括谨慎性准则、谨慎性指标和制度执行三个方面。

① 谨慎性准则：准则的目的是为地方政府融资提供一个制度框架，要求资本性支出计划要在地方政府的债务承受能力范围内，谨慎举借外部债务和长期债务，相关决策应体现专业性三个方面。

② 谨慎性指标：谨慎性指标包括资本融资计划、融资规模和债务到期情况、还本付息的承诺、收入来源，以及其他长期负债和投资。地方政府首席财政官基于谨慎性指标撰写财政稳健性报告，制定借款计划。

③ 制度执行：在谨慎性制度下，各个相关主体在执行上各司其职。其中，地方政府遵守谨慎性制度，确定谨慎性指标，控制地方债务规模在要求的范围内；第三方审计人员负责审核地方债务的合法性、适应性和资金价值。

第三，偿债准备金：英国中央政府规定偿债准备金应保持在债务本金的 4%，但 2007 年之后为了资金使用效率更高，偿债准备金的数额设定变得更灵活，具体根据不同项目的特点，结合谨慎制度确定偿债准备金的计划。

第四，风险控制：根据英国财政部《债务管理报告》（2019—2020），英国政府在发行债务的时候主要考虑以下几个风险，且每年的权重会根据具体情况调整：

① 利率风险：新发债务面临利率上升的风险；

② 再融资风险：债券展期的时候面临利率上升的风险，如果赎回集中在特定的年份，再融资风险会增加；

③ 通货膨胀的风险；

④ 流动性风险：市场的流动性不足导致政府无法在特定的时间内从市场借来所需的资金规模；

⑤ 执行风险：政府无法在特定时间出售所提供债务的风险，或者必须以相对于市场价格的大幅折价出售的风险。

（二）英国债务绩效管理模式

英国是较早进行系统绩效预算探索的国家，随着绩效预算改革深入及政府绩效改革逐步完善，被称为"政府行政改革最系统和最有成效的国家"。

1. 制度体系

1997 年，布莱尔政府出台《综合支出审查法案》（The Comprehensives Spending Reviews，CSR），首次针对政府部门的预算管理制定了较为全面、系统、详细的绩效目标体系，标志着英国政府由传统的"支出审查"转变为新的更加符合时代预算管理要求的"综合支出审查"。1998年，为了进一步提升财政资金的使用效率，使得综合支出审查更加有据可依，英国政府出台"公共服务协议"（Public Service Agreement），要求每个部门在公共服务协议的大框架下制定清晰的公共服务改进目标。

2. 组织架构

英国绩效预算涉及的参与方主要有财政部、议会、内阁公共服务和公共支出委员会与国家审计署。其中，财政部作为英国政府的综合性经济管理部门，负责编制和执行年度财政预算、制定经济及财政政策，承担英国国民经济的日常管理；各部门预算支出在财政部审查完成之后，上报议会审批，尤其是追加的各项支出，必须得到议会的批复；内阁公共服务和公共支出委员会主要负责中央政府绩效评估与绩效审计工作的指导和监督，并提出相应的改进建议；公共支出委员会下设国家审计署，负责具体的绩效评估和绩效审计工作。英国开展绩效评估的组织机构主要有两类，包括负责中央政府部门绩效评估工作的国家审计署和负责地方绩效评估活动的地方自治审计委员会。

3. 绩效预算管理内容

英国绩效预算管理主要内容包括支出评审、部门单一计划、预算报告、拨款评估、绩效审计和绩效信息的使用等，各部分内容环环相扣，具体内容及做法如下：（1）支出评审。结合政府优先政策目标，对未来五年的收入和支出进行预测和评估，同时按照经济、效率和效能（3E）原则，确保各年度支出达到"物有所值"。预测和评估是基于各部门提供的基础信息，特别是预算责任办公室定期提供的财政形势预测分析报告。支出评审结束后，最终形成支出评审报告，阐明本届政府的优先政策目标、行动纲领、资源配置，并一一开列支出评审所涉及的每个财政年度各部门支出上限。支出评审完成后，政府各部门根据确定的支出上限，编制本部门在政府任期内的业务计划，称为"部门单一计划"。（2）部门单一计划。部门单一计划设定部门在本届政府任期内的绩效目标，如何动员可用资源实现预期目标，以及部门绩效如何测量等。部门单一计划根据形势变化每年进行修订，以反映政府最新优先政策和部门职责更新。（3）预算报告。预算报告是财政部部长向下议院陈述国家财政经济状况、收支变动情况及经济预测的重要文件。每份预算报告都辅之以预算责任办公室做出的财政政策效益和成本预测。在预算报告中，财政部会根据政府优先政策变化情况，对支出评审报告中确定的部门支出上限进行适当调整，部门根据调整后的支出上限修订部门单一计划，以反映政策和预算变动情况。（4）拨款评估。拨款评估是政府各部门在一个财政年度内的用款计划，分为主要拨款评估和补充拨款评估。拨款评估额不得突破支出评审过程中确定的部门支出上限。拨款评估文件由财政部提交给议会审查，包括下议院专责委员会审核，个别重要拨款需要经过下议院辩论。一旦议会审议通过拨款评估文件，即成为《拨款法案》，政府部门便可动用国库资金。国家审计署和公共账目专责委员会分别对各部门的支出活动进行审计和核查，确保部门用款在规定限额之内（不超支），并达到相应的绩效目标。（5）年度报告。部门年度报告是上个财政年度部门整体工作总结，是反映部门政策执行情况、工作成果和预算绩效的重要载体，通常由绩效报告、尽责报告和财务报告三部分组成。（6）绩效审计。绩效审计是绩效预算的重要内容，通过绩效审计可以准确了解各个部门预算支出所取得的实际效果，通过与预期绩效目标对比，可以发现部门是否完成预期任务。权力机构通过审计机构提交的绩效报告加强对政府的监控，同时绩效报告也为未来政府部门预算决策提供了参考依据。在英国，每预算年度结束后，各部门根据各自预算执行情况，提交部门绩效报告，并由隶属于议会的国家审计办公室进行绩效审计。审计结果向议会公共账目委员会报告，并反馈给政府部门，同时也对外公布。（7）使用绩效信息。各部门的绩效信息为下一轮预算资金分配决策提供了科学依据。英国在绩效结果与预算之间建立了直接联系，对于绩效好的部门或地方政府，实行适当的奖励。如果地方政府在未来 3 年里绩效良好，将得到奖励，一部分是财政利益奖励，另一部分是扩大地方自治权。这种方式激励了各部门和地方政府，促使他们关注支出结果，不断提高支出绩效。而对于绩效不好或未完成规定绩效任务的部门，内阁委员会会给该部门提供支持和建议，帮助其分析原因，找出改进方法和措施，以保证按规定完成绩效任务。

|第二节| 　国外地方政府债务管理的特点和借鉴

国外地方政府债务一般称市政债，是地方政府或授权代理机构以地方收入为保障，并通过一定的信用增信的方式发行的有价证券，属于低成本且中长期的融资工具，资金主要用于基础性建设和公益性资本支出，总结分析其债务管理的相关特点，有助于帮助提高我国政府债务预算绩效管理。

一、国外地方政府债务管理体制的主要特点

地方政府债务管理体制包括地方政府债务管理职责权限在中央和地方各级政府之间的划分规则。大量的相关研究指出，管理的核心在于管理过程中集权或分权的程度。由于受到历史、文化、中央和地方关系、金融市场市场化程度等影响，按照管理集权程度逐步减弱的排序，可以将国外地方政府债务管理体制分为市场约束、协商控制、制度约束和行政控制四种类型（见表 3-3）。

表 3-3　地方政府债务管理体制及代表性国家

地方政府债务管理体制	主要特点	代表国家
市场约束型 （Market Decipline）	地方政府是否举债、举债额度主要受制于金融市场和地方资金需求。中央政府一般没有过多行政约束	加拿大、新西兰
协商型 （Cooperative Agreements）	关键性财政目标参数由地方政府制定，但是财政收支情况及地方政府融资限制与中央政府协商确定	澳大利亚
制度约束型 （Rule－based Controls）	利用明确的法律管理地方政府债务，规定债务总额和资金用途	美国、巴西、英国、南非、波兰
行政控制型 （Administrative Constraints）	中央通过行政手段直接管控地方政府债务	日本、韩国、法国

市场约束型的国家，其分权程度最高，集权程度最低，地方政府可根据市场需求进行自我约束和调整。其中，加拿大省级政府举债不受宪法和联邦政府限制，借款额度只受金融市场限制，如在举债前通过国际投资机构评定，确认其投资额度即可。类似地，新西兰地方政府举债与否、举债额度完全取决于地方对资金的需求和金融市场的运作规律，并比加拿大市场化程度更高。

协商型的国家在确定融资额度时，参考地方政府宏观经济目标和关键性财政支出参数，结合与中央政府就收入和支出的变动达成协议确定。例如，澳大利亚政府委员会协商各级政府的职责划分和财政关系；联邦拨款委员会负责一般性转移支付的分配；州拨款协会负责分配地方政府拨款；澳大利亚借款委员会负责对州政府和地方政府的借款规模进行控制；州政府部和社区部负责处理和协商地方政府间相关事务。

制度约束型的国家主要通过法律法规管理地方债务。相关的法律法规对地方债务总额、用途、最大偿付比例、借债渠道（禁止从中央银行借款）等都有规定。例如，美国有多部法律对地方政府债务管理进行了规定，包括《证券交易法》《税收改革法案》《破产法》等。美国地方政府发债不需要经过上一级政府批准同意，同时根据《证券交易法》可知美国地方政府发债也不需要向美国证券交易委员会报告，不必进行登记与核准。

行政控制型的国家，由中央政府直接运用行政手段管理地方政府债务，包括但不限于设置债务限额、审查和授权单笔借款、集中管理等。在管理流程上，包括事前批准和授权，以及事后检查。例如，韩国地方政府主要向中央举债，因此举债方案需通过中央政府审批，确定具体的借款数额。

由上可见，不同的债务管理体制各有优缺点，市场约束型市场化程度高，但是不利于直接控制地方债务规模；行政控制模式中央可直接控制地方举债，但是地方自主性低。每个国家要根据当下国家经济情况，结合债券市场发展阶段、风险偏好等具体情况，选择适合本国的地方政府债务管理的模式，并在发展的过程中适当的调整和变通。

二、国外地方政府债务预算管理方式的特点

不同国家由于不同的央地管理体制及历史、文化、金融市场市场化程度等因素，对地方政府债务采取了不同的管理体制。但地方政府债务作为地方重要的收入来源，无论是集权的行政控制型的国家还是分权的市场约束型国家都很重视地方政府债务的管理，从预算控制、举债机制、风险防控、债务项目管理等方面对政府债务的绩效进行引导和约束。

美国地方债举债严谨。美国资本性预算可采用债务筹集资金，资本性预算编制时间长流程严格，需要质询和听证。同时，为了防止地方债券的滥用，通过债券融资的项目不仅需要详细考虑政府责任、地方发展、收益和成本、税收、运作效率，还要考虑债券偿还周期是否与项目周期接近，最终进行全民投票决定。

澳大利亚地方债务透明度高。澳大利亚的地方预算报告中要求完整反映地方政府债务的举借和偿还，以及是否有负债情况。联邦政府和各州政府的净融资需求需提前一个财政年度向借款委员会陈述。在考虑各级政府财政状况、基础设施建设需求和对国家宏观经济影响后给出答复。对存疑的申请，政府需提供进一步的融资要求的合理性。

新西兰在地方政府债务的管理上市场化程度较高，地方政府举债主要通过法律和市场秩序调节。根据《2002 年地方政府法案》的规定，一方面，预算编制时需要确定债务规模；另一方面，政府工作报告中反映新增债务的影响，保证债务信息透明，债务情况需在政府预算平衡表、政府综合财务报表、政府年度计划表等报告上反映。

三、国外地方政府债务管理的关键因素

国外地方政府债务管理的关键因素涉及管理过程中的重要内容，包括预算控制、资金用途、债务投资规划、风险预警、信用评级制度、信息公开等方面。

（一）预算控制

目前，世界大部分国家对地方政府债务实行了严格的硬预算约束。例如，美国几乎所有州都在宪法或法令中规定政府必须平衡预算；加拿大有明确的硬预算约束，地方政府举债受到严格限制，必须先得到省级政府的批准；除了经济失衡外，德国政府债务的收入不得超过预算草案中的投资性支出；巴西《财政责任法》强化了债务延期协议中对赤字的限制。

同时，通过规模控制约束地方债务举债规模，主要包括需求控制和供给控制两种手段，需求控制约束地方政府债务的余额和增量，供给控制则限制提供贷款的金融机构。

部分国家的地方政府债务规模需求控制指标见表 3-4 所示。

表 3-4　部分国家地方政府债务规模需求控制指标

国家	需求控制指标
澳大利亚	设置规模控制线 借款委员会分配的借款额度（当年地方政府借款实际发生额）－预算报告的借款额度 ≤本级政府非金融公共部门收入的 2％
美国	13％≤州政府债务余额/州内生产总值≤16％ 90％≤州或地方政府债务余额/州或地方政府年度总收入≤120％
韩国	前 4 年平均还本付息额/前 4 年平均财政收入＜20％
日本	债务率＝地方借款额/地方政府总收入≤9％ 公债/一般财政支出≥20％，不得发行福利设施建设事业地方债 公债/一般财政支出≥30％，不得发行一般事业债
英国	地方信贷许可限额＝地方政府资本收入－资产销售收入；地方政府债务边际增加额与地方政府信贷许可额和待偿还债务总额一致
新西兰	以新西兰惠灵顿为例： 资产负债率＝债务总额/总资产＜10％ 债务率＝债务总额/财政收入＜150％ 利息负担率＝利息费用支出/财政收入＜15％ 利息负担率 2＝利息费用支出/地方税收收入＜15％

供给控制目前主要的指标包括地方政府贷款/金融机构资产比、地方政府贷款/地方政府净资产比和贷款损失分担率等。

（二）资金用途

世界绝大多数国家均规定地方政府举债一般只能用于建设和公益项目的资本性支出，但少部分国家允许地方通过举债来弥补财政收支季节性缺口，包括美国、日本和加拿大（见表 3-5）。

表 3-5　各国地方政府主要的举债用途[①]

国家	地方债务举债用途
美国	公共资本性支出；补贴私人活动；短期周转性支出或特殊计划提现金；利率下降时，发新债还旧债
日本	支持公共团体经营企业所需经费（交通、煤气、下水道等）；为公营企业提供资本和贷款；地方债转期；不可抗力灾害救助费用；公共设施建设费用
澳大利亚	基础设施等资本性支出
新西兰	支付资产更新费用和新资产的建设和购买费用；一般情况下不允许以透支的方式举债
加拿大	省级政府举债既可用于经常性支出也可用于资本性支出，市政府举债只能用于资本性支出

---

① 信息来源：李萍. 地方政府债务管理：国际比较与借鉴［M］. 北京：中国财政经济出版社，2009。

(三) 债务投资规划

美国州和地方政府通过编制"多年度投资计划"（CIP）跟踪管理地方政府基础设施建设的投融资活动。投资计划不仅体现了地方政府债务管理的前瞻性，通过预测债务本息额度和还款周期，了解还款需求，降低政府不必要的债务负担，还能有效地把经常性预算和资本性预算分离开来，提高资本性预算的使用效率。

根据美国地方政府对债务项目的管理实践，其基础设施专项预算编制的步骤可参考表 3-6。

表 3-6 地方政府债务重大项目预算编制步骤

序号	预算编制步骤	内容
1	确定项目服务特征	实物资产数量；服务质量；服务效率
2	确定项目投资范围	根据重要程度对项目进行差异化管理
3	确定宏观发展趋势	经济发展趋势；人口变化趋势；政策变化趋势，等等
4	确定服务目标	扩大服务范围；提高服务质量；刺激经济增长
5	估测项目和成本清单	修复、更换、添加新设施
6	确定资金来源	财政预算资金；发行债券；PPP
7	筛选子项目纳入五年重大项目投资规划	可获取资金来源与项目配对
8	确定项目对经常性预算的影响	—
9	将第一年投资纳入年度预算估测	把长期投资和年度预算结合起来

资料来源：郑春荣. 中国地方政府债务的规范发展研究 [M]. 上海：格致出版社、上海人民出版社，2016。

1. 确定项目服务特征

确定项目服务特征主要包括三个方面，首先地方政府通过列举现有资产清单，评估当下地方政府的服务水平，通过对目前基础设施建设现状的普查，了解今后一段时间的投融资需求。其次，了解项目服务对象的人数，占总人口的比重，评估收益团体类型和覆盖程度。最后，通过项目的服务水平和服务种类评估服务质量，例如考虑水污染治理项目是否在可以除去细菌的同时消除毒素和重金属。

2. 确定项目投资范围

不同项目具有不平衡性和差异性，将大型的、跨部门的项目列为重大项目，单独编制预算，单独决策；将小型的项目编入部门预算，给予部门更多的自主性，交由部门决策；最后，把重大的项目和政府中长期财政预算结合起来，一方面财政部根据原定计划，结合财政预计收入情况作出财政需求的评估，优化资源配置；另一方面，使宏观预算即财政支出上限和微观预算即绩效预算科学地结合起来，设定财政支出的上下限，便于后续的绩效考核。

3. 确定宏观发展趋势

地方政府常通过对未来经济形势的预测制定未来基础设施建设的需求，把供给和需求有效地结合到一起，一方面政府根据需求科学的制订计划；另一方面，通过详尽的基础设施建设趋势分析来深入的了解项目，发现项目存在的缺陷。

4. 制定服务目标

在基础设施建设需求较大的情况下，政府会给项目排序，厘清项目主次，根据需求分期分批建设。一般情况下，政府部门会对项目进行评分，通过得分结果高低给项目排序。例如，美国北卡罗来纳州的查塔姆县根据项目的轻重缓急程度，提出了14个考核指标，具体见表 3-7。

表 3-7　基础设施项目建设排序因素表

序号	评价原则	评价内容	权重
1	达成目标	是否符合本地区经济发展的目标	15.92
2	安全性	项目是否考虑了公共安全的风险	8.92
3	强制性	是否因强制性的规定出台建设	8.28
4	时效性	项目是否及时地延续现在进行的一个项目，并与其他高度优先的项目相关或配套	7.64
5	经济影响	项目是否有助于地区经济增长，直接或间接地增加财政收入	7.01
6	效率	是否帮助降低财政支出	6.37
7	维持现有服务	能否使现有的基础设施建设维持服务水平	5.73
8	服务可获得性	居民是否方便获得	5.10
9	服务质量	是否提高服务质量	4.46
10	服务数量	是否提高了服务数量	1.91
11	对经常性预算的影响	有助于降低经常性预算支出得分为 0 至 15 分；导致经常性支出增加，得分为－15 至 0 分	9.55
12	社区居民的诉求	项目是否得到居民的强烈支持	6.37
13	融资方式	项目是否使用财政资金，是否可以靠自身能力还本付息	9.55
14	方案提交及时性	项目方案及时性，程序完备性	3.18
总分			100.00

资料来源：郑春荣. 中国地方政府债务的规范发展研究［M］. 上海：格致出版社、上海人民出版社，2016。

5. 估测项目和成本清单

典型的项目估测清单包括修复、更换和增加现有设施和提高服务质量或服务效率的计划。在成本估测时考虑现有基础设施的经营效率、维护现状，以及成本更低的替代方案和资金在全局角度上运用情况，避免建设在投资决策基础设施建设时的片面性和低效性。

6．确定资金来源

地方政府根据基础设施项目特点，选择合适的融资方式。一般情况下，新建基础设施项目能够带来显著的税收收入，时间跨度长、耗资过多或银行实际利率为负时，通过发行公债作为基础设施建设的资金来源更为有利。其中，欧洲国家的地方政府债务主要从银行或专门的金融机构借款；美国债务融资的主要来源是发行市政债券。

7．筛选子项目纳入五年重大项目投资规划

将可获取的资金来源与初始计划中的项目配对。由于资金约束，通常需要对项目选择进行反复权衡，通过成本效益分析法、回报率分析法、平衡计分卡等分析方法进行项目配对。

8．确定项目对经常性预算的影响

基础设施项目建成之后，需要对其进行经营维护。基础设施项目通常建设经营周期较长，如果在后期才发现维护费用高昂，那么无论选择舍弃还是追加资金都会是一种财政资金使用效率不高的体现。

9．将第一年投资纳入年度预算估测

在最后的阶段，将长期投资计划与年度预算科学地结合起来，因为只有纳入年度的财政预算，经立法机构审议通过后，才能得到合法的财政拨款。一方面，地方政府会单独给重大基础设施建设项目编制预算，另一方面，通过各项措施提高地方政府债务项目管理的能力。例如，在地方债务项目管理的过程中，一些地方政府会成立专业化的资本预算和审核队伍及项目管理机构，对资本预算进行科学的指导、协调、监督。对于社会重点关注的民生工程，地方政府会及时将项目进展、招投标情况、资金使用信息向社会公布，增强对财政预算的公众监督。

（四）风险预警

地方政府债务风险预警机制是财政风险预警机制的一部分，各国根据地方债务举债目的设计风险预警指标，对风险因子持续跟踪，并在必要的时候发出警告并找出产生风险原因，为相关部门及时化解危机提供时间冗余。例如，美国俄亥俄州就根据财政支出与收入的关系设计了预警机制，判断州财政是否处于紧急状态。一旦确定州财政处于紧急状态，州审计局便开始对地方财政进行监视。处于紧急状态的州政府为了缓解风险会立即开始提高现金储备，州审计局也会为州政府提供免费的顾问服务（如提供削减预算或改进政府运作方案的建议）。如果情况进一步恶化，俄亥俄州政府会从"预警名单"移至"危机名单"。

（五）信用评级制度

美国联邦政府对于地方政府违约不予担保，因此信用评级对地方政府尤为重要，需自觉地接受第三方评级机构评级，并将结果公布于众。类似的，澳大利亚政府也会借助评级制度对地方债务进行监管，邀请国际知名评级机构为其各级政府提供评级服务，确定融资利率。在新西兰，信用评级是地方政府举债的重要依据。地方政府全面信用评级每三年举行一次。如期间地方政府财务状况、资产负债情况或者现金流有重大变化，还需要进行全面的评级。良好的信用评级是第三方客观的监督，同时良好的评级也能给予地方政府更低融资成本的资质，是重大工程的融资保障。

（六）信息公开

地方债务信息的透明，是通过提高公众的监督强化了财政纪律，达到了控制地方债务风险的目的。例如，澳大利亚州政府要将州债务情况按照借款委员会的要求框架披露在季度和年度报告中；巴西地方政府需每年向联邦政府汇报财政收支情况，发布季度政府债务报告；法国政府债务完全纳入公共预算管理，举债、变更、偿还等债务相关所有的事项必须如实反映和报告。

四、国外地方政府债务管理的经验借鉴

（一）提高债务预算管理规范程度

我国政府债务预算绩效管理依然存在主体职责不够明晰、权责义务不够明确、债务预算约束力不足、第三方机构业务标准不规范等问题，主要原因是涉及政府债务管理的各个部门管理职责模糊，未能有效建立相关管理规范。结合国外政府债务预算绩效管理的相关情况，针对此类问题，可借鉴的国外经验如下：

第一，成立地方债务管理机构。借鉴英国的做法，成立专门的地方债务管理机构和专业的管理团队，负责地方政府债券发行、使用和偿还的管理。对地方债务进行统一管理，解决债务审核工作专业性高但我国部分地方政府专业人才匮乏而导致的审查质量问题。

第二，硬化预算约束。借鉴美国和加拿大等国硬化预算约束的要求，不得对地方拖欠借款实施援助，避免引发地方政府的道德风险。同时，建立各个部门预算资金的绩效考评制度，让政府债务支出集中在必要的公共领域上。

第三，加强对责任主体的监管。借鉴美国证监会市政债管理办公室的做法，对市政债券相关主体在发行和使用债券时不规范的行为进行处罚，包括限期整改、罚款和诉讼。严格防范一些地方政府追求政绩，在项目审核上放松把控，导致后期偿债资金无法落实的情况。

第四，加强对第三方（经纪人、承销商、律师、会计师等）行为规范的约束。严格把控第三方的专业性、信息披露的真实性和规范性，并加强第三方在债务项目的运营开展期间的责任，减少债务项目的评审论证和后续项目的具体实施监督存在脱节情形，降低后续债务偿还的风险。

（二）加快建立政府债务风险监控机制

我国政府债务预算绩效管理目前还存在债券发行前审核规范性不足、运行监控机制不够完善等问题，实际导致部分债务项目运营效率低下、早期融资平衡测算与预期偏离较大等现象的出现。结合国外政府债务预算管理的相关情况，针对此类问题，可借鉴的国外经验如下：

第一，加强风险控制。借鉴英国的相关经验，在债券发行时全面评估风险，包括但不限于利率风险、再融资风险、通货膨胀风险、流动性风险、预算执行风险，并根据实际情况在项目运营期间定期调整风险权重，达到对债务风险跟踪评估的目的。

第二，建立有效债务预警机制。借鉴美国俄亥俄州政府建立债务预警机制的经验，通过地方赤字、资产负债情况、流动性、债务到期等指标判断地方财政的健康程度。一旦确定下级政府财政处于紧急状态，上级政府可通过加强对此地区的监控，派专业顾问协助解决问题或者调高现金储备的方式，帮助地方政府改善负债问题，最终解除紧急状态。

（三）大力完善政府债券信用评级体系

我国政府债务预算绩效管理实际存在政府债券评级结果同质化严重的问题，导致目前债务评级结果还不能客观区分不同地方政府的经济状况和实际财力。结合国外政府债务预算管理的相关情况，针对此类问题，基于我国现有信用评级业监管格局，可借鉴的国外经验如下：

第一，进一步强化监管合力。借鉴美国加强信用评级监管，实现评级机构"少而精"的经验，基于我国当前以中国人民银行为信用评级行业主管部门，财政部、发展改革委员会、证监会为信用评级业务管理部门的监管规则基础，进一步健全部际协调机制，促进评级市场资源整合，推动评级行业高质量发展。

第二，定期开展政府债务全面信用评级。借鉴新西兰的相关经验做法，将独立的信用评级结果作为地方政府举债的重要依据，按照固定的时间频率对地方政府债务状况开展全面信用评级，关注地方政府财务状况、资产负债情况和政府财政现金流的变化情况，降低地方政府融资成本，为重大工程提供融资保障。

（四）加大政府债务预算信息公开力度

我国政府债务预算管理实际存在债务预算信息披露不足、信息公开程度不够的问题，主要是人民代表大会针对债务预算的审查权限有限、预算信息披露不足、预算信息公开格式不统一。结合国外政府债务预算管理的相关情况，针对此类问题，可借鉴的国外经验如下：

第一，完善政府债务预算报告披露制度。借鉴澳大利亚的政府工作报告披露制度，将政府举债分配调整情况反映到政府预算报告中，强调披露政府债务各项信息，确保准确反映某一时点的资产、负债和净资产的情况，以及一段时间内的变动情况。

第二，增强人民代表大会对债务预算的审查权限。借鉴美国对市政债券的监管经验，强化人大及其常务委员会对政府债务预算绩效管理的监督，硬化预算约束，对于不能有效说明具体用途、不平衡的债务预算草案不予通过。

第三，明确政府债务预算信息披露规范。确认信息披露的具体要求，包括时间节点、内容格式、披露方式等，保证债务信息披露的及时性和完整性，确保债务公开的一致性与可比较性，从而进一步加强债务信息公开的频率和时效性。

我国政府债务预算绩效管理的实践

第四章

近年来，政府债务作为财政改革的一项重要内容，已经成为我国政府进行宏观调控、促进经济社会发展的重要政策工具，各级政府都将管理好政府债务规模、提高债务资金使用效率等作为财政管理和宏观调控的主要工作之一。本章在全面梳理中央和安徽、陕西、江苏、河北、四川、河南、江西、湖南、上海、深圳等省市地方政府基于绩效理念的债务"借、用、还"全过程管理的相关经验基础上，提炼我国政府债务预算绩效管理工作的特征，并针对当下政府债务预算绩效管理工作中遇到的问题展开分析，结合实际情况为优化当下政府债务预算绩效管理制度机制提出相关建议。

|第一节| 我国政府债务预算绩效管理的实践经验

一、国债预算绩效管理实践探索

（一）举债融资机制

我国自 2006 年开始实行国债余额管理制度。按照规定，当年年度预算赤字和年末国债余额限额需要包含在向全国人大作的预算报告中，而后全国人大予以审批。一般情况下，下年度预算赤字即为当年年度新增国债限额；在年度预算执行中，可根据特殊情况适当增加年度预算赤字或发行特别国债，但需由国务院提请全国人大常委会审议批准；同时规定年末国债余额不得突破年末国债余额限额；国债借新还旧部分由国务院授权财政部自行运作，财政部每半年向全国人大有关专门委员会书面报告一次国债发行和兑付等情况；每年一季度在中央预算批准前，由财政部在该季度到期国债还本数额内合理安排国债发行数额。

国债余额管理一方面帮助财政部预测收支和国库变化情况，并灵活调整国债规模，为短期国债连续滚动发债创造了条件。

（二）资金使用管理

为了保障国债资金利用的有效性，提高筹集资金投资效益，完善中央投资项目全过程管理，我国针对中央政府的投资项目建立了后评价体系。国家发展和改革委员会2014 年印发了《中央政府投资项目后评价管理办法》和《中央政府投资项目后评价报告编制大纲（试行）》。

《中央政府投资项目后评价管理办法》建立了详细的后评价流程，要求对竣工验收并投入使用或运营一定时间后的项目开展后评价，通过对比项目建成实际效果与计划效果（可行性研究报告、初步设计（含概算）文件及其审批文件）的差别，找出差距及原因，形成对策建议，并反馈到项目参与各方，形成良性的项目全流程管理。《中央政府投资项目后评价报告编制大纲（试行）》详细解释了中央政府投资项目后评价报告的编制内容，主要包括项目概况、项目全过程总结与评价、项目效果和效益评价、项目目标和可持续性评价四个部分。

财政部关于印发《〈国际金融组织和外国政府贷款赠款项目绩效评价管理办法〉的通知》（财国合〔2019〕18号）对国际金融组织和外国政府贷款赠款项目的绩效评价办法进行了明确规定。

二、地方政府债务预算绩效管理实践探索

在中央针对地方政府债务管理在债务举借、预算管理、风险防控等环节构建的原则性制度框架下，各省市近年来积极探索符合各地方实际的债务管理工作机制，部分地区也逐步尝试引入债务绩效评价，进一步强化债务管理。本部分基于安徽、陕西、江苏、河北、四川、河南、江西、湖南、上海、深圳等省市的公开信息结合本书实地调研记录，梳理形成地方政府基于绩效理念的债务"借、用、还"全过程管理的相关经验。

（一）债务管理举借

1. 项目规划

一是加强专项债务项目库管理。上海市、江苏省等省市建立了专项债务项目库，并采用定期申报征集与日常申报相结合的方式对项目库进行动态管理。

二是完善专项债务项目审批程序。江西省要求市级财政部门组织第三方对2019年新增专项债项目开展评估，评估内容包括专项债券投向的公益性项目概况、投资计划、资金来源、项目融资平衡方案、风险评估等，并要求第三方机构出具财务评估报告、法律意见书等，由市级财政部门报送省财政厅审核。

三是编制中期融资债务规划。湖南省开展中期融资债务规划编制，以政府公益性基础设施建设投资需求为基础，综合平衡政府财力和债务风险承受能力，用逐年滚动的形式制订未来三年融资计划，并从项目遴选、界定政府与市场行为边界、划清上下级政府事权、明确建设资金补助标准等方面制定中期融资债务规划项目的审核规则。

四是在专项债务项目评审中逐步引入绩效评估。安徽省在2019年专项债申报工作中新增绩效评估，要求各市县在申报项目实施方案中的"项目重大经济社会效益分析"部分加入绩效评估内容，明确项目绩效目标和指标，并将评估结果作为项目评审的参考依据。

2. 债券发行

一是将债券发行与项目进行严格对应。河北省区分不同债券类型，一般债券优先支持民生领域公益性项目建设，增强基本公共服务均等化保障，专项债券重点对接国家和省重大发展战略项目，上海市则将债券优先支持在建续建和条件成熟的公益性项目。

二是提高债券发行规模、期限和批次的科学性。四川省强调市县政府新增债务要与债务存量消化实行"增减挂钩"，同时结合上年度一般债务偿还情况及限额规定安排新增债务。陕西省在债券发行管理方面规定，债券发行前由省财政厅组织开展偿债压力测试，评估全省各级政府分年到期债券本息和可偿债财力情况，结合项目周期确定债券期限结构。深圳市轨道交通专项债按照项目实际需求规模分年度进行发行，避免财政资金沉淀。

三是完善债券发行组织机制。河北省强调要科学制订债券发行计划，构建早发多发的常态化发行机制，实现发行场所、发行中介机构全覆盖。上海市组建涵盖银行、券商、保险和联合投资团在内的多元化投资主体，成功实现外资银行参与债券承销。此外，在信息披露方面，上海市、深圳市等地方也不断按照中央有关要求，细化地方债券发行的有关财政、债务、债券发行结果及项目等披露内容，提高信息披露质量。

（二）债务资金使用

一是加快债务资金拨付。陕西省规定新增债券资金原则上应在债券发行或收到上级转贷资金后三个月内拨付项目单位使用。安徽省、上海市建立了债券资金支出进度按月通报制度，督促各市县加快资金拨付，尽早发挥债券使用效益。

二是加强债务资金运行监控。陕西省要求各级财政部门对债券资金的使用，重点审核监督项目立项的程序规范性、资金使用和财务管理的合规性等。安徽省规定对在建债务项目实施期内至少开展一次中期绩效评价，并将评价结果作为项目后续实施的参考依据。成都市高新区要求项目建设单位和运营单位在指定银行开立项目债券资金托管账户，专门用于专项债券募集资金的接收、存储及划转。新疆维吾尔自治区则规定政府债务资金下达后，按月对政府债务资金项目支出绩效目标的实现程度和预算执行情况进行"双监控"。

三是完善债务资产管理。陕西省规定各级财政部门组织本级项目单位对地方政府债券投资形成的各类资产进行清查登记，并负责对下级财政部门报送的债务资产数据进行汇总审核，项目单位对使用债券资金形成的国有资产的运营、维护、管理等承担主体责任。

（三）债务偿还

1. 财政部门债务统筹偿还

强化市县财政部门的转贷资金偿债责任。陕西省明确市县财政应根据转贷协议约定，在还本付息日的 10 个工作日前，将到期债券本金和应付利息缴入省国库，未按时足额缴入到期债券本息的，省财政厅于垫付还款次月统一扣收。同时，按逾期支付额和逾期天数，以转贷利息的两倍折成日息计算罚息，通过年终结算扣缴省国库。

2. 专项债项目单位债务偿还

一是实行专项债偿债资金专户管理。成都市高新区要求专项债券项目建设单位和运营单位在指定银行开立项目偿债资金账户，专门用于项目运营收支的资金流转，并要求将项目全部收益提前划转至财政有关专户用于偿本付息。二是建设债务偿还风险处置机制。陕西省明确各级财政对项目单位未按时缴纳到期专项债券本息的，应通过预算扣款、债务资产处置等方式收回债务资金。

（四）管理保障措施

一是制定政府债务绩效管理办法。陕西省从举债融资机制、债务限额管理和预算管理、债务风险控制与化解、债务管理能力建设、年度重点工作落实等七个方面对市县政府债务管理绩效进行评价，并将评价结果进行通报，作为下年度新增债务限额、转移支付及其他专项资金分配的参考因素。河北省从限额管理、资金管理、项目管理、还本付息管理、风险防控、日常工作管理等方面构建债务管理绩效评价指标体系，将绩效评价结果与债券资金分配、新增债务限额分配和市县财政综合绩效评价挂钩。河南省制定《河南省政府性债务管理工作绩效考核办法》，主要考核制度建设、组织保障、规范管理、风险防控等内容。山东省印发《山东省财政厅关于印发山东省政府专项债券项目绩效管理暂行办法的通知》，要求严格健全专项债券项目全过程绩效管理机制。

二是加快政府债务管理信息化建设。河北省在全国地方政府性债务管理系统的基础上，上线政府债务项目库管理系统和政府债券管理系统，保障债券信息的准确披露，实现还本付息自动记账和转贷协议网上签转。成都高新区试点运行专项债券项目及资金管理平台，对专项债券项目的全生命周期实行信息化监管。

三是完善债务预算会计制度。广东省单独设置预算报表债务附表，完整反映政府性债务的"借、用、还"情况。

| 第二节 | **我国政府债务预算绩效管理存在的问题及建议**

一、当前我国政府债务预算绩效管理存在的问题

随着我国政府举债融资机制的不断完善，债务风险控制的水平不断提高，我国政府债务预算绩效管理水平也在逐步提升，但从顶层设计、"借、用、还"各个环节及保障措施等方面来看，政府债务预算绩效管理还存在一些亟待解决的问题：

（一）政府债务预算绩效管理顶层设计有待完善

第一，全方位、全过程、全覆盖的债务预算绩效管理体系有待完善。虽然中央和国务院各部委针对地方政府债务管理在债券发行、债务管理、风险控制等方面陆续出台了相应的制度内容，2021 年 6 月财政部印发《地方政府专项债券项目资金绩效管理办法》（财预〔2021〕61 号），也首次明确了专项债券支持项目在全过程绩效管理各个环节的要求。但是截至 2021 年 8 月，中央层面尚未从政府债务的全面实施预算绩效管理角度，针对地方政府债务资金整体绩效管理、政府债务管理的绩效综合评价等内容出台制度，不利于发挥政策的协同效应，不利于推进地方政府债务管理和绩效管理的一体化。

第二，债务预算绩效管理责任主体不够明晰。债务预算是政府融资活动和投资决策的集中反映，是规范政府投融资行为的有效手段。我国地方政府投融资管理的分散性决定了债务预算资金管理的链条和流程较长，也加大了债务的"借、用、还"全局管理的难度，且由于政府债务绩效管理涉及利益相关方较多，当前财政部门、行业主管部门、投资主管部门、金融监管部门、项目单位等对政府债务尚未形成结构清晰、责任明确的预算绩效管理机制。究其原因，一是债务分级管理不够明晰，主要是省级政府和市县级政府在债务管理间存在信息不对等；二是监管力度不够强，人大对政府债务的预算审查监督时，一方面由于审查议题广、内容多，在实际审查中往往偏向于程序性审查，实质性审查较少，另一方面由于债务预算审查的工作专业性和技术难度较强，专业人才的匮乏导致审查质量不高；三是监督主体不够明确，财政、金融监管、发展改革等部门的协同配合机制不够完善。

（二）政府债务预算管理效率有待提升

第一，债务预算配置效率不足。一是当前在建立政府债券储备项目库时，对债券项目可行性研究和规划布局等前置性调研评估不足，绩效目标不清晰，实施方案可行性不足。根据历年地方债务审计结果，地方政府债务资金投向低效率重复建设或经常性项目等还时有出现，未能充分发挥债务资金对稳投资、扩内需、补短板的效果。二是债务项目的事前论证没有和后续债务资金的使用、偿还衔接匹配。一些地区对债务项目的评审论证和后续项目的具体实施监督存在脱节情形，如部分专项债项目，前期往往只需要通过简单的投资论证，就成了财政支出的刚性责任，但由于缺乏对项目能够产生偿债收益的能力评估及项目单位后续的实际运营状况的监督，增大了债务偿还风险。如 2021 年 6 月国家审计署发布《国务院关于 2020 年度中央预算执行和其他财政收支的审计工作报告》指出，"至 2020 年年底，5 个地区将 204.67 亿元投向无收益或年收入不足本息支出的项目，偿债能力堪忧"。

第二，违规举借债务仍时有发生。2017 年以来，在中央严肃财政纪律、从严整治举债乱象的背景下，地方违规举债势头得到遏制，债务风险总体得到有效控制。但一些地方由于政绩观不正确、项目审核把关不严、未落实建设资金来源等原因，通过地方政府融资平台、PPP 模式、政府购买服务来变相举债，形成企业借债、政府使用、偿债资金无法落实的局面，局部区域的风险隐患仍未消除。

第三，债务资金使用效率偏低（见表 4-1 与表 4-2）。一是债券发行使用进度慢，债券资金没有及时拨付至对应项目；二是债券资金未对应至项目并按照规定使用，存在没有调整支出用途就用于其他项目的情况，甚至被挪用于日常工作经费等非公益性经常性支出，如云南省 2019 年审计报告披露，"13 个县违规将 17.87 亿元专项债资金用于偿还企事业单位到期融资贷款、化解地方政府债务及支付其他项目工程款"；三是项目实际进度与发债筹资不匹配，导致资金闲置沉淀，出现债务利息的损失浪费。如海南省审计省本级和 9 个县市 2016 年至 2019 年地方债使用时发现，有 32.04 亿元专项债资金至 2019 年仍未完全使用；福建审计部门表示 2019 年安排省本级和市县的专项债有 25.94% 当年结转未使用；广西审计发现约有 9.07 亿元债券资金闲置超过一年，部分市县专项债的资金使用率不到 20%。

表 4-1   地方政府债券资金改变用途或用于日常支出的情况

省份	年份	审计报告中披露的问题
四川	2019	3 个市县自行调整债券项目或资金用途 4.48 亿元，未履行报批（备案）手续
广东	2019	有 10 个市因前期准备工作不充分、项目进度慢等原因调整债券资金用于其他项目，未按规定程序报批，涉及金额 51.62 亿元
	2020	1 个市的 2 个区将专项债券资金用于偿还政府购买服务金、发放人员工资等支出，涉及金额 5.41 亿元；1 个市本级挪用债券资金支付其他项目工程款等，涉及金额 113.32 万元
海南	2019	3 个市县未经批注擅自调整债券项目或资金用途 6.12 亿元
	2020	5 个市县将 436.86 万元债券资金用于建设单位管理费、薪资福利及差旅费等经常性支出，1 个市县将 1 亿元债券资金挪用于其他项目
云南	2019	13 个县违规将 17.87 亿元用于偿还企事业单位到期融资贷款、化解政府债务及支付其他工程款
山东	2020	4 市 20 县将 29.04 亿元债券资金出借给乡镇、企业等周转使用，有的用于购买理财产品或其他项目建设等

资料来源：各省 2019 和 2020 年度预算执行和其他财政收支审计报告

表 4-2   地方政府债务资金存在闲置问题

省份	年份	审计报告中披露的问题
四川	2019	275.58 亿元新增债券资金由于项目准备不充分或停止实施等原因未使用，其中 141.82 亿元闲置超过 1 年
广东	2019	截至 2019 年年底，全省共有 313 个 2019 年新增地方政府债券项目因项目进度与资金筹集无法衔接等原因，使债券资金未形成实际支出，涉及金额 169 亿元，占 2019 年全省新增地方政府债券的 7.8%
	2020	3 个市因项目储备质量不高、前期准备工作不充分等原因，导致闲置债券资金 22.57 亿元，其中有 1 个市的 2.72 亿元闲置时间超过 2 年

省份	年份	审计报告中披露的问题
海南	2019	4 个市县 32.04 亿元至 2019 年年末仍未使用，最长滞留时间达 36 个月
广西	2019	1 市 3 县及 8 家单位 9.07 亿元债券资金闲置超过一年；2 市 4 县及 2 家单位部分专项债券资金当年使用率不到 20%
福建	2019	2019 年安排省本级和市县的专项债券有 25.94% 当年结转未使用
山东	2020	15 市 67 县 261 个项目由于前期论证不充分、规划设计和方案制定不合理等，未按期开工建设，有的项目进度较慢或无法实施，304.21 亿元债券资金存在不同程度闲置问题，闲置规模占抽样资金的 20%

资料来源：各省 2019 和 2020 年度预算执行和其他财政收支审计报告

第四，债务偿债机制不健全。一是偿债计划不明确，没有充分发挥中期财政预算对债务偿还的约束作用，债务偿还计划不清晰，部分地区往往拆东墙补西墙，甚至挪用其他民生财政专项用于偿还债务资金；二是偿债责任落实不充分，未充分落实使用专项债券资金的行业主管部门和项目实施单位应承担的债券还款责任，项目运营效率低，导致实际收益无法按照预期实现融资平衡，财政可持续性风险高；三是偿债来源单一，再融资债券发行规模不断扩大，专项债券高度依赖土地出让收入偿还。

第五，绩效结果应用机制不完善。有效的绩效管理结果应用机制是发挥债务预算绩效管理作用、实现管理目标的关键。由于一直以来预算管理的惯性思维，相关部门和单位尚未树立"我要有绩效"理念，往往被动接受上级或财政部门下达的各类绩效管理任务并完成评价结果反馈，绩效评价的应用路径亟须进一步完善。

（三）政府债务绩效管理配套机制保障不足

第一，债券发行的市场化约束不足。信用评级是政府发行债券的前置步骤，理论上，由于地方政府发行债券的成本取决于其信用等级，政府信用评级的动态调整有利于形成政府举债长期有效的市场约束机制。但是，目前所有地方政府债券的评级均是AAA，地区之间没有信用差别，评级结果不能真实反映地方政府之间经济、财政、管理和偿债能力的差异，导致信用评级趋于形式化，结果无法得到有效应用，不能发挥"以评促改"的作用。

第二，债务信息统计口径和披露不足。及时完善的地方政府债务信息是有效进行地方政府债务绩效管理和监督的基础与前提。当前，我国大多数市级以上地方政府会定期披露本地区的一般债务和专项债务的余额和限额情况，但公开的口径不一，具体的债务项目及县级等基层政府的债务信息公开情况较差，总体而言信息披露透明程度还有待改善。此外，除了部分试点地区外，我国还没有全面采取权责发生制的政府财务核算体系，部分已编制地区也存在会计核算管理不够规范、财务报告披露信息不够全面等问题，导致数据真实性与准确性难以保证。

第三，考核机制不足。由于举债投资对短期经济的拉动立竿见影，因此在很长一段时间内，以 GDP 增长为主的官员绩效考核导向是造成地方债务风险的重要原因。近年来，各地方政府逐渐建立政府债务管理的考核问责机制，把政府债务管理绩效作为政绩考核的一项重要指标，但是由于信息不对称等问题，考核制度还不完善，目前主要集中在合规性和债务风险防控等方面，大部分地区对债务资金配置和使用绩效等内容考核仍不足。

二、我国政府债务预算绩效管理机制的相关优化建议

（一）强化顶层设计，健全政府债务预算绩效管理制度体系

1. 健全政府债务预算绩效管理制度体系

政府债务以政府信用为担保，最终还是以税收为主的财政资金为保障，因此税收法决定了举债法定。在当前债务相关的法律体系中，新《预算法》和《国务院关于加强地方政府性债务管理的意见》（国发〔2014〕43 号）等法律法规建立了规范政府债务举债融资行为的法律制度框架。但目前，针对政府债务预算绩效管理顶层制度的缺失，建议加强顶层设计，一是以新《预算法》为基础，从中央层面针对债务预算绩效管理出台专门的配套法规；二是尽快制定债务预算绩效管理制度，出台符合我国国情、具有中国特色的政府债务预算绩效相关管理办法，为形成政府债务预算绩效管理操作指引奠定基础。

2. 构建全方位、全过程、全覆盖政府债务预算绩效管理内容体系

一是政府债务预算绩效管理需全方位涵盖不同级次政府债务举债机制、政府债务财政综合运行和政府债务项目等层次。宏观层面，根据财政政策逆周期调节的需要及财政可持续的要求，合理确定政府债务规模；中观层面，基于合规、风险防控等财政管理诉求，提高债券发行部门和市县财政管理部门的债务管理等财政综合运行绩效；微观层面，以债务项目资金的使用效益、管理效率和偿还保障等为主线，压实债务项目单位在项目全生命周期中的绩效主体责任。二是政府债务预算绩效管理需贯穿政府债务"借、用、还"全过程。三是覆盖全部债务预算资金。将一般债务和专项债务全部纳入债务预算绩效管理范围中，并根据不同预算资金的性质和特点分类实施。

3. 厘清政府债务预算绩效管理各方参与权责

根据权责对等的原则，各级政府作为债务举借主体，对政府债务预算绩效目标负总体责任，而政府各组成部门按照职责分工，应在约束有力的原则上，界定各部门的债务预算绩效管理权责。一是压实行业主管部门和债务项目申报单位的项目绩效责任主体作用。明确申报的实施方案作为绩效目标的数据来源，并提高绩效目标对后续项目建设运营中绩效监控和绩效评价的约束作用，避免前期实施方案申报和后续项目建设运营、债务偿还脱节。二是落实财政部门的债务预算绩效管理的总体组织和管理绩效主体责任。财政部负责债务预算绩效管理的总体组织和指导工作，地方各级财政部门负责政府债务的具体发行、债务配置、信息公开、债务置换、债务偿还等工作，负

责组织实施本地区和本级政府债务预算绩效管理工作，指导、监督和协调本级使用债券资金的部门和下级政府债务预算绩效管理工作。三是落实其他债务预算绩效管理相关部门的监管责任。审计机关依法对债务预算绩效开展审计监督，投资主管部门加强债券项目的投资审核，国资主管部门、金融监管主管部门等加强对地方政府投融资平台、金融机构等的监管，遏制隐性债务增量。

此外，人大作为我国权力机关，审查和监督财政预决算，保障党中央重大方针政策和决策部署的贯彻落实，是人大发挥监督职权的应有之义。各级人大常委会在加强对地方政府举借债务的规模、结构、使用、偿还等情况审查的同时，还要加强对具体债务项目绩效落实情况的监督。

（二）发挥专业作用，完善债务预算第三方参与绩效管理机制

1. 完善第三方信用评级机制

在我国当前弥补监管短板，推动信用评级行业规范发展的改革过程中，还可以从以下两方面对政府债券的信用评级进行完善。一是建立债券信用评级业务评价体系和收费标准。通过明确信用评级收费标准，改进评级机构盈利模式。此外，还可以探索除了发行人付费机制外，由财政部指定评级机构对地方政府发行债券开展评级试点，提高评级独立性。二是进一步强化信用评级行业自律管理。发挥行业协会对评级质量的促进作用，通过制定信用评级业务自律规范指引、研究信用评级量化指标，配合发布债券信息报告、培训、召开研讨会等方式，引导评级机构规范发展，提高评级结果的可比度和社会认可度。

2. 充分发挥第三方独立作用

政府债务的全面绩效管理涉及财政、预算部门等不同单位的衔接，技术难度较高，通过加强行业协会、第三方等专业机构及专家的参与，能够发挥其独立性和专业性优势，为政府债务绩效管理提供智力资源和研究保障。2021 年 2 月，财政部《关于委托第三方机构参与预算绩效管理的指导意见》公布，提出委托主体与绩效管理对象相分离、突出重点、择优选取的原则。建议各地区进一步加强第三方机构及专家执业质量的监管，有效整顿和规范市场秩序，发挥第三方机构在信用评级、全过程绩效管理、编制项目实施方案、撰写法律意见书和财务评价书等过程的独立性和自律性，推动政府债务绩效管理提质增效。

3. 强化专项债项目市场化运营管理和第三方评估机制

一是以市场化机制筛选项目运营主体。专项债的项目收益主要由受委托方在运营中产生，对于能够通过市场化力量承接运营服务的专项债项目，选择运营能力强、运营机制灵活的主体，是实现专项债项目融资和收益平衡的重要保障。二是要加大专项债运营期第三方绩效评估。长期以来，由于政府债务的刚性兑付特征，债券项目往往重建设轻运营，缺少对项目运营期的真实绩效水平的监督机制，无法实现项目运营对债券偿还等绩效目标的保障。在专项债扩容的政策背景下，有必要借助第三方评估机

制，强化项目实施主体对债券项目运营期的绩效责任，在防控债务风险的前提下发挥债券资金对社会经济发展的促进作用。三是要建立绩效监控和绩效评价结果与项目运营主体筛选淘汰挂钩的机制。对于通过市场化力量承接运营的债券项目，在加强对项目运营绩效监控和绩效评价的基础上，还要建立结果和运营主体筛选淘汰的挂钩机制，如果出现收益不合理减少、绩效较差、违法违规经营等情形，应评估是否需要选择新的运营主体，以确保项目绩效的持续稳定。

（三）夯实保障措施，推进政府债务预算绩效管理相关配套建设

1. 加快推进政府债务预算绩效管理信息化建设

通过信息系统和政府大数据建设，促进各级政府和部门间的债券、项目、资产、财务等数据信息的互联互通，为政府债务预算绩效管理提供技术保障。在政府债务预算绩效管理信息化建设的过程中，一是要注重信息系统的整体架构。注意引入先进管理理念及全国优秀实践经验，明确精细化的流程设计，设计规范化的表单样式，实现科学化的指标体系推荐，打造一体化的分析模型，为相关主体提供便捷的预算绩效管理系统化工具。二是要满足不同主体的使用需求。善于借助互联网技术，打造内外网统一的信息系统。内网为相关管理运营主体提供项目申报、项目绩效监控、项目自评，实现政府债务内部的全过程管理；外网为第三方提供在线评价、为从业者提供绩效学习、为专家提供在线评审、为相关单位提供质控服务功能。同时，内网和外部及时完成数据交换，项目信息实时采集、更新、共享，优化传统绩效评价模式，践行"互联网＋绩效管理"新需求。三是积累政府债务预算绩效数据库。规划政府债务预算绩效相关的数据采集路径，建立政府债务预算绩效数据库，为构建政府债务预算绩效管理的标准体系提供条件。四是拓展大数据分析技术手段利用范围。利用大数据分析技术对形成的政府债务预算绩效数据进行分析，规范形成政府债务状况、区域经济状况、政府财政状况、项目实施情况等的标准体系，为持续完善政府债务预算绩效管理体系提供保障。

2. 推进政府债务预算和会计制度改革

2016年起，我国以权责发生制为核算模式的政府综合财务报告从试编阶段正式转向试点阶段。为了能更好的服务政府债务预算绩效管理，在我国政府会计制度改革的推进过程中，还可以从以下几个方面进行完善：一是完善公共基础设施资产管理、政府会计标准体系、政府财务报告审计等配套制度体系。政府财务报告从权责发生制的角度记录政府所有资产负债，能够弥补当前资产绩效管理的短板，成为有效分析政府债务预算绩效的技术手段，亟须进一步完善配套制度。二是推动债务预算独立编入资本预算统一反映，并进一步加强债务资本预算与中长期预算的有效结合。遵循跨年预算平衡机制，编制和债务投资实施期限相匹配的中长期预算，合理规划中长期债务资金的需求规模及相应债务偿还计划，进而提高债务预算绩效管理水平。

3. 加大债务信息公开力度

债务信息公开是引导社会公众参与绩效监督，约束政府债务预算绩效管理行为的有效手段，有必要在当前基础上进一步探索完善政府债务信息公开机制。一是拓展公开对象。进一步落实基层地方政府债务的信息公开，并以政府综合财务报告编制试点和隐性债务排查为契机，公开范围不应局限于政府债券，而应包括政府负有偿债责任的全部政府性债务。二是规范公开形式，应按照《地方政府债务信息公开办法（试行）》（财预〔2018〕209号）中有关要求，保持债务公开内容的一致性与可比性。三是增加公开时点，应在债券发行、预决算公开等基础上进一步加强债务信息定期公开的频率和时效性。

政府债务事前绩效管理

第五章

在政府债务预算管理周期的事前决策阶段，需要回应三个根本性问题："是否举债""举债多少"和"举债目标"。本章基于第一章介绍的绩效传导机制，结合我国全面实施绩效管理要求和政府债务管理体制现状，着重围绕政府债务项目这一预算管理的最小单元论述其开展绩效目标管理和事前绩效评估的内容、方法、主体和程序。

|第一节| 政府债务项目绩效目标管理

一、政府债务项目绩效目标构建原则

（一）政府债务预算绩效目标的结构

当前我国开展绩效目标管理的对象涵盖部门、政策和项目，因此对于政府债务的绩效目标管理，主要以债务项目绩效目标为对象，以债务项目绩效目标的设置、审核、批复、调整等为主要内容开展。政府债务项目绩效目标包括债务项目全生命周期应实现的产出、成本、效益、可持续影响和服务对象满意度目标。

政府债务项目绩效目标是对政府举借债务的目的及设立债务项目规划的展开，是承接国家、地区战略规划和债务预算安排的重要节点，承载着代际公平、政府规划和财政资源配置等目标实现的使命。政府债务项目绩效目标的具体化和落实，需要细化为分类的债务项目绩效指标和标准体系，引导项目单位实现合规、有效和高效的债务项目管理和执行，形成债务项目全过程绩效管理的闭环，如图5-1所示。

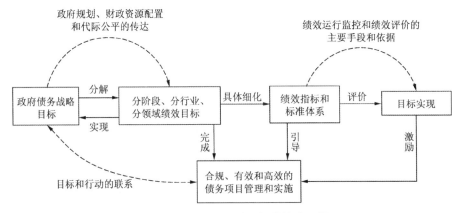

图5-1 债务项目绩效目标的构建逻辑

债务项目绩效目标重点关注债务项目全生命周期中的资金管理使用和运营目标，并按照债务项目生命周期阶段进一步分为债务项目建设期和债务项目运营期绩效目标，如图 5-2 所示。

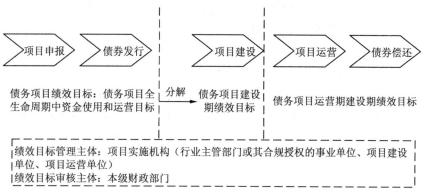

图 5-2 债务项目绩效目标的结构体系

在厘清债务项目生命周期特点，区分债务项目建设期和债务项目运营期，进行分层次、分阶段设立绩效目标的基础上，还需进一步根据不同债务项目的债务偿还渠道和债务资金投向的行业领域特点，对债务项目运营期分类型、分行业、分领域设定绩效目标，如图 5-3 所示。例如，生态环保类一般债务项目需根据资金用途重点关注债务项目运营对能耗、水耗、污染排放、废物综合利用等方面的改善情况和服务对象满意度等；而交通运输类专项债务项目则不仅需要关注项目运营对地区交通网络覆盖、运输服务、绿色安全等方面的效果，还需关注运营收入、专项收入等项目收益情况，考察其对专项债务资金偿本付息的支撑能力。

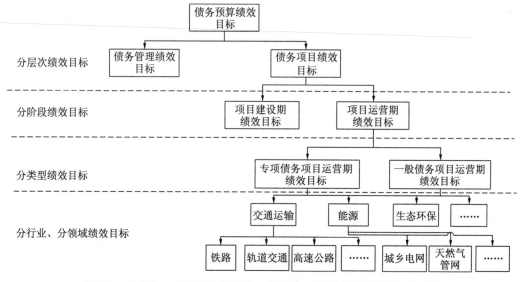

图 5-3 分层次、分阶段、分类型、分行业、分领域债务预算绩效目标

（二）政府债务项目绩效目标的构建要求

科学的政府债务预算绩效目标构建应满足以下几方面要求：

一是绩效目标应与政府举债的战略定位相符。绩效目标应充分发挥国民经济和社会发展规划，以及各级政府和部门中长期发展规划对经济社会发展的指引作用，将其作为绩效目标设置的起点。同时，绩效目标的设置还应统筹考虑中期财政规划管理的需要，将中期财政资源配置安排对未来经济社会发展的预测和规划作为依据。

二是绩效目标需要包括具体细化、合理可行的绩效指标。绩效指标是绩效运行监控和绩效评价的工具，如果绩效指标设定过于原则、笼统，不符合客观实际，不利于在后续项目绩效运行监控和评价过程中做出客观的分析，进而限制监控和评价结果应用的有效性。因此，债务项目绩效目标要尽可能细化、量化，能有效反映项目的预期产出、融资成本、偿债风险等。

三是绩效目标须明确绩效标准值。绩效标准值是引导债务执行的方向和评判绩效目标完成程度的依据，应充分考虑规划政策、债券发行及项目实施的各项计划、相关历史数据、行业标准、标杆值和管理需要，合理设计并确定不同对象的政府债务目标标准。

此外，在债务项目绩效目标的构建过程中，各级管理主体对预算绩效目标管理的行为选择与心理反应机制将会成为绩效结果的主动影响因素。根据行为经济学的期望理论，绩效目标既是对债务管理主体实现债务合规、有效和高效管理的激励，也是压实各级管理责任的约束。在绩效目标申报阶段，各级主体会基于主观判断形成自身的心理绩效目标，若最终的正式绩效目标过高或过低，不符合绩效管理主体的心理期望时，会影响各级主体在债务管理和债务项目实施过程中的积极努力程度。因此，在绩效目标的审核过程中，财政部门和预算部门（单位）、项目单位之间须加强沟通协调，绩效目标审核主体应充分结合绩效目标编制主体的意见，并可借助专家和第三方机构等外部力量，不断就绩效目标的修改完善情况进行反馈，并最终达成一致意见。在硬化合规性管理要求的目标前提下，使目标管理主体的心理契约和正式契约水平保持一致，更好地发挥绩效目标对绩效管理责任主体的激励和约束作用，保证各级主体在债务预算绩效管理工作中的积极性、主动性和创造性。

二、政府债务项目绩效目标构建内容

绩效目标应当重点反映专项债券项目的成本、产出、效益和满意度等绩效指标。债务资金主要用于工程基建类项目支出，成本目标主要包括项目建设成本、考虑闲置因素后债券资金实际成本和项目运营成本等，产出目标主要包括项目建设和运营维护的工程进度、质量及各项合同执行情况等；效益主要包括政府债务项目在安全文明施工、促进就业增长、环境影响，以及改善基础公共设施、社会服务水平和城市化进程等方面的效益；满意度主要包括项目直接服务对象满意程度；等等。

根据债务项目生命周期和项目实施特点，债务项目的绩效总目标应该进一步划分为阶段目标和年度目标。阶段目标按照债务项目的建设期和运营期分别设定，年度目标则是指项目建设、运营期间每年应达到的目标。

债务项目建设期阶段需考察其项目形成资产情况、项目建设质量达标情况、项目建设进度情况、项目建设成本情况、闲置因素后债券资金实际成本情况，以及项目建设中的标准化文明施工、工程社会责任、安全施工、环境影响、服务对象满意度、可持续影响等。

债务项目运营期阶段则重点关注项目建成后提供公共产品和服务情况；项目运营成本情况；项目综合效益实现情况；项目带动社会有效投资情况；项目支持国家重大区域发展战略情况；项目直接服务对象满意程度；等等。对于债务项目运营期目标，需要根据政府债务投资规划、行业主管部门的职能和债务资金投向的领域，结合具体债务项目的运营方案、功能特性等，构建分行业、分领域的个性绩效指标体系。

以下以交通运输领域的轨道交通、能源行业领域的城乡电网、水利领域的污水处理等三个专项债项目为例，分别设计形成了三类产出效益绩效指标体系，如表5-4所示。

表5-4　3个行业领域专项债项目运营期产出效果绩效指标示例

领域	行业	一级指标	二级指标	三级指标（单位）
交通运输	轨道交通	成本	经济成本	单位里程运营成本（万元/千米）
				单位里程期间费用（万元/千米）
		产出	数量	日均进站客流量（人次）
				运营承载里程数（千米）
			质量	运行线路兑现率（％）
				平均满载率（％）
				平均无运营故障运行里程数（千米）
				车辆利用率（％）
				车辆临修率（次/百列千米）
				站内服务装置可靠度（％）
			时效	运营正点率（％）
				15分钟以上晚点发生频次（次/百列千米）
				30分钟以上晚点发生频次（次/百列千米）

领域	行业	一级指标	二级指标	三级指标（单位）
交通运输	轨道交通	效益	社会效益	中心城区人均轨道线网密度差异性(公里/平方千米)
				轨道交通出行分担率（%）
				市民出行单位时间成本节约率（%）
				运营安全事故发生数（次）
				新增就业岗位数（个）
			生态效益	中心城区绿色出行比率（%）
			经济效益	带动站点周边服务业收入增长率（%）
		满意度	服务对象满意度	乘客满意度（%）
能源	城乡电网	成本	经济成本	单位增供电量运营成本（万元/千米）
				单位增供电量期间费用（万元/千米）
		产出	数量	地区日均供电量（kWh）
			质量	负荷率（%）
				停电可转供率（%）
				线路通过率（%）
				综合电压合格率（%）
				电网设备利用率（%）
				线路可用率（%）
				线路非计划检修率（%）
				平均停电频率（次/条小时）
			时效	电力故障修复及时率（%）
		效益	社会效益	区域用电量增长率（%）
				人均用电量增长率（%）
				配网自动化覆盖率（%）
				供电可靠率（%）
				电网安全事故发生数（次）
				新增就业岗位数（个）
			生态效益	单位电量能耗节约量（吨标准煤/kWh）
				淘汰火电落后产能量（kW）
				电网综合线损率（%）
			经济效益	区域增供电量创造生产总值（万元）
		满意度	服务对象满意度	用电居民满意度（%）
				用电企业满意度（%）

领域	行业	一级指标	二级指标	三级指标（单位）
水利	污水处理	成本	经济成本	单位污水处理成本（元/吨）
		产出	数量	污水日均处理规模（万立方米/日）
				处理排污单位数（家）
			质量	出水水质达标率（%）
				污泥安全处理率（%）
				运行负荷率（%）
				设备利用率（%）
			时效	污水处理及时率（%）
		效益	社会效益	污水收集率（%）
				污水处理率（%）
				有责投诉数（次）
			生态效益	CODcr 排放物削减量（t/a）
				氨氮排放物削减量（t/a）
				总磷排放物削减量（t/a）
		满意度	服务对象满意度	居民满意度（%）
				排污企业满意度（%）

三、政府债务项目绩效目标管理程序

政府债务项目的绩效目标管理包括绩效目标的设定、审核、批复、调整和应用等环节。债务项目的绩效目标由项目单位在申请债务项目资金需求时同步设定，经项目主管部门审核后，报同级财政部门审定。债务项目总体目标和阶段目标一般在债务项目投资论证时确定；年度目标在项目建设和运营期间由项目单位综合考虑债务项目建设、运营和债务偿本付息等目标，逐年提出并报项目主管部门和财政部门审核。

（一）绩效目标设定

各级预算部门（单位）在项目储备阶段编制政府债务项目收支平衡方案，同时设置政府债务项目的绩效目标，一般未按要求申报绩效目标或未通过审核评估的项目不能纳入政府债务项目库管理，也不能提出政府债务资金需求。绩效目标设定的原则、内容和方法等参照前文所述。

（二）绩效目标审核

财政部门在预算编制和批复阶段，依据有关法律法规审核本地区政府债务项目绩效目标，绩效目标不符合要求的，应要求报送的部门或单位及时修改完善，并按程序

逐级上报。

政府债务项目绩效目标审核的主要内容包括：

（1）完整性审核。绩效目标的内容是否完整，绩效目标是否明确、清晰。

（2）相关性审核。绩效目标的设定与部门职能、事业发展规划是否相关，是否对申报的绩效目标设定了相关联的绩效指标，绩效指标是否细化、量化。

（3）适当性审核。资金规模与绩效目标之间是否匹配，在既定资金规模下，绩效目标是否过高或过低，或者要完成既定绩效目标，资金规模是否过大或过小。

（4）可行性审核。绩效目标是否经过充分论证和合理测算；所采取的措施是否切实可行，并能确保绩效目标如期实现。综合考虑成本效益，是否有必要安排债券资金。

四、绩效目标批复、调整和应用

绩效目标审核结果一般分为"优""良""中""差"四个等级，作为预算安排的重要参考因素。审核结果为"优"的，直接进入下一步预算安排流程；审核结果为"良"的，可与相关部门或项目单位进行协商，直接对其绩效目标进行完善后，进入下一步预算安排流程；审核结果为"中"的，由相关部门或项目单位对其绩效目标进行修改完善，按程序重新报送审核；审核结果为"差"的，不进入下一步预算安排流程。

财政部门在批复本地区政府债务年度收支预算时，同步批复政府债务项目绩效目标。绩效目标批复或下达后，无特殊原因一般不予调整。预算执行中，因政策变化、突发事件等因素影响绩效目标实现，确需调整绩效目标的，按照新设项目的工作流程办理。

各级财政部门、预算部门（单位）和项目单位按照批复的绩效目标组织债务债券发行和预算执行，并根据设定的绩效目标开展绩效监控、单位自评、部门评价和财政评价等。绩效目标按要求随政府债务预算报同级人大审议，并按要求随部门预算同步向社会公开。

|第二节| 政府债务项目事前绩效评估

一、政府债务项目事前绩效评估的内涵

政府债务项目的事前绩效评估是结合预算评审、项目审批等对政府债务项目在立项和预算编制阶段的要求，根据政府战略规划、事业发展规划、项目申报书、项目收支平衡方案、资金安排建议等内容，运用科学合理的评估方法，对债务预算申报项目

的立项必要性、投入经济性、绩效目标合理性、实施方案可行性、筹资合规性等方面进行评估，并根据评估结果确定政府债务项目立项、项目调整、预算安排等的预算管理活动。事前绩效评估应以债务项目拟解决问题为抓手，将绩效理念贯穿整个流程，回应政府债务项目是否应该设立，使用债务资金的必要性和可行性，项目实施方案、投融资安排、实施绩效等是否经济、合规、合理、可行，从源头上提高政府债务资源的配置效率，提高财政可持续性。事前绩效评估的结果，一方面可用于债务项目入库前的竞争性排序，决定项目是否入库，并将有限的债务资金优先支持评估结果排名高的项目，另一方面可服务于债务项目的预算编制。

基于一般债务项目和专项债务项目在偿债渠道等方面的性质不同，两者在事前绩效评估的重点有所区别。对于一般债务项目，一般公共预算偿还的特点决定了其刚性兑付性质更强，事前绩效评估应侧重于项目的必要性和公益性评估。

对于专项债务项目，由于专项债务的还本付息资金主要来源于项目运营过程中产生的政府性基金收入和专项收入，因此收入实现的足额性和保障度等是支撑债务偿还的前提。当前政府性基金收入以土地出让收入为主导，占比高达91%左右，在当前去杠杆和房地产调控等政策背景下，土地出让收入对专项债务的支撑能力将逐步弱化。因此，专项债务事前绩效评估应在对项目所在行业领域和政府性基金政策收入进行前景分析基础上，侧重于对项目自身的资金需求、偿债能力和偿债计划的评估。

二、政府债务项目事前绩效评估内容

（一）立项必要性

项目立项必要性主要解决债务项目是否应设立的问题。因此，债务项目的立项必要性评估，首先应考虑项目是否与国家相关法律法规、国民经济和社会发展规划、中期财政规划、地方重大区域发展公共服务等范围相符。

其次，我国债务融资遵从"黄金法则"，即必须用于公益性资本支出，不得弥补经常性支出缺口及中央明令禁止的楼堂馆所等建设，因此基于债务融资相比一般财政性支出的特殊性，在符合政府规划的基础上应再评估债务支出的定位合理性，即明确债券项目的公益性和资金支出的资本性。

对于公益性项目的定义和范围，2010年印发的《关于印发地方政府融资平台公司公益性项目债务核算暂行办法的通知》（财会〔2010〕22号）和2013年印发的《国务院办公厅关于做好全国政府性债务审计工作的通知》（国办发明电〔2013〕20号），先后对公益性项目的定义和范围进行了说明。2019年9月的国务院常务会议确定扩大专项债使用范围，扩展了前述公益性项目政策文件中涵盖的行业及领域。2020年4月国务院新冠肺炎疫情联防联控机制举办的新闻发布会上，进一步提出了增加专项债使用的领域。具体如表5-5所示。

表 5-5 公益性项目定义

文件/会议名称	时间	公益性项目定义
《关于印发地方政府融资平台公司公益性项目债务核算暂行办法的通知》（财会〔2010〕22 号）	2010 年 1 月	公益性项目是指为社会公共利益服务、不以营利为目的，且不能或不宜通过市场化方式运作的政府投资项目，如市政道路、公共交通等基础设施项目，以及公共卫生、基础科研、义务教育、保障性安居工程等基本建设项目。
《国务院办公厅关于做好全国政府性债务审计工作的通知》（国办发明电〔2013〕20 号）	2013 年 7 月	公益性项目包括交通运输（铁路、公路、机场、港口等）、市政建设（地铁、城市道路、公共交通、广场、文体场馆、绿化、污水及垃圾处理等）、保障性住房、土地收储整理等。
国务院常务会议	2019 年 9 月	扩大专项债使用范围，重点用于铁路、轨道交通、城市停车场等交通基础设施，城乡电网、天然气管网和储气设施等能源项目，农林水利，城镇污水垃圾处理等生态环保项目，职业教育和托幼、医疗、养老等民生服务，冷链物流设施，水电气热等市政和产业园区基础设施。
国务院新冠肺炎疫情联防联控机制新闻发布会	2020 年 4 月	结合疫情防控和投资需求变化等适当优化投向，将国家重大战略项目单独列出、重点支持；增加城镇老旧小区改造领域，允许地方投向应急医疗救治、公共卫生、职业教育、城市供热供气等市政设施项目。加快建设 5G 网络、数据中心、人工智能、物流、物联网等新型基础设施。

从广义上讲，凡是不能采用市场化方式实施的公共项目，即市场缺乏能力或没有意愿做的项目，都可以称为公益性项目。政府可以采用政府债券、政府投资基金、PPP 等各类投融资模式进行项目建设运营，政府举债只是其中一种。

债务项目的公益性体现在：一是对地区经济社会发展有重大影响力，项目建设完工投入运营后，能够带来当地公共产品与服务的提升，产生较大的社会效益，且项目的投资规模较大，需要采取政府发行债券的方式筹集项目资金；二是强调非营利性，公益性项目不以获取经济效益为目标，而是以为目标对象提供服务的水平和效率、实现公共利益的效果来衡量。但是债务项目的非营利性并非指排除一切盈利活动，对于专项债务项目，通过项目运营创造合理收益是扩大服务范围，提升服务水平和保障政府债务可持续性的必要措施。

对于债务项目支出的资本性评估，主要评估债务资金是否用于资本性支出事项。政府收支分类科目中明确有关资本性支出的范围包括：符合会计核算资本化条件的房屋建筑物购建、专用设备购置、基础设施建设、大型修缮、信息网络及软件购置更新、物资储备、土地补偿、安置补助、地上附着物和青苗补偿、拆迁补偿等。

最后，在评估债务项目的规划相符性和定位合理性后，还要考察明确项目与地方事权及实际需求的匹配程度。从我国所处的经济社会发展阶段来看，目前公共项目的投资需求主要有两类：一是市政公共设施建设需求；二是经济基础设施建设需求。债务项目的设立应从各地实际建设需求出发，既考虑到现实需求迫切性、无可替代性和受益对象确定性，又要考虑项目服务内容或产品和地方事权、部门职责和社会公众的基本需求的匹配性，防止过度、超前建设基础设施。

（二）投入经济性

项目投入经济性的评估回应通过政府举债方式建设项目，是否符合成本效益原则，包括资金筹措的经济性和支出的经济性。前者包括四个方面：一是债务融资需求，即仅当库款规模无法满足支出需求，存在财政收支缺口的前提下才进行举债融资；二是项目通过政府举债方式融资是否相较于市场化融资具备成本优势；三是筹资计划合理性，是否根据项目分为年度投资计划，合理提出分期发行建议以提高资金使用效率，以及是否合理设计提前还本机制等以降低成本；四是项目成熟度，项目是否已完成勘察、设计、用地、环评、开工许可等前期工作等，确保债券发行后资金能及时拨付到项目中。

由于政府债务项目本就是市场不愿意做的或者没有能力做的公共项目，不能以市场化项目经济效益评估的角度衡量其投入的经济性。对于后者，一方面可以重点论证项目和同地区或其他地区相似项目相比，项目的预期投入产出是否经济；另一方面可以评估项目是否从成本节约的角度进行了控制等，对子项目或工程设置、项目工程量及工程单价是否经过了必要的论证，项目中的子项目构成是否对实现项目整体目标不可或缺，项目预算编制是否科学合理，项目是否存在重复投入风险等方面进行分析。

对于专项债务项目，除关注以上要点外，还需要着重评估融资收益、期限结构的平衡能力。其中，融资收益平衡指项目收益和债券成本能够实现总体收支平衡和年度收支平衡，这是保障项目对专项债务支撑能力的基本要求。期限结构平衡指专项债券的还款周期与债务项目的投资回收期相匹配。债券期限过长会导致项目运营产生的偿债资金闲置，提高债务资金运行成本，而债券期限过短，会导致债券无法及时偿还，对项目后续正常运营和财政预算的跨期平衡计划带来冲击。

（三）绩效目标合理性

绩效目标合理性可以从绩效目标是否指向明确，绩效目标与项目内容、资金安排是否匹配，项目产出目标和效果目标是否相关联，项目绩效目标是否细化分解为量化、可衡量的绩效指标，项目预期效益是否具有较强的可实现性等方面进行评估。

（四）实施方案可行性

实施方案可行性回应债务项目是否存在执行及效益发挥的风险，主要从实施方案完整性、建设方案可行性、预算执行计划明确性、运营方案可行性、风险控制措施可行性、管理机制健全性等方面进行分析。

实施方案完整性主要评估是否明确了项目实施主体并制定了项目建设、运营和风险管理方案等；建设方案可行性主要评估项目建设方案是否明确了建设主体，以及前期工作准备和实施计划安排的充分情况；预算执行计划明确性主要评估项目是否制订了明确的预算执行和利息偿付计划；运营方案可行性主要评估是否明确了运营主体并制定符合项目收益等绩效情况的经营策略等；风险控制措施可行性主要评估项目是否具备风险识别、评估、控制等方面的措施，以及措施的可行性；管理机制健全性主要评估项目实施的相关业务、财务、资产管理等方面的制度是否健全，用以反映和考核管理机制对项目顺利实施和绩效可持续发挥的保障情况。专项债偿还机制健全性主要考察专项债券还本到期前提前实现的收入，是否具备妥善合理的管理办法，既防止资金过度闲置，又确保还本付息资金安全，以及是否具备应对专项债项目收支与方案偏离时的预案等。

对于专项债务项目，还要求项目申报单位遵循可靠性、谨慎性、稳健性原则测算投资规模和项目收益，即要求项目收入、建设投资成本、融资成本、运营成本、相关费用、税金及附加等在可研报告的基础上，根据项目建设运营周期、资金需求、项目对应的政府性基金收入和专项收入，结合涉及的政策依据、覆盖群体分布等进行合理可靠的估算，并详细说明估算方法、参考标准和数据来源等。此外，围绕项目的收益能力，还需要从项目打包、运营方式、还款机制等方面合理设计项目内容和实施计划，构建细致而具有可操作性的项目运营方案和风险防控措施，确保设计的方案能够有效执行，收益能如期、足额实现。

（五）筹资合规性

筹资合规性回应项目的资金来源和筹集方式是否明确、合理、合规。

对于一般债务项目，主要从资金来源明确性和资金筹措合规性两方面进行分析。前者指项目的建设、运营费用、偿本付息等各项资金安排是否有明确、充足的来源，资金到位是否可行；后者指项目资金来源渠道是否符合相关规定，是否存在隐性举债行为，资金筹措是否体现权责对等，财权和事权是否匹配等。

对于专项债务项目，主要从资金来源明确性、资金筹措稳健性、专项债用作资本金条件符合性和资金筹措合规性几个方面评估。其中，资金筹措稳健性主要评估专项债券发行规模是否不超过项目预期收入的某一临界值；项目投资中的资本金占比是否大于某一临界值；项目收益（土地储备、棚户区改造项目除外）中土地出让收入占比是否不超过某一临界值；在项目产生收益之前是否具备明确的利息偿付来源和安排。专项债用作资本金条件符合性主要评估专项债用于资本金的项目所属领域是否符合相关条件要求，以及专项债用作资本金的规模占比是否符合相关条件要求。

综上所述，本书依据一般债务项目和专项债务项目在偿债渠道等方面性质的不同，分别设计了一般债务项目和专项债务项目的事前绩效评估指标体系表，具体评估内容详见附录三。

三、政府债务事前绩效评估管理程序

(一) 政府债务事前绩效评估管理主体

政府债务事前绩效评估的参与主体包括财政部门、投资主管部门、项目主管部门和预算单位、政府债务项目申报单位（以下简称"项目单位"）和第三方等，各主体在政府债务项目事前绩效评估中的主要职责如下：

1. 管理主体

（1）财政部门

财政部门负责拟定政府债务事前评估管理办法和工作流程；组织开展重点债务项目事前评估；指导、督促预算部门和单位开展事前评估工作；对预算部门和单位组织开展的事前评估进行审核认定。

（2）投资主管部门

发展改革委员会等投资主管部门结合基建项目可行性研究审批等相关工作对政府债务项目开展事前评估，评估结果作为申请预算的必备要件。

（3）项目主管部门

项目主管部门负责制定本部门事前评估实施细则；开展本部门政府债务项目事前评估；依据评估结果完善政府债务项目库管理，落实债务管理、项目管理整改意见等。

（4）项目单位

政府债务项目申报单位负责准备事前评估相关材料；配合财政部门、投资主管部门或预算部门、单位开展债务项目事前评估，根据评估结果调整项目内容、绩效目标、实施方案和预算，并将评估情况纳入债券项目实施方案。

2. 第三方

政府债务事前绩效评估可委托第三方机构或相关领域专家（以下简称第三方，主要是指与资金使用单位没有直接利益关系的单位和个人）参与实施，并加强对第三方的指导，对第三方工作质量进行监督管理，推动提高评价的客观性和公正性。

（1）第三方机构

第三方机构在事前绩效评估实施过程中应当依照国家相关法律法规、行业规范、绩效评估原理及方法，严格执行合同约定条款，根据财政或预算部门（单位）的委托要求，勤勉尽责，恪守独立、客观、公正的原则，按时完成评估方案及事前绩效评估报告，并对绩效评估报告内容的真实性、客观性、合理性负责。

第三方机构应当遵守保密原则，除法律法规和行业规范另有规定外，未经绩效评估相关主体书面许可，不得对外提供执业过程中获知的国家秘密、商业秘密、业务资料及评估结论；不得利用执业便利为自己或他人谋取不正当利益。在评估中，评估实施内容若较前期沟通获取的信息发生变更，须及时与委托方沟通确认。

（2）专家

在评估实施过程中，根据评估工作需要，可以聘请相关专家协助工作，但应当采取必要措施保证专家工作的合理性和权威性。

专家的主要职责包括：提供业务指导；参与评估方案和报告的评审，发表独立、客观、公正的评审意见。评审意见应具体、可操作。

专家应自觉遵守相关保密规定，不得擅自向外泄露评估的相关资料和有关情况；未经同意，不得引用评估的发现和相关结论；应自觉遵守职业道德规范，不得谋取不正当利益；评审专家接受聘用委托时，遇到与被评估方有利害关系或存在可能影响公正性等情况的，应主动提出回避。原则上参加方案和报告评审的专家不得参加同一项目的具体评估工作，但建议报告评审与方案评审使用同一批专家，以保证评审工作的连贯性。

根据政府债务项目事前绩效评估工作需要，参与绩效评估工作的专家主要有绩效专家、财政预算专家和行业专家。专家的组成应根据拟评估项目的性质和类型来确定；若评估对象的支出内容专业性较强，应邀请相关的行业专家。

（二）政府债务事前绩效评估管理流程

政府债务事前绩效评估管理流程一般包括事前绩效评估准备、事前绩效评估实施、事前绩效评估报告三个环节。本节简要介绍项目单位或项目主管部门开展事前绩效评估管理的工作流程。

1. 准备环节

（1）确定评估对象。项目单位或项目主管部门根据职能，按照上级政府决策部署，依据年度政府债务预算编制管理的有关要求确定事前绩效评估对象。

（2）明确评估组织。项目单位或项目主管部门自行开展事前绩效评估，应成立评估小组，确定评估工作人员和专家，明确责任和任务。对经济、社会和环境影响较大，社会公众普遍关注、影响面广的政府债务项目，事前绩效评估可委托第三方机构实施，邀请人大代表、政协委员及相关专家参与。

（3）制订评估方案。明确评估任务后需拟定具体的事前绩效评估工作方案。方案应包括：评估对象概况、评估依据和目的、评估组织和方法、评估内容与重点、必要的评估指标与标准、评估人员、评估时间及要求等。

2. 实施环节

（1）收集审核资料。申报单位按要求提供相关材料；事前评估工作组对资料进行审核、整理。此外，事前评估工作组应通过咨询专业人士、查阅资料、问卷调查、电话采访、集中座谈等方式，多渠道获取相关信息。咨询专业人士，主要是指通过咨询行业内专业人士，了解相关背景，准确把握项目或政策特点；查阅资料，主要是指通过图书馆、电子书库、网络等多种手段，收集查阅项目及政策背景、国内外现状、同类或类似债务项目做法等资料，充分了解债务项目；问卷调查、电话采访、集中座谈，主要是指通过对服务对象进行访谈，核实有关情况，了解受益对象的真实想法。

（2）现场与非现场评估。现场评估是指评估组到现场采取勘察、询查、复核等方式，对有关情况进行调查、核实，并对所掌握的有关信息资料进行分类、整理和分析，提出评估意见。非现场评估是指评估组在听取相关方汇报或介绍后，对所提交的有关资料进行分类、整理与分析，提出评估意见。评估组可根据具体情况选择评估方式。

（3）综合评估。评估组在现场与非现场评估的基础上，选择合适的评估方法，对照评估方案中内容，对政策和项目立项必要性、投入经济性、绩效目标合理性、实施方案可行性、筹资合规性等情况进行综合评判。

3. 报告环节

部门单位或第三方按照规定的文本格式和要求撰写政府债务项目事前绩效评估报告。项目单位或主管部门按照年度预算编报的时间和要求，在年度预算申报时随同部门预算一并报送同级财政部门，作为申请政策和项目预算的必备要件。

四、政府债务事前绩效评估结果应用

（一）事前绩效评估的结果内容

事前绩效评估结果包括评估结论和评估得分两部分，评估结论一般分为予以支持、部分支持和不予支持三种。对于立项必要性充分、实施方案可行性强、绩效目标明确合理、投入产出比较高的项目，应予以支持；对部分内容立项必要性充分、实施方案可行性强、绩效目标明确合理、投入产出比高的项目，可予以部分支持；对于立项必要性不够充分、实施方案可行性不强、绩效目标不够明确合理、投入产出比较低或不属于债务资金支持范围的项目，应不予支持。

评估得分是评估组根据评估指标体系，对评估内容和要点进行评分得出的结果。评估得分作为问题分析和对同类项目进行项目库排序、对比分析的主要依据。评估得分一般是得出评估结论的主要依据。

（二）事前绩效评估的结果应用

项目单位或项目主管部门组织开展事前评估，结论为予以支持或部分支持的，按照评估得分排序，纳入部门项目库管理，作为本部门本单位申报项目的参考依据；评估结论为不予支持的，一般不纳入债券项目库管理，不可申请债务预算。

财政部门或投资主管部门组织开展事前评估，对结论为予以支持的项目，纳入政府债务项目库管理，并结合评估得分，按照轻重缓急对项目进行排序，确保债券资金到位后能及时形成实际支出；评估结论为部分支持的，可要求预算部门（单位）或项目单位对项目实施方案、债券发行计划、资金募集规模等进行修改，并经过再评估后决定是否纳入政府债务项目库管理；项目成熟度不高的，可要求预算部门和项目单位加强项目储备和项目前期工作；评估结论为不予支持的，一般不纳入当年度债务限额分配。

政府债务事中和事后绩效管理

|第六章|

在政府债务预算管理周期的事中执行阶段，需要对政府债务资金预算执行进度和绩效目标实现情况进行"双监控"，查找资金使用和项目实施中的薄弱环节，及时纠正偏差。在事后决算阶段，需要运用科学、合理的绩效评价指标、评价标准和评价方法，对政府债务管理和项目资金的绩效进行客观、公正的评价，并加强评价结果应用。本章围绕前述章节架构的政府债务全面预算绩效管理体系框架，论述开展政府债务项目绩效运行监控、债务项目绩效评价、债务管理绩效综合评价及其结果应用的内容和方法。

|第一节| 政府债务项目绩效运行监控

一、政府债务绩效运行监控内容

绩效运行监控是指通过动态或定期采集绩效运行数据，对目标要求的完成情况进行跟踪，并在归纳分析的基础上，及时、系统地反映绩效目标实现程度和预算执行情况等，发现绩效运行偏差，并督促相关部门及单位及时纠偏，确保绩效目标如期保质保量实现的管理活动。

债券项目一般为投资规模较大、周期较长的重点工程项目，因此对于债务绩效的运行监控管理，一方面需要以政府债务项目资金为主体，跟踪债务资金使用过程中的目标实现情况和预算执行进度等，另一方面需要突出政府债务运行特点，对项目资金绩效目标实现保障要求进行延伸监控，对债务投资进度、债务偿还实现趋势等进行重点跟踪，并结合地区宏观经济形势、项目建设运营突发状况等内外部环境变化，形成常态监控和重点监控相结合的绩效跟踪机制，及时对目标偏差进行纠偏，如图 6-1 所示。

债务项目周期一般较长，在项目建设期阶段，债务项目一般还没有形成完整的产出和效果，绩效运行监控在此阶段应重点关注项目投资和预算执行进度及项目目标实现的保障要求情况。其中，项目投资和预算执行进度指项目工程的建设进度和质量控制、预算资金支出进度等；项目目标实现的保障要求情况指为完成绩效目标所需要的资源保障，具体包括资金来源的可持续性、政府采购、工程招标、监理和验收、信息公示、资产管理及有关预算资金会计核算等各环节相关制度的健全性，以及相关制度执行的有效性等。

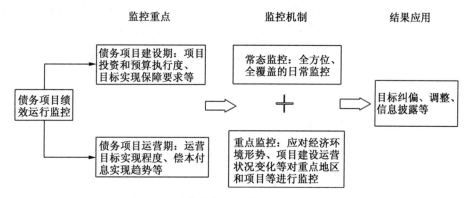

图 6-1 政府债务项目绩效运行监控体系

在项目运营阶段，绩效运行监控重点是运营目标实现程度、偿本付息实现趋势等情况。根据不同债务项目的功能特性及其运营特点：一方面，绩效监控可以按照月度、季度等周期对项目运营维护完成的数量、质量、时效和成本等产出目标进行跟踪，如项目运营维护对象的计划种类和数量，项目运营维护服务的规模和服务水平，项目运营、维护目标完成是否及时，项目运营维护人工、费用等运营支出成本是否控制在预设目标内等；另一方面，在债务项目运营期的绩效监控阶段，部分项目的运营效果目标可能尚未完全显现，但由于债务项目的重大性，尤其对于涉及偿本付息的专项债务项目，有必要定期收集分析项目效果目标的实现进度，并结合项目产出的完成情况，预测运营效益目标实现的趋势及完成的可能性，确保项目运维能够实现项目实施周期内的经济、社会、生态效益和本息偿还等效果目标。

二、政府债务绩效运行监控管理主体

项目主管部门和项目单位开展政府债务项目绩效日常跟踪监测，对绩效目标实现程度进行动态监控，发现问题及时纠正并告知同级财政部门，提高专项债券资金使用效益，确保绩效目标如期实现。

财政部门对政府债务项目绩效目标实现程度进行监控，对严重偏离绩效目标的项目暂缓或停止拨款，督促及时整改。对无法实施或存在严重问题的项目，应及时追回专项债券资金并按程序调整用途。各主体在绩效运行监控管理中的主要职责如下：

（一）财政部门

财政部门负责组织指导本级预算部门开展绩效监控工作；研究制定绩效监控管理制度办法；利用信息化手段探索对债务项目实行穿透式监管，根据工作需要组织对专项债券项目建设运营等情况开展现场检查；督促绩效监控结果应用等。

（二）项目主管部门

项目主管部门是实施预算绩效监控的主体。主要职责包括：牵头负责组织本部门开展预算绩效监控工作；对所属单位的绩效监控情况进行指导和监督；推动绩效运行监控与部门内部控制管理相结合，定期对绩效监控信息进行收集、审核、分析、汇总；加强绩效监控结果应用，督促预算单位及时采取纠偏措施；按照要求向财政部门报送绩效监控结果。

（三）项目单位

按照"谁支出，谁负责"的原则，项目单位负责开展预算绩效日常监控；分析偏离绩效目标原因，落实财政部门和项目主管部门提出的整改意见，及时采取纠偏措施等。

三、政府债务绩效运行监控方式

政府债务项目绩效监控一般可以采用目标比较法，用定量分析和定性分析相结合的方式，将绩效实现情况与预期绩效目标进行比较，对目标完成、预算执行、资金管理等情况进行分析评判。

绩效监控包括及时性、合规性和有效性监控。及时性监控重点关注上年结转资金较大、当年新增预算且前期准备不充分，以及预算执行环境发生重大变化等情况。合规性监控重点关注相关预算管理制度落实情况、项目预算资金使用过程中的无预算开支、超预算开支、挤占挪用预算资金、超标准配置资产等情况。有效性监控重点关注项目执行是否与绩效目标一致、执行效果能否达到预期等。

政府债务绩效监控的信息数据来源主要包括以下方面：一是利用信息化手段，依托全国投资项目在线审批监管平台和地方政府债务项目库管理系统等在线监测系统，结合政府债务预算绩效管理信息系统探索对政府债务项目实行穿透式监管；二是结合债务项目日常调度、现场监督检查等方式，核查债券项目实施、管理和资金台账等信息；三是政府债务管理过程中的信息公开，按照财政部《关于印发〈地方政府债务信息公开办法（试行）〉的通知》（财预〔2018〕209号）第十一条，"地方各级财政部门应当组织开展本地区和本级专项债券存续期信息公开工作，督促和指导使用专项债资金的部门不迟于每年6月底前公开以下信息：（一）截至上年末专项债资金使用情况；（二）截至上年末专项债券对应项目建设进度、运营情况等；（三）截至上年末专项债项目收益及对应形成的资产情况"，可作为绩效监控的数据来源。

四、政府债务绩效运行监控结果应用

债务项目绩效运行监控将项目建设、运营不同阶段的组织实施、产出、效果等重点目标在监控期内的完成情况，与项目阶段性绩效目标和周期性计划目标进行比对和分析，判断目标执行偏差和管理漏洞，预估项目实现完整目标的风险，并提出纠偏意

见，督促项目责任单位改善项目建设、运营管理等。

由于债务项目运行周期的长期性，不仅需要对债务项目形成全方位、全覆盖的常态监控机制，还有必要对由于内外部环境变化或突发状况等因素导致债务项目建设或绩效目标无法按计划执行的启动重点监控机制，及时采取分类措施予以纠正。一是对于因政策因素等变化导致预算执行和绩效目标完成有偏差的，应及时按程序调整项目实施内容、预算和绩效目标，并重新进行债券和项目的信息披露；二是对于因项目施工原因导致项目建设发生严重问题的，如重大安全事故、工程质量不达标等导致建设进度滞后严重、已经或预计造成重大损失浪费或风险等情况，应暂停项目实施，对相关主体进行责任追究，并按程序调整用途；三是对于因服务需求、融资利率等市场环境变化导致专项债项目运营收益无法实现当年度债券偿还目标的，应按照债券项目风险防控措施要求，采取压减运营成本或调整预算安排等措施。

|第二节| 政府债务项目绩效评价管理

一、政府债务项目绩效评价内涵

项目支出绩效评价是指财政部门、预算部门和单位，依据设定的绩效目标，对项目支出的经济性、效率性、效益性和公平性进行客观、公正的测量、分析和评判。根据绩效评价的内涵和政府债务的特点，政府债务项目绩效评价的目的主要包括以下方面：一是向相关方提供政府债务项目运行的重要绩效信息，判断政府债务项目在过程管理和风险防控等方面的合理、合规和有效性，提高政府举债决策和管理水平；二是对债务支出运行效率及效益提供及时、有效的信息，评价政府债务项目实际绩效和债务资源投入的关系是否合理，并进一步分析项目在决策、资源配置和管理等方面存在的问题，优化下一年度或阶段的债务项目资金配置效率和实施效益；三是通过评价结果的应用与公开，督促落实相关主体举借、使用、管理和偿还债务资金的绩效责任。

基于绩效评价的目的，和债务项目绩效目标中涵盖的内容相比，债务项目绩效评价更为整体和全面。一方面，债务项目绩效评价需要以绩效目标管理的内容为基础，判断实际产出结果和绩效目标的差异，分析绩效目标的实现情况；另一方面，以政府债务项目实际产出的绩效结果为依据，对事前绩效评估中有关项目决策、项目管理等方面的内容进行回顾，回应政府举债机制和决策在社会需求、法律依据等方面的必要性，在资源配置、环境、实现可能等方面的可行性，以及在绩效目标等方面的充分性，以绩效评价验证事前绩效评估和绩效目标管理内容的有效性见图6-2。

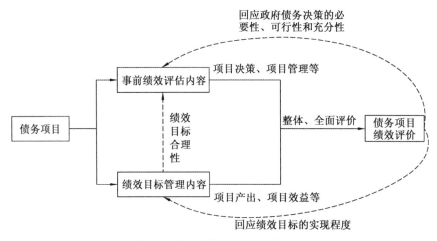

图 6-2 债务项目绩效评价的内容

绩效评价时限包括年度、中期及项目实施期结束后。由于政府债务项目实施期一般超过 5 年，应适时开展中期和实施期后绩效评价。根据债务项目全生命周期绩效管理的特征，需对债务项目建设和债务项目运营分别组织绩效评价，并在此基础上对债务预算进行整体绩效评价。

债务项目绩效评价一般针对债务项目建设期或运营期的某一完整年度或更长的时间周期。通常来说，年度预算执行终了，项目单位要自主开展绩效自评，评价结果报送主管部门和本级财政部门。项目主管部门和财政部门绩效评价至少应在项目建设期、建设完工 2 年内分别进行一次，在项目运营期结合债券期限和还款条款设置情况定期进行评价。对于已完成债务本息偿还的项目，从生命周期来看已不属于债务项目的范畴，因此若非特殊需要，一般不再以债务项目的形式开展绩效评价。

二、政府债务项目绩效评价内容

（一）政府债务项目绩效评价指标和标准体系

1. 政府债务项目绩效评价指标

政府债务项目单位自评指标是指预算批复时确定的绩效指标，包括项目的成本、产出数量、产出质量、产出时效，以及经济效益、社会效益、生态效益、满意度等。

单位自评指标的权重由单位根据项目实际情况确定。原则上一级指标权重统一按以下方式设置：对于设置成本指标的项目，成本指标 20%、产出指标 40%、效益指标 20%、满意度指标 10%（其余 10% 的分值权重为预算执行率指标，编制预算时暂不设置，部门或单位开展自评时使用，下同）；对于未设置成本指标的项目，产出指标 50%、效益指标 30%、满意度指标 10%；对于不需设置满意度指标的项目，其效益指标分值权重相应可调增 10%。各指标分值权重依据指标的重要程度合理设置，在预算批复中予以明确，设立后原则上不得调整。

项目主管部门和财政部门绩效评价重点反映项目决策、管理、产出和效益，内容主要包括：

（1）决策方面。项目立项批复情况；项目完成勘察、设计、用地、环评、开工许可等前期工作情况；项目符合政府债务支持领域和方向情况；项目绩效目标设定情况；项目申请政府债务额度与实际需要匹配情况等。

（2）管理方面。政府债务收支、还本付息及专项收入纳入预算管理情况；债券资金按规定用途使用情况；资金拨付和支出进度与项目建设进度匹配情况；项目竣工后资产备案和产权登记情况；政府债务本息偿还计划执行情况；项目收入、成本及预期收益的合理性；项目年度收支平衡或项目全生命周期预期收益与政府债务规模匹配情况；政府债务期限与项目期限匹配情况等；政府债务项目信息公开情况；外部监督发现问题整改情况；信息系统管理使用情况；其他财务、采购和管理情况。

（3）产出方面。项目形成资产情况；项目建设质量达标情况；项目建设进度情况；项目建设成本情况；考虑闲置因素后债券资金实际成本情况；项目建成后提供公共产品和服务情况；项目运营成本情况等。

（4）效益方面。项目综合效益实现情况；项目带动社会有效投资情况；项目支持国家重大区域发展战略情况；项目直接服务对象满意程度等。

项目主管部门和财政部门评价指标的权重根据各项指标在评价体系中的重要程度确定，应当突出结果导向，原则上产出、效益指标权重不低于60%。同一评价对象处于不同实施阶段时，指标权重应体现差异性，其中，债务项目建设期绩效评价侧重项目决策、管理和产出等，运营期绩效评价侧重项目产出和效益等。

基于债务项目在建设期和运营期评价侧重点的差异，及一般债项目和专项债项目特点的不同，本书构建了债务项目建设期和运营期绩效评价指标体系参考框架，分别如表 6-1 和表 6-2 所示，包含指标说明及评价要点的详细指标体系见附录三的附表 1-2 和附表 1-3。

表 6-1　政府债务项目建设期绩效评价指标体系框架

一级指标（建议权重/%）	二级指标	三级指标
决策（25）	项目立项	举债机制健全性
		项目成熟度
	绩效目标	绩效目标合理性
		绩效指标明确性
	资金投入	预算编制科学性
		债务规模合理性

一级指标（建议权重/%）	二级指标	三级指标
过程（35）	资金管理	资金到位率
		预算执行率
		资金使用合规性
		财务监控有效性
		预算管理合规性
	组织实施	财务管理制度健全性
		业务管理制度健全性
		实施计划合理性
		组织管理合理性
		政府采购规范性
		合同管理完备性
		成本控制有效性
		质量管理有效性
		安全管理完备性
		工程变更规范性
		监理规范性
		配套措施执行有效性
		项目验收规范性
		项目资产管理规范性
		债务信息公开完备性
		（专项债项目）融资收益平衡性
		债务偿还率
		外部监督发现问题整改情况
产出（30）	数量	项目建设面积
	质量	项目验收合格率
	时效	项目实施进度
		资产入账及时性
	成本	项目建设成本节约率
		债券资金成本率

一级指标（建议权重/%）	二级指标	三级指标
效益（10）	实施效益	财政支出乘数
		重大事故发生数
		事故隐患整改率
		项目环境影响
	满意度	社会公众满意度

注：三级指标中的"（专项债项目）"代表该项指标仅应用于专项债项目绩效评价中。

表 6-2　政府债务项目运营期绩效评价指标体系框架

一级指标（建议权重/%）	二级指标	三级指标
决策（15）	项目立项	立项程序规范性
	绩效目标	绩效目标合理性
		绩效指标明确性
	资金投入	预算编制科学性
过程（25）	资金管理	资金到位率
		预算执行率
		资金使用合规性
		预算管理合规性
		财务监控有效性
	组织实施	财务管理制度健全性
		业务管理制度健全性
		组织管理合理性
		政府采购规范性
		合同管理完备性
		成本控制有效性
		基础设施运维规范性
		配套措施执行有效性
		（专项债项目）项目收入实现合规性
		资产运维合规性
		债务信息公开完备性
		（专项债项目）融资收益平衡性
		债务偿还率
		外部监督发现问题整改情况
		档案管理机制健全性

一级指标（建议权重/%）	二级指标	三级指标
产出（30）	数量	项目运维对象数量
	质量	项目运维质量
		项目运维水平
	时效	运维完成及时性
	成本	运营成本控制率
效益（30）	实施效益	公益性基础设施社会效益
		公益性基础设施生态效益
		公益性基础设施经济效益
	满意度	服务对象满意度

注：三级指标中的"（专项债项目）"代表该项指标仅应用于专项债项目绩效评价中。

2. 政府债务项目绩效评价标准

绩效评价标准通常包括计划标准、行业标准、历史标准等，用于对绩效指标完成情况进行比较。

（1）计划标准。指以预先制定（订）的目标、计划、预算、定额等作为评价标准。

（2）行业标准。指参照国家公布的行业指标数据制定的评价标准。

（3）历史标准。指参照历史数据制定的评价标准，为体现绩效改进的原则，在可实现的条件下应当确定相对较高的评价标准。

（4）财政部门和预算部门确认或认可的其他标准。

（二）政府债务项目绩效评价方法

单位自评采用定量与定性评价相结合的比较法，总分由各项指标得分汇总形成。

定量指标得分按照以下方法评定：与年初指标值相比，完成指标值的，记该指标所赋全部分值；对完成值高于指标值较多的，要分析原因，如果是由于年初指标值设定明显偏低造成的，要按照偏离度适度调减分值；未完成指标值的，按照完成值与指标值的比例记分。

定性指标得分主要按照以下方法评定：根据指标完成情况分为达成年度指标、部分达成年度指标并具有一定效果、未达成年度指标且效果较差三档，分别按照该指标对应分值区间100%～80%（含）、80%～60%（含）、60%～0%合理确定分值。

对于财政和项目主管部门评价，除成本效益分析法、比较法、因素分析法、公众评判法、标杆管理法等传统项目绩效评价方法外，由于政府债务项目的实施周期长、专项债的收益性等特征，还可以采用净现值法评价专项债务项目融资收益平衡能力，采用作业成本法对债务项目实施中范围清晰、标准明确的工作量进行标准化和量化，运用敏感性分析评价项目偿债计划的合理性，并可根据评价对象的具体情况，采用一种或多种方法。

表 6-3　各类绩效评价的方法及其适用对象

绩效评价方法	主要内容	适用类型
成本效益分析	将项目的成本投入与产出、效益进行关联比对分析的方法	适用于成本和效益都能准确计量的项目
作业成本法	指通过对某项目所有作业活动的追踪和记录，计量作业业绩和资源利用情况的一种成本计算方法。该方法以作业为中心，以"活动消耗作业，作业消耗资源"的成本动因分配原则，按照"划分作业"—"直接成本归集"—"间接成本分摊"的步骤进行成本核算	适用于权责清晰、范围清晰、标准明确、工作量化的项目
比较法	将实施情况与绩效目标、历史情况、不同部门和地区同类支出情况进行比较的方法，分析成本和效益差异及其合理性	适用于成本效益十分复杂的项目
因素分析法	指综合分析影响绩效目标实现、实施效果的内外部因素的方法	适用于各类项目
公众评判法	指通过专家评估、公众问卷及抽样调查等方式进行评判的方法	适用于各类项目
标杆管理法	指以国内外同行业中较高的绩效水平为标杆进行评判的方法	适用于具有可比参考标杆的项目
净现值法	利用净现金效益量的总现值与净现金投资量算出净现值，然后根据净现值的大小进行分析比较	适用于轨道交通、高速公路等经济效益易衡量的项目
敏感性分析	从多个不确定性因素中逐一找出对投资项目经济效益指标有重要影响的敏感性因素，并分析、测算其对项目经济效益指标的影响程度和敏感性程度，进而判断项目承受风险的能力	适用于对专项债项目进行融资收益平衡压力测试

三、政府债务项目绩效评价程序

（一）绩效评价相关参与主体

1. 管理主体

财政部可在必要时直接组织对全国各级政府债务项目开展绩效评价。

省级财政部门根据工作需要，每年选取部分重大项目开展重点绩效评价。根据《地方政府专项债券项目资金绩效管理办法》（财预〔2021〕61号）的要求，对于专项债券项目，选取项目对应的资金规模原则上不低于本地区上年新增专项债务限额的5%，并逐步提高比例。

市县级财政部门负责组织本地区政府债务项目资金绩效评价工作，复核政府债务绩效自评和绩效评价结果，选择部分重点项目开展绩效评价；确定本地区政府债务项目绩效评价结果应用方式，督促对绩效评价中发现的问题及时整改。

项目主管部门选择部分重点项目开展绩效评价；提出本部门内债务项目绩效评价结果应用建议，及时组织整改绩效评价中发现的问题。

项目单位自主开展绩效自评，评价结果报送主管部门和本级财政部门；组织整改绩效评价中发现的问题等。

地方各级财政部门负责组织实施本地区绩效评价结果公开工作，指导项目主管部门和项目单位每年6月底前公开上年度专项债券项目资金绩效评价结果。绩效评价结果需要在全国统一的地方政府债务信息公开平台上公开。

2. 第三方

项目主管部门和财政部门绩效评价可委托第三方机构或相关领域专家参与实施，并加强对第三方的指导，对第三方工作质量进行监督管理，推动提高评价的客观性和公正性。

项目主管部门委托第三方开展绩效评价，要体现委托人与项目实施主体相分离的原则，一般由主管财务的机构委托，确保绩效评价的独立、客观、公正。

（1）第三方机构

第三方机构在绩效评价实施过程中应当依照国家相关法律法规、行业规范、绩效评价原理及方法，严格执行合同约定条款，根据财政或预算部门（单位）的委托要求，勤勉尽责，恪守独立、客观、公正的原则，按时完成绩效评价方案及绩效评价报告，并对绩效评价报告内容的真实性、客观性、合理性负责。

第三方机构应当遵守保密原则，除法律法规和行业规范另有规定外，未经绩效评价相关主体书面许可，不得对外提供执业过程中获知的国家秘密、商业秘密、业务资料及绩效评价结论；不得利用执业便利为自己或他人谋取不正当利益。在评价中，评价实施内容若较前期沟通获取的信息发生变更，须及时与委托方沟通确认。

（2）专家

在评价实施过程中，根据评价工作需要，可以聘请相关专家协助工作，但应当采取必要措施保证专家工作的合理性和权威性。

专家的主要职责包括：提供业务指导；参与绩效评价方案和报告评审，发表独立、客观、公正的评价意见。评价意见应具体、可操作。

专家应自觉遵守相关保密规定，不得擅自向外泄露绩效评价的相关资料和有关情况；未经同意，不得引用评价发现和相关结论；应自觉遵守职业道德规范，不得谋取不正当利益；评审专家接受聘用委托时，遇到与被评价方有利害关系或存在可能影响公正性等情况的，应主动提出回避。原则上参加方案和报告评审的专家不得参加同一项目的具体评价工作，但建议报告评审与方案评审使用同一批专家，以保证评审工作的连贯性。

（二）绩效评价的组织形式

如前文所述，绩效评价包括自评价、部门评价和财政评价。自评价由项目单位对债务项目绩效目标完成情况进行自我评价，回应管理主体的绩效责任履行状况。而部门评价和财政评价属于外部评价，一般委托第三方机构实施或引入专家参与。

自评价和外部评价在组织方式和评价视角上的区别，决定了两者在评价导向和结果呈现上有所差异。在评价导向上，自评价由管理主体自行实施，因其对债务资金使用方面的信息优势，故对评价对象情况了解程度较高，但由于其对评价结果的直接利益相关，可能会存在评价形式化、结果主观性较强或真实性存疑等问题；而由其他监管主体引入第三方开展的外部评价，理论上可以弥补自评价在规范性和有效性方面的缺陷，发挥第三方的专业性和客观性，更好地提高绩效评价的深度。在结果的呈现形式上，自评价一般以填写自评价表单为主，核心是对照经审核的绩效目标，分析目标的实现程度；外部评价一般需出具完整的绩效评价报告，对债务决策、资源配置和资金使用等方面进行绩效分析，给出评价结论，并总结债务项目实施的主要经验做法，分析阐述存在的问题，并给出具有针对性的建议。通过内部评价和外部评价的相互补充，有助于进一步提高债务预算绩效评价结果的质量和公信力，促进绩效评价结果的应用和信息公开。

（三）绩效评价管理流程

以财政和项目主管部门组织开展的外部评价为例，政府债务项目绩效评价组织管理流程主要有前期准备、方案制订、收集分析评价数据、报告撰写、结果反馈与应用、档案管理等环节，其详细完整的程序包括：

（1）确定绩效评价对象和范围；

（2）下达绩效评价通知；

（3）研究制订绩效评价工作方案；

（4）收集绩效评价相关数据资料，并进行现场调研、座谈；

（5）核实有关情况，分析形成初步结论；

（6）与被评价单位交换意见；

（7）综合分析并形成最终结论；

（8）提交绩效评价报告；

（9）建立绩效评价档案。

|第三节| 政府债务管理绩效综合评价

一、政府债务管理综合绩效评价背景

自 2014 年以来，财政部先后印发县级财政管理绩效综合评价方案，从预算编制、

预算执行、收入质量、支出结构、财政可持续性、预决算公开等方面，对上年度县级财政管理绩效进行了综合评价。《中共中央 国务院关于全面实施预算绩效管理的意见》明确提出各级财政部门要对下级政府财政运行情况实施综合绩效评价。政府债务是财政预算的重要组成部分，也是评价财政运行可持续性的核心内容。本书所称的债务管理绩效综合评价，以反映一级政府建立债务"借、用、管、还"相统一的管理机制为目标，考量政府是否既有效发挥政府债务融资的积极作用，又坚决防范化解风险，增强财政可持续性。

债务支出和偿还能力相匹配是政府举借债务的根本保障，因此债务风险控制是债务管理绩效综合评价的核心，重在回应政府举债是否可持续。2018年以来地方政府债务率持续上行，2020年新冠肺炎疫情下地方债发行规模继续维持高速增长，进一步导致地方政府债务率大幅提高，偿债压力是当前地方政府面临的现实挑战。财政部数据显示，2018年年末地方政府债务余额18.39万亿元，地方政府债务率76.6%；2019年年末地方政府债务余额21.31万亿元，地方政府债务率82.9%。截至2020年年末，地方政府债务余额接近26万亿元，地方政府债务率持续上涨已逼近IMF提出的100%警戒线。

从各级地方政府披露的2020年预算执行报告来看（见表6-4），债务率也是各地预算执行报告中的关键词之一，诸如地方政府债务率偏高、地方政府债务率低于警戒线、债务率和债务风险处于合理水平、债务率处于绿色等级等表述频频出现。

表 6-4　部分地区在 2020 年预算执行报告中提到的债务相关内容

地区	预算级次	相关内容表述
河北省	省级	个别地方政府债务率偏高，偿还压力较大
四川省南充市	市级	及时偿还到期政府债务本息和隐性债务174亿元，市本级和8县（区）债务率均为绿色等级
湖北省十堰市	市级	加强风险防控，完善以债务率为主的政府债务风险评估指标体系，健全地方政府偿债能力评估机制，坚决遏制隐性债务增量，妥善化解隐性债务存量，牢牢守住不发生系统性风险底线
云南省昭通市	市级	坚决遏制隐性债务增量，妥善化解隐性债务存量，确保债务率和债务风险等级处于合理水平
江苏省如皋市	县（区）级	政府隐性债务大幅下降，全口径债务率降幅明显
江苏省南京市江宁区	县（区）级	有序化解存量隐性债务，为控制政府性债务率，结合全区新增债券发行额度，2020年实际完成化债26.68亿元
湖南省浏阳市	县（区）级	全年到期债务全部偿还，隐性债务超进度化解，65.96%的关注类债务据实明晰为经营性债务，有力推动了三类债务之和及综合债务率的持续下降，我市债务风险可防可控

地区	预算级次	相关内容表述
陕西省渭南市大荔县	县（区）级	严格落实隐性债务化解计划……圆满完成全县年度化解任务，债务率、风险率全市最低，全方位、动态化的债务管理格局更加牢固，在全省政府债务管理绩效评价中连续两年获得"一等"评价
浙江省嘉兴市秀洲区	县（区）级	债务化解难度增加，债务率、资产负债率等指标优化难度大，债务风险依然存在
广西壮族自治区钦州市钦北区	县（区）级	2020 年，地方政府债务余额 125511 万元，地方政府债务率低于警戒线，风险总体可控
江西省吉安市吉州区	县（区）级	本级政府债务余额控制在上级核定的限额以内，法定债务率处于绿色等级，债务风险总体可控

资料来源：各地 2020 年预算执行报告。

《国务院关于进一步深化预算管理制度改革的意见》（国发〔2021〕5 号）提出，要"完善以债务率为主的政府债务风险评估指标体系，建立健全政府债务与项目资产、收益相对应的制度，综合评估政府偿债能力"。官方口径下，我国地方债务风险评估的指标体系可以划分为三个阶段。2011 年《关于做好地方政府性债务审计工作的通知》（国办发明电〔2011〕6 号）印发，开始了第一轮地方政府性债务审计，要求"分析债务偿还能力，揭示存在的风险隐患"，以债务率、偿债率、逾期债务率和借新还旧偿债率 4 个维度作为衡量债务风险的分析指标。2014 年新《预算法》和《国务院关于加强地方政府性债务管理的意见》（国发〔2014〕43 号）出台后，各级政府相继出台"地方政府性债务风险评估和预警办法"，以债务率作为主要指标，新增债务率、偿债率、逾期债务率等作为辅助指标，通过加权计算综合风险指标。2020 年财政部印发《地方政府法定债务风险评估和预警办法》（财预〔2020〕118 号），提出对地方政府按照债务率水平，分成红橙黄绿四档进行管控，主要指标为债务率，辅助指标为偿债资金保障倍数和利息支出率，计算口径略有变化。具体内容详见附录一。

二、政府债务管理绩效综合评价内容

中长期来看，政府债务管理目标是在尽可能低成本、符合谨慎风险程度的情况下确保政府融资需求得到满足、支付义务得以履行。基于此，根据我国当前政府债务风险防控重点和政府债务管理特点，本书围绕政府债务"借、用、管、还"全过程，从债务举借、资金安排、债务管理、债务偿还等四个维度构建了政府债务管理绩效综合评价的内容框架。

（一）债务举借

债务举借包括债务余额控制、新增举债规模和债务风险控制等三项内容。

债务余额控制主要考察年末一般债务余额、专项债务余额是否分别控制在下达的一般债务限额、专项债务限额之内；负有偿还责任的国际金融组织和外国政府贷款转贷债务是否控制下达的外债转贷额度之内；政府债务余额占 GDP 的比值是否控制在合理区间内。

新增举债规模主要考察地区新增一般债务余额、新增专项债务余额是否分别控制在下达限额内。

债务风险控制主要考察债务率、偿债资金保障倍数和利息支出率等 3 个政府债务风险控制指标是否在合理范围内。

（二）资金安排

资金安排主要从债券发行安排、债务资金使用等方面设置三级指标内容。

债券发行安排重在反映债券资金需求合理性和债券结构的合理性。主要考察三方面内容，一是债券发行规模和项目当期实际资金需求匹配，避免供需脱节；二是债券发行批次和债券项目分年投资计划匹配，避免资金沉淀；三是债券发行期限结构和项目期限结构匹配。对于一般债务，由于不产生收益，地方政府往往倾向于发行中长期债券，规避短期债务偿还风险，这会加重未来偿还负担，因此，应构建长短平衡的债务融资期限结构，保持一般债券平均期限基本稳定。对于专项债务，政府债务期限和项目期限间的匹配，即指政府债券的还款周期与债务项目的投资回收期相匹配。期限结构的匹配性，一方面可以平滑债务支出的分布时间跨度，有效平抑期限错配导致不同债务项目在某一时间出现明显的偿债高峰，防范届时债务偿还可能出现的流动性危机，另一方面可以减少期限过长带来的偿债资金闲置问题。因此，在债券发行前应由财政部门组织开展偿债压力测试，评估各级政府分年到期债券本息和可偿债财力情况，结合本地区当前存量债务项目的期限结构，合理确定新增债券的期限结构。

债务资金使用包括项目依据充分性、一般债务项目合规度、专项债务项目合规度和专项债券用作项目资本金规模占比等四个指标，主要考察债务项目是否符合法律法规、相关政策、发展规划及部门职责等；一般债务资金是否用于公益性资本项目，是否不存在作为财力平衡本级预算或对下级的转移支付预算导致债务基数化的情况；专项债券资金是否用于有一定收益的公益性资本支出；专项债用于资本金的项目所属领域和规模占比是否符合相关条件要求。

（三）债务管理

债务预算管理包括制度建设、资金管理、外部监督整改、风险管理、资产管理和信息公开等六项内容。

制度建设反映地区为加强债务管理、规范举债行为而制定的制度是否健全完整。

资金管理主要从预算管理的合规性和财务监控的有效性方面进行考察，前者指债务资金项目库、中期财政规划等管理程序的合规性；后者包括是否为保障债务资金使用、债务项目运营收支、"账实相符"情况等采取签订债券资金监管协议、应用信息化监管系统等必要的动态监管措施等内容。

外部监督整改主要考察地方政府是否配合同级人大、审计等部门及上级部门的监督，并对发现的问题进行整改等。

风险管理包括债务风险监控和隐性债务遏制等内容，主要考察债务风险预警、化解和处置等机制是否健全，执行是否有效。

资产管理主要关注是否按照国有资产管理要求，明确存量债券项目中涉及的政府资产和企业资产的产权归属、管理与移交方案等，项目竣工后是否履行资产备案和产权登记等。

信息公开主要从信息公开的完备性、及时性、准确性和信息获取便捷性等四方面，考察地方政府是否及时、准确、规范地公开预决算公开范围内的地方政府债务限额、余额等信息及预决算公开范围之外的地方政府债券发行、利率、用途、存续期、重大事项等相关信息，是否存在多种债务信息的公开渠道和途径便于信息获取等。

（四）债务偿还

债务偿还包括偿债计划安排和偿债计划执行等内容。重点关注专项债券项目的资金平衡方案是否根据项目建设运营周期、资金需求、项目对应的政府性基金收入和专项收入等因素，经过合理测算确定；是否针对专项债偿还制定了相应的管理机制；债务资金偿还计划是否和中期财政规划、未来财政收支预测等相适应；偿债计划是否及时执行等。其中，专项债偿还机制健全性主要考察对于专项债券还本到期前提前实现的收入，是否具备妥善合理的管理办法，既防止资金过度闲置，又确保还本付息资金安全，以及是否具备应对专项债项目收支与方案偏离时的预案等。

具体形成的政府债务管理绩效综合评价指标体系框架如附录三的附表 1-4 所示。

三、政府债务信用评级及风险管理绩效指数

债务风险控制是债务管理绩效的重要内容，反映了政府举债的可持续性。在上一节债务管理绩效综合评价指标体系中，债务风险控制主要从债务率、利息支出率等指标考察存量债务的规模水平。但从财政债务管理绩效的角度来看，制定理想的债务水平目标时不仅需要考虑债务规模，还需要从动态的视角考虑地区的财政经济状况，包括财政收入结构、财政负担水平、人口变化趋势及经济发展水平等偿债能力。理论上，债券信用评级是对政府在经济环境、财政状况、行政管理和偿债能力等方面的综合评价，评级方法对政府债务风险管理绩效的目标具备一定的参考意义。中债资信、新世纪等国内评级公司主要从经济实力、财政实力、政府债务状况、政府治理水平、债券偿还能力等五大方面对地方政府债券进行信用评级。而国际三大评级机构（标普、穆迪、惠誉）由于主要以地方政府为主体进行信用评级，因此主要考虑上述除债

券偿还能力外的前四个维度，还考察地方政府的行政体制要素，标普将其作为地方政府的经营环境来评价，独立于地方政府个体信用状况之外，穆迪和惠誉将其作为第五个评级要素，如表6-5所示。

表6-5　部分国内外评级机构对地方政府债券的信用评级要素

评级机构	评级要素
标普	行政体制、经济、财政管理、预算调节能力、预算表现、流动性、债务负担及或有负债
穆迪	行政体制、经济基础、财务表现与债务情况、治理与管理、国家主权风险
惠誉	行政体制、地区经济、预算绩效、经营和管理、债务和其他长期负债
中债资信	宏观经济与政策环境、地区经济实力、地区财政实力、政府治理水平、债券偿还能力
新世纪	经济实力、财政实力、债务状况、政府治理状况、债券偿还能力
联合资信	经济实力、政府治理水平、财政实力、政府债务及偿还能力、上级政府支持

资料来源：1. 李振宇等. 我国地方政府债券评级方法与标准探讨［D］. 中国经济改革研究基金会国民经济研究所工作论文，2015－10－15；2. 各地方政府债券信用评级报告信息披露文件。

从国内各大评级机构的评级结果来看，各地方政府债券的评级均是AAA，地区之间没有信用差别。另外，目前对政府债务风险广泛采用的控制指标包括负债率、赤字率、债务率和债务逾期率等，国际上对这四个指标的控制标准参考值分别为负债率不高于60%，赤字率不高于3%，债务率控制在90%～150%，债务逾期率不超过3%。但这些标准只是现行中的被广泛应用的参考标准，不同地区由于经济财政状况各异，各个单项指标之间往往不具备可比性，因此难以确定合适的债务风险管理绩效标准值。因此，有必要基于整体风险管理的角度，构建可以进行横向比较的绩效指标框架。

为了对不同地区的债务风险进行标准化处理，使其更易于比较，本书通过建立地区间可比的债务风险管理绩效指标体系，构建地方政府债务风险管理绩效指数模型，如表6-6所示。

表6-6　债务风险管理绩效指数模型指标体系

一级指标	二级指标	三级指标（单位）	指标计算公式
经济	宏观经济	产业结构（%）	第三产业增加值/地区生产总值
		固定资产投资总额（亿元）	以公开披露为准
财政	财政收入规模	一般公共预算财力（亿元）	一般公共预算财力＝一般公共预算收入＋上级补助收入＋调入资金＋上年结转＋下级上解
		政府性基金预算财力（亿元）	政府性基金预算财力＝政府性基金预算收入＋上级补助收入＋上年结转＋下级上解

一级指标	二级指标	三级指标(单位)	指标计算公式
财政	财政收入结构	税收收入占比(%)	税收收入/一般公共预算收入
		土地出让收入占比(%)	土地出让收入/政府性基金收入
		一般公共财政自给率(%)	一般公共预算收入/一般公共预算支出
	财政负担水平	刚性支出占比(%)	民生支出、三保支出等刚性支出/一般公共预算支出
		政府性基金自给率(%)	政府性基金预算收入/政府性基金预算支出
债务	债务规模	一般债务率(%)	一般债务余额/一般公共预算财力
		专项债务率(%)	专项债务余额/政府性基金预算财力
		一般债务负债率(%)	一般债务余额/GDP
		专项债务负债率(%)	专项债务余额/GDP
	偿债负担	一般债务偿债率(%)	一般债务还本支出/一般公共预算支出(含债务还本支出)
		专项债务偿债率(%)	专项债务还本支出/政府性基金预算支出(含债务还本支出)
		一般债务逾期率(%)	一般债务逾期额/一般债务余额
		专项债务逾期率(%)	专项债务逾期额/专项债务余额
		一般债务新增债务率(%)	一般债务余额增长额/一般债务余额
		专项债务新增债务率(%)	专项债务余额增长额/专项债务余额

本次债务风险管理绩效指数模型主要基于财政、经济和债务三方面进行考察,政府债务管理机制、信息披露等政府治理因素已在债务管理绩效目标体系中的其他维度进行了考察,因此不纳入债务风险指标模型。相较于前述国内主要评级机构的评估要素,本指数模型重在考察能够反映地方政府债务风险的核心指标,不仅包括产业结构、财力状况等反映政府收支绝对规模的指标,还更加注重税收收入占比、土地出让收入占比、财政自给率、刚性支出占比等财政收支质量和负担水平要素,反映政府财政收支结构。

债务风险管理绩效指数的作用,一是可以为债务风险管理绩效设置基准。例如以某地区为例,可以采用该地区下辖所有地区的风险指数平均水平,作为该地区的债务风险管理的绩效标准,用于监控和评价各区债务风险管理的绩效水平。二是可以将各地区风险管理绩效指数的对比结果作为地区债务风险水平分类、债务限额分配和绩效考核的依据。

本书以上海市为例,选取了上海市下属的共 16 个区级政府作为对象,通过层次分析法构建各区政府债务风险管理绩效信息中经济、财政、债务的层级和重要性关系,建立了地方政府债务风险管理绩效指数模型,并基于一般债务和专项债务的情况形成相应结果。基于数据的可获取性选取指标,建立层次结构如图 6-3 所示。

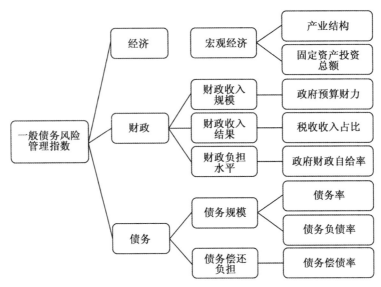

图 6-3 一般债务风险管理绩效指数模型指标层次体系

通过专家对各层级内的指标重要性进行打分,采用 $1 \sim 9$ 分的等级标度,表 6-7 为对不同等级标度赋值含义的描述。以等级标度赋值为 3 为例,表示 C_i 相比 C_j 略微重要。若等级标度赋值为 5,则 C_i 相比 C_j 重要性更高,以此类推。

表 6-7 指标重要程度等级标度说明

等级标度	重要性	含义描述
1	同等重要	C_i 与比 C_j 对目标贡献相等
3	略微重要	C_i 与比 C_j 对目标略微重要
5	比较重要	C_i 与比 C_j 对目标比较重要
7	强烈重要	C_i 与比 C_j 对目标强烈重要
9	绝对重要	C_i 与比 C_j 对目标绝对重要
2,4,6	中间值	C_i 与比 C_j 对目标的重要程度介于上述分值之间
$\frac{1}{2}, \frac{1}{3}, \frac{1}{4}, \cdots, \frac{1}{9}$	等级倒数	C_i 与比 C_j 与上述分值互为倒数

根据专家对指标重要性的打分结果,构建判断矩阵,计算指标权重如表 6-8 所示。

表 6-8　指标权重分配情况汇总

一级指标	二级指标	三级指标	权重得分（%）
经济	宏观经济	产业结构	4.76
		固定资产投资总额	9.52
财政	财政收入规模	预算财力	4.08
	财政收入结构	税收收入占比	8.16
	财政负担水平	财政自给率	16.33
债务	债务规模	债务率	36.57
		债务负债率	9.14
	债务偿还负担	债务偿债率	11.43

最后,将各指标标准化后加权计算得到政府一般债务风险指数,专项债务风险指数和债务综合风险指数,详见附录二。

|第四节|　政府债务绩效评价结果应用

绩效评价结果应用是将绩效评价结果转化为未来债务预算管理工作改进及效率提升的过程。合理设计评价结果对应的奖惩措施,形成有效的结果应用机制,是避免政府债务预算绩效评价流于形式,确保债务预算绩效这项管理工具能够真正发挥"以评价促改进""以评价促提升"等作用,实现其管理目标的关键。

债务绩效评价结果应用的核心在于两个方面:一是激励约束为主导。设计合理的正向激励制度,充分调动地区、部门、单位和项目责任人在政府债务借、用、管、还中的积极性、主动性和创造性,提升政府债务管理和项目管理的工作成效和执行力。二是责任约束为底线。严肃财政纪律,对发生违法违规举债或重大责任事故的予以问责,同时强化反馈整改和信息公开机制,加大市场和社会公众对政府债务的监督。

一、绩效评价结果应用的激励约束机制

《中共中央 国务院关于全面实施预算绩效管理的意见》提出要建立预算绩效评价结果与预算安排和政策调整挂钩的激励方法。

对于政府债务项目建设而言,由于债券发行和项目或资金用途对应,而债券项目一般为周期较长的大型投资工程项目,使得政府债务项目的绩效评价结果和预算安排挂钩的机制设计要比一般财政预算项目更具复杂性。一方面,债券资金有严格的资金用途,调整预算安排往往涉及债券资金重新安排的合规性及债券发行的重新沟通协调

和信息披露等问题；另一方面，债券项目资金的需求体量较大，假若因绩效因素削减预算，项目停工带来的延误、融资等额外成本往往可能相比一个绩效一般的项目继续实施的成本要更高。因此，将政府债务预算绩效评价结果应用于评价对象预算安排决策的重点应放在和政府、部门预算及项目竣工、运营的债务预算安排中。对于确因项目建设运营环境发生重大变化等原因需要调整的，需要按照新设项目的工作流程和程序调整债券资金用途。

第一，把政府债务管理和债务项目的绩效评价结果和地区下年度新增债券分配、均衡性转移支付分配及其他专项资金分配挂钩。

第二，将政府债务项目绩效评价结果应用于对重大公共项目投资规划等的决策和相应主管部门预算安排中。如按照项目类型、功能特性、行业属性等特征将债务项目分类后，根据不同类别债务项目的绩效评价得分对比，将绩效评价结果和投资规划调整及相应预算部门、单位的部门预算挂钩。如某类债务项目绩效评价结果较好，则可在下年度投资规划中向此类项目给予重点保障，并提高相应主管部门下一年的预算编制、结余留用等支出控制的自主权。

第三，把政府债务项目绩效评价结果和项目竣工验收费用结算和运营费用支付等挂钩。例如，对于保质、保期交付的债务项目及运营绩效较好的单位给予额外奖励，对项目运营单位未及时缴纳专项债本息而造成绩效评价结果较差的，可通过预算扣款或债务资产处置等风险处置方式及时收回资金。

二、绩效评价结果应用的责任约束机制

责任约束是激励约束的有效补充，两者的结合，能够更好地发挥债务预算绩效评价结果应用的"鼓励先进、鞭策落后"作用。

第一，将政府债务预算绩效评价结果作为政府相关责任人的考核因素，责任人需对绩效结果负责，形成有效的问责机制。《党政主要领导干部和国有企事业单位主要领导人员经济责任审计规定》中明确提出政府债务的举借、管理和使用情况是地方各级党委和政府主要领导干部经济责任的主要内容之一，结果作为考核、任免、奖惩的重要依据。2017 年第五次全国金融工作会议提出责任人需要对地方债务终身问责。2018 年，《关于进一步增强企业债券服务实体经济能力严格防范地方债务风险的通知》（发改办财金〔2018〕194 号）扩大了追责对象至市场主体，实现了追责全覆盖。同年 8 月，《中共中央 国务院关于防范化解地方政府隐性债务风险的意见》和《中共中央办公厅 国务院办公厅关于印发〈地方政府隐性债务问责办法〉的通知》明确了对隐性债务的问责。

第二，评价组织方将评价结果反馈被评价方，被评价对象根据评价结果进行整改。一方面，各部门和单位应根据债务预算绩效的自评价结果，及时自查自纠；另一方面，财政部门对债务项目实施主体在建设和运营期间组织实施的重点绩效评价，应通报评价结果，给予整改期限。项目单位需分析评价结果、查找原因，并提出整改措施，上报财政部门，同时及时整改。上级财政部门应对地方政府债务管理实施的重点绩效评价结果予以通报，要求政府债务管理责任落实不到位的部门限期整改。评价结束后，下级财政部门应结合评价结果，分析、查找原因，提出整改措施，形成书面整改报告报上级财政部门。

第三，将债务预算绩效评价结果及时进行公示与公开。一方面应把每年的政府债务管理绩效评价结果向同级人大报告，逐步向社会公开，并探索将债务管理绩效评价结果和地方政府信用评级挂钩的机制；另一方面，将政府债务项目评价报告、结果及基础数据等在财政、预算部门（单位）、政府和债券信息的官网上逐步实现全部公开，供公众了解债券存续期内的项目实施情况和债务资金的绩效状况，发挥社会公众和市场对政府债务的监督作用。

第四，对使用政府债务资金严重低效无效并造成重大损失的责任人，要按照相关规定追责问责。对绩效管理过程中发现的资金使用单位和个人的财政违法行为，依照《中华人民共和国预算法》《财政违法行为处罚处分条例》等有关规定追究责任；发现违纪违法问题线索的，应当及时移送纪检监察机关。各级财政部门、预算部门和单位及其工作人员在绩效管理工作中存在滥用职权、玩忽职守、徇私舞弊等违法违纪行为的，依照《中华人民共和国预算法》《中华人民共和国公务员法》《中华人民共和国监察法》《财政违法行为处罚处分条例》等国家有关规定追究相应责任；涉嫌犯罪的，依法移送司法机关处理。

政府债务全过程绩效管理案例

第七章

地方政府债券作为基础设施建设的重要资金来源，在近年尤其是 2020 年新冠肺炎疫情冲击、经济下行压力加大的环境下，其规模持续快速扩容，募投领域也日益多元，对补短板、稳投资起到了重要作用。本章以地方政府债务全过程预算绩效管理为主线，选取了不同类型债务预算绩效管理典型案例，包括棚户区改造专项债项目的事前绩效评估案例、公立医院专项债项目绩效运行监控案例、水污染治理专项债项目绩效评价案例和地区债券资金整体绩效评价案例，通过对不同案例进行分析解读，以期为开展政府债务预算绩效管理工作提供有益的借鉴。

|第一节| 棚户区改造专项债项目事前绩效评估案例

一、棚户区改造专项债券简介

（一）基本情况

2013 年 7 月，国务院印发《关于加快棚户区改造工作的意见》（国发〔2013〕25 号）等文件，明确了棚户区改造（以下简称"棚改"）是城镇保障性安居工程、改善群众住房条件、提升城镇综合承载能力的重大民生工程和发展工程，要求全面推进各类棚改工作。2015 年 6 月国务院要求 2015—2017 年全国改造各类棚户区住房 1800 万套，2015 年开工 601 万套；2016 年开工 606 万套，完成投资 1.48 万亿元；2017 年开工 609 万套，完成投资 1.84 万亿元。

棚改作为改造城镇危旧住房、改善困难家庭居住条件的重大民生工程，虽然有中央财政城镇保障性安居工程专项资金的拨款支持，但由于项目总投资规模较大，仍面临着巨大的资金缺口。同时，由于银行贷款有资产抵押、三证齐全等方面的要求，棚改项目的推进需要地方政府创造新的融资模式及拓宽融资渠道。

2018 年 3 月，财政部和住房和城乡建设部发布《关于印发〈试点发行地方政府棚户区改造专项债券管理办法〉的通知》（财预〔2018〕28 号），首次推出棚改专项债品种，明确了棚改专项债的额度管理、预算编制、预算执行和决算、监督管理、职责分工等办法。按照该办法要求，地方财政部门和住建部门在充分考虑本地区债务风险情况下，应当选择当期资金需求迫切、市场前景好、收益能力强、对应纳入政府性基金的国有土地使用权出让收入及专项收入能充分保障偿还债券本金和支付利息的已开工或拟开工的棚改项目，进行棚改专项债的发行。

（二）棚改专项债券特点

1. 棚改投资对房地产行业影响较大

棚改作为房地产投资相关领域的重要内容，是我国推进新型城镇化的重要举措。随着近几年棚改力度持续加大，各类乱象有所抬头，在"房住不炒"背景下，2020年年初财政部曾一度暂停了棚改专项债的发行。随着逆周期调节政策的持续推进，棚改专项债的发行又得到了恢复，并同时明确了三点要求：一是棚改专项债仅支持已开工的项目，且不得用于货币化安置项目；二是棚改项目必须纳入年度棚改计划任务；三是棚改项目信息与相关材料要件信息一致，如立项批复、用地预审、"一案两书"等。

2. 偿债资金来源

棚改专项债的偿债资金来源包括两个部分：一是对应土地出让收入，资金纳入政府性基金预算管理；二是配套商业项目的销售、租赁等专项收入，如与安置住房配套的商铺和停车位的销售或出租收入，以及棚户区对应土地一级开发过程中形成的地下综合管廊等资产的租赁收入等。

二、A市棚改专项债项目事前绩效评估案例

本案例围绕A市棚改专项债项目，按照本书前文阐述的事前绩效评估核心路径，介绍专项债项目开展事前绩效评估的思路和方法。

（一）项目简介

1. 项目背景

位于B省A市的C小区于19××年建成竣工，共有多层建筑67栋，合计1234户，拆除前占地总面积约34567平方米，总建筑面积约78910平方米。C小区由于采用海砂施工，部分楼栋相继出现结构柱、梁、板钢筋锈蚀、混凝土胀裂、钢筋的混凝土保护层剥落等现象。经A市住建局委托专业机构对该小区全部房屋进行结构安全检测，约91%的房屋存在不同程度的质量问题。为利用棚改政策的优势尽快推进人才住房和保障性住房任务的顺利完成，A市将C小区列入棚改项目计划（以下简称"棚改项目"或"本项目"），确认A市F有限公司（以下简称"项目公司"）为项目实施主体。

2. 项目内容和资金规模

根据C小区棚改项目专项债实施方案和可行性研究报告，本项目计划自201×年开始前期准备1年，建设期3年，预计于202×年初实现初步运营，项目总投资为23.5亿元，主要用于拆迁补偿和工程建设等。其中项目自筹资本金10.7亿元，其余资金由发行专项债12.8亿筹集，其中一期计划发行额为2.8亿元，全部为新增债券，

专项债融资成本按 5.0％估算。

项目建成后计划采用租售结合方式运营，其中商业全部销售，人才安居房 40％销售、60％租赁。

3．项目绩效目标

产出目标：通过棚改开发建设用地面积 23456 平方米，规划容积率 6.0，合容积率建筑面积 123456 平方米，包括住宅 100000 平方米，含 900 套回迁住宅，72 套回迁商业房，700 套租售型人才住房；商业用房 13456 平方米，公共配套设施 10000 平方米。

经济效益目标：项目在完成搬迁安置补偿后，公共服务配套设施产权归属政府，其他可经营物业按照商业计划全部销售，人才安居房部分销售、部分出租。进行项目运营安排，预计通过自身的运营收入能够承担专项债券融资利息与本金，在后续运营过程中的人才房室内装修更新时能够以项目盈余资金完成相关投入，在运营期内实现全部静态投资的回收。

社会效益目标：项目规划覆盖总人口规模为 8000 人。公共配套设施提供幼儿园、社区警务室、老年人日间照料中心、再生资源回收站、党群服务中心、文化活动室、市民学习中心等服务。

（二）事前绩效评估设计与实施

1．评估目的和思路

根据政府相关政策规划、A 市棚改专项债项目申报书、项目收支平衡方案、债券资金安排建议等内容，依据本书前文关于政府债务的事前绩效评估体系，对棚改专项债项目的立项必要性、投入经济性、绩效目标合理性、实施方案可行性、筹资合规性等方面展开全面分析，回应棚改专项债项目是否应该设立，使用债务资金的必要性和可行性，项目实施方案、投融资安排、实施绩效等是否经济、合规、合理、可行，为 A 市政府、市财政局及市住建局等相关部门完善预算安排、债券发行和相关实施方案及政策制度提供意见和建议。

2．评估分析

（1）立项必要性

该棚改专项债项目存在立项的必要性：项目为工程建设资本性支出，工程建设完成后有助于解决城市安全隐患、改善群众生活条件、提升城市面貌、筹集人才住房等，并可以通过商业物业全部销售，人才安居房部分销售、部分出租的方式取得收入，符合专项债项目具有一定的收益、公益性和资本性支出的要求；该项目由 A 市住建局主管，A 市 F 公司负责具体实施，与《关于加强棚户区改造工作的实施意见》《关于深化住房制度改革》等国家、省、市及行业专项规划的目标相一致，同时也与 A 市住建局负责城市住房管理与建设的职能相适应；该项目所在原小区部分楼栋相继出现结构柱、梁、板钢筋锈蚀、混凝土胀裂、钢筋的混凝土保护层剥落等现象。经 A

市住建局委托专业机构对该小区全部房屋进行结构安全检测,约91%的房屋存在不同程度的质量问题,有必要进行改造。

(2)投入经济性

① 融资计划经济性不足。本项目计划发行首期专项债2.8亿元,未结合项目该阶段的实际资金需求进行资金募集,融资计划经济性不足。

② 项目成熟度不足。该棚改项目产权注销工作尚未完成,项目无法办理用地审批手续,无法缴纳地价款,无法进行报批报建程序和三证办理。项目面临维稳及无法及时开工风险,影响棚改专项债资金使用进度。

③ 预算编制科学性不足。项目申报材料中部分资金测算的依据未进行清晰、明确的披露,如实施方案中地价的测算依据。此外,未对地价、人才住房收益模式、租售比例、人才住房租金及售价等政策不明的关键参数进行压力测试,未充分披露项目未来可能存在的风险。

(3)绩效目标合理性

该项目申报了绩效目标,但对于项目建设阶段缺乏明确、清晰、可衡量的资金使用进度计划,需进一步细化完善。

(4)实施方案可行性

① 融资收益平衡估算可靠性不足。第一,实施方案中安居型商品房按照当年预计住宅市场价格的70%进行测算,高于A市政府对人才住房销售价格按照60%定价的规定要求,导致收入夸大约1.36亿元。第二,实施方案资金覆盖测算表中202×年的"非付现存货结存"多计返还住宅与商业物业相关成本的税金0.57亿元。

② 风险控制措施可行性不足。该项目实施方案未对潜在政策不明的关键风险因素进行测试和评估,如地价、人才住房收益模式、租售比例、人才住房租金及售价等。例如,该棚改项目运作模式计划将项目全部商业与40%的人才住房进行出售,60%的人才住房进行出租,但在租售比例无明确政策规定的情况下,实施方案未考虑不同租售比例对项目应交地价、项目收益进度和专项债资金覆盖率的单因素敏感性分析。由于实施方案仅基于整体的收入、成本变动情况,对整体收入成本上下变动5%至20%的情况下专项债券存续期资金覆盖率进行测算,但租售比变动将导致项目整体收入或成本变动大于5%至20%的范围,因此可能导致项目存在期限错配、融资与收益不平衡的风险。

③ 专项债偿还机制健全性不足。该项目实施方案综合总投资估算,经测算确定运营关键假设,即项目以租售结合的方式运营,其中商业物业全部销售,人才住房40%用于销售,60%用于出租,将专项债券发行期限设定为××年,每半年付息,到期时一次性还本付息。人才住房租售比例作为该项目运营的预估可变因素,直接影响项目运营周期的安排,当人才住房租售比例需要根据实际情况进行调整时,项目运营周期将发生变动。债券实施方案中未约定根据项目收入情况提前偿还债券本金的条

款，这可能导致项目运营方案修改时出现无法提前偿还债券本金的现象，导致提前实现的收益滞留于财政专户中，增加债券资金成本。

④ 管理制度健全性不足。该棚改项目有关产权注销、建筑面积和套内面积测算标准、地价测算标准等制度或实施细则存在一定缺失或不够明确，不利于项目未来销售安排和盈利模式的确定，进而可能影响项目实施进度和债券偿还等。

（5）筹资合规性

项目总投资为 23.5 亿元，用于拆迁补偿和工程建设等。其中项目自筹资本金 10.7 亿元，全部来源于 A 市财政自有资金，占总投资的 45.5%，其余资金由发行专项债 12.8 亿元筹集。项目资金构成符合 B 省制定的政府债券项目投资中的财政自有资本金占比大于 20% 的规定。项目建设期的利息支出由财政自有资金统筹偿还，但项目运营产生的收入为房屋出售或出租，现金流存在一定的不稳定性。因此，项目筹资的充足性较高，但稳定性不足。

3. 评估建议

根据 A 市棚改专项债项目的主要内容，依照构建的专项债项目事前绩效评估指标体系，通过梳理基础资料、实地访谈等对该项目进行事前绩效评估，综合考虑项目绩效目标和项目实际情况，评价组得出项目的事前绩效评估结论为：A 市棚改专项债项目部分可行，建议修改实施方案后重新提交申请。

（1）调整债券分期发行计划，提高预算与投资计划匹配度

考虑到棚改项目自身存在产权纠纷、政策等因素易导致项目进度延迟等特点，结合专项债资金需在一年内使用完毕的现实要求，建议项目公司在发行专项债之前，做好项目准备工作，审慎计划项目在该时间段实际的资金需求，提前规划专项债资金募集规模。

（2）审慎开展项目收益和融资平衡测算，识别各类风险

建议项目公司在实施方案中对影响项目收益和融资平衡结果的各个潜在风险因素进行充分评估，针对发债时政策规定不明的可变关键假设进行充分披露，并进行单因素敏感性分析和资金覆盖率压力测试，如地价、人才住房租售比例、人才住房租售价等。避免后续出现因重大政策变化，影响专项债资金自求平衡，项目收益现金流无法覆盖专项债本息偿付的情况。协助行业主管部门及市财政部门对专项债项目进行风险把关，为市场投资者提供更充分的信息作为参考。

（3）设置提前偿还条款，提高资金使用效率

建议项目公司进一步考虑专项债发行方案中项目建设周期及未来经营安排，例如人才住房租售比例等经营可变假设条件，在专项债发行时提前识别可变经营假设条件对还款期限、融资成本及未来收益现金流的影响，根据 2018 年 3 月 1 日财政部和住房和城乡建设部《关于印发〈试点发行地方政府棚户区改造专项债券管理办法〉的通知》（财预〔2018〕28 号），对项目实施方案进行优化，灵活设置合理的债券本金偿

还条款。

（4）细化项目分阶段绩效目标和年度绩效目标，构建指标体系

绩效目标是预算绩效管理的基础。建议项目单位按照完整、相关、细化、可实现的原则，对项目目标进行细化，从产出、效果、满意度等方面构建项目的绩效目标指标体系，并根据项目投资计划设立建设期和运营期的分阶段、分年度绩效目标。

（5）完善 A 市与棚改相关的政策实施细则

建议 A 市住建局加强与 A 市自然资源局等其他有关部门的沟通协调，尽快出台棚改及配套政策实施细则，明确人才住房的租售比例、确定规则，人才住房租售对象的筛选及审核标准、出租和销售安排、拆迁安置补偿标准中建筑面积和套内面积的测算标准、产权注销及地价测算规则等，避免影响项目实施进度、收入实现及债券还款。

（三）案例总结

1. 案例经验及优点

（1）综合运用比较法、敏感性分析等方法对专项债项目实施方案进行回溯分析

该案例依托专项债项目事前绩效评估指标体系框架，综合运用比较法、敏感性分析等方法对专项债项目实施方案、专项债券发行计划等进行了全面细致的评估分析，尤其对专项债项目的融资收益平衡这一核心要点进行了深入估算。一是从住房销售价格、商业可售面积、税金等方面对项目预期收入的可靠性进行评估；二是将地价、住房租售比例、租售价格作为敏感性因素评估项目融资与收益不平衡的潜在风险；三是对债券发行计划和实际资金需求进行比较，研判债券资金募集规模的科学性；四是依据专项债收入实现方式分析债券偿还条款设置的合理性。

（2）由项目评估反映政策层面存在的不足

该案例还重点关注了项目相关配套政策存在的不足之处，对后续可能影响项目实施和专项债资金使用进度的产权注销、建筑面积和套内面积测算标准、地价测算标准等政策因素进行了探究。

2. 案例的不足与后续探讨方向

本案例在评估过程中，对投资规模、债券发行、项目收益等预算编制合理性主要从项目申报材料中披露的资金测算依据的清晰性和明确度方面进行考察，如发现地价、住房租金及售价等测算依据存在不足等，但并未对其他工程造价等测算支出标准的合理性进行充分分析。此外，棚改项目作为房地产投资领域，国家房地产政策对项目运营后的房屋销售、出租价格等的扰动因素较大，需要进一步调研，收集更为全面、有效、准确的文件和数据，对棚改项目发债筹集规模、项目资本金、项目融资收益平衡等影响债券偿还计划和偿还资金来源稳定性的要素进行进一步探索，为 A 市乃至 B 省的棚户区改造专项债券的举债机制提供决策依据。

|第二节| 公立医院专项债项目绩效运行监控案例

一、公立医院专项债券简介

（一）基本情况

随着我国公立医院改革的不断深入及建立现代医院管理制度的需要，公立医院正处于不断提升自身医疗服务水平和竞争力的关键阶段。在全面取消药品加成、耗材加成的改革背景下，公立医院的收入受到了一定的影响，加上很多公立医院成本管控能力较差，导致入不敷出，面临着亏损的状态。面对不断提高医疗服务水平和质量、更好地发挥公立医院公益性的迫切需要，公立医院筹资能力不足、筹资渠道过窄问题愈发凸显。

2018 年 9 月，青海省发行 6 亿元医疗卫生专项债券，主要用于医院整体搬迁、建设等，项目预期收益主要来自门诊收入及住院收入。这是我国首单医疗卫生专项债券，自此拉开了公立医院专项债券发行的序幕。随后，云南省、四川省、广西壮族自治区、新疆维吾尔自治区、河南省、深圳市、青岛市等陆续发行公立医院专项债券，主要用于公立医院建设项目、医疗设备采购、区域医疗中心建设项目等。

（二）公立医院专项债券的特点

公立医院专项债券是为公立医院改扩建工程、医疗设备采购等有一定收益的公益性项目发行的、约定一定期限内以对应项目产生的专项收入（一般为门诊收入和住院收入）还本付息的政府专项债券。公立医院专项债券作为地方政府专项债券的一种，具有安全性高、融资成本低、筹资金额大等优点，在一定程度上缓解了公立医院建设资金缺乏的局面。

二、G 市公立医院专项债项目绩效运行监控案例

本案例围绕 G 市公立医院专项债项目，按照本书前文阐述的绩效运行监控路径，介绍专项债项目开展绩效运行监控的思路和方法。

（一）项目简介

1. 项目背景

H 省 G 市某医院始建于 20 世纪 80 年代，是拥有内、外、妇、骨、手外、口腔、五官、针灸、推拿、预防保健科室的综合性二级甲等医院。建院以来，仅有几次小规模的扩建和翻修，现有条件不能满足地区居民的医疗卫生服务需求。G 市计划通过新建一栋地下三层地上十九层综合楼医院，改善目前医院在医院功能、科室设置、人员配备、医疗管理等方面的不足，以促进解决群众就医问题，满足居民对医疗服务的

需求。

2. 项目内容、资金规模及使用情况

根据 G 市公立医院建设项目专项债实施方案和可行性研究报告,本项目拟新建综合楼建筑面积 44914 平方米,地上 35608 平方米,地下 9306 平方米,新增病床位 380 个。新增停车位 220 个,其中地下机械停车位 130 个,地下普通车位 30 个,地上智能停车库车位 60 个。主要建设内容为建筑工程、安装工程、特殊医疗专项工程、人防工程、污水处理站工程、抗震支吊架工程、电梯工程、室外配套工程、原住院楼改造工程及其他工程。

项目计划自 2017 年开展,建设期 5 年,装修与运营前期准备 1 年,预计于 2023 年年初实现初步运营,项目总投资为 49370 万元,用于工程建设等。其中项目自筹资本金 41370 万元,其余资金由发行专项债筹集 8000 万元,全部为新增债券,专项债融资成本按 3.43% 估算,详见表 7-1 及表 7-2。

表 7-1 项目投资估算表

万元

支出类型	金额
建筑安装工程费	42994
工程建设其他费用	3998
预备费	1409
债券发行费用	9
建设期利息	960
还本付息服务费	0.05
总建设投资	49370

表 7-2 项目建设期资金平衡表

万元

年度	2017	2018	2019	2020	2021	合计
建设期资金平衡表						
资金筹措						
财政资金	1200	10146	12274	12274	9475	41370
债券发行	—	—	8000	—	—	8000
加:上年资金余额	—	—	—	—	—	—
合计	1200	10146	20274	12274	9475	49370
资金使用						

年度	2017	2018	2019	2020	2021	合计
建设资金使用金额合计	1200	10146	20274	12274	9475	49370
资金余额	—	—	—	—	—	—
（资金筹措—资金使用）						

项目绩效运行监控时间为建设期第三年，即 2019 年 1 月 1 日—2019 年 12 月 31 日。项目建设进度方面，受基础工期延长等因素影响，项目整体施工进度延迟。截至 2019 年年末，累计完成投资额占计划投资额的 67％。

3. 项目专项债发行及使用情况

（1）专项债发行

根据 H 省财政厅公布的该公立医院项目专项债信息披露文件，债券发行额为 8000 万元，债券品种为记账式固定利率付息债权，期限为 10 年，票面利率为 4.07％，利息每半年支付一次，发行后可按规定在全国银行间债券市场和证券交易所债券市场上市流通，债券到期后一次性偿还本金，详见表 7-3。

表 7-3 公立医院专项债发行概况

债券名称	2019 年 H 省（G 市）公立医院专项债券（一期）
发行人	H 省人民政府
发行品种	专项债券
发行期限	10 年期
发行规模	人民币 8000 万元
评级结果	AAA 级
发行面值	人民币 100 元
发行时间	2019 年 2 月 13 日
缴款/起息日	2019 年 2 月 14 日
上市流通安排	于上市日（即招标日后第三个工作日）起，按规定在交易场所上市流通
利息兑付日	在债券存续期内，每年的 1 月 14 日和 7 月 14 日（如遇法定节假日，则顺延至下一个交易日，顺延期间不另计息）
付息流程	本期债券每个付息日前 5 个工作日，由 G 市财政局按照信息披露安排规定在指定的公开渠道发布《付息公告》并按付息公告约定完成付息工作
发行方式	公开招标发行
债券利率	固定利率
利率确定方式	采用单一价格荷兰式招标方式，标的为利率，全场最高中标利率为本期专项债券的票面利率

债券名称	2019 年 H 省（G 市）公立医院专项债券（一期）
付息方式	每半年付息，最后一期利息随本金的兑付一起支付
计息天数	365 天
发行对象	全国银行间债券市场、证券交易所市场的投资者（国家法律、法规禁止的购买者除外）

（2）专项债资金拨付和使用

债券发行完毕后，2019 年 4 月 H 省财政厅将 8000 万元专项债资金指标下达 G 市财政局，G 市财政局下达至 G 市卫生和健康委员会（以下简称"G 市卫健委"），2019 年 5 月 G 市卫健委拨付至项目公司用于公立医院项目建设。

项目公司自 2019 年 6 月开始首次使用专项债资金，主要用于项目工程建设合同款及工程建设其他款（包含造价咨询、监理服务费等）。截至 2019 年 11 月，专项债券资金支出 5896 万元，其中工程建设款支出 5732 万元，工程建设其他款支出 164 万元，结余 2104 万元。

（3）专项债本息偿还

按照专项债信息披露文件，项目每半年付息一次，到期偿还本金。根据项目公司提供的付息凭证，截至 2019 年 11 月 30 日，已偿还 2019 年 8 月 14 日到期的一期利息，利息金额为 137 万元。

4. 项目绩效目标

2019 年年初，该项目实施单位根据要求完成项目总体和年度绩效目标申报，按规定程序由主管部门 G 市卫健委审核后，报财政部门审定。绩效目标具体情况如下。

产出目标：2018 年 11 月前主体结构施工达到 ±0[①]，2019 年 6 月前标准层完成至 1/3，2019 年 11 月前标准层完成至 2/3，2020 年 6 月前主体结构封顶，2021 年 6 月前完成竣工备案。

效果目标：工程建设施工文明、规范，严格把控施工环节，履行社会责任，最大限度降低工程建设中对周边环境和居民的影响；项目建成后解决当前医院就医环境差等问题，完善医院功能设置，为 G 市居民提供完善的公共卫生服务及医疗服务，完善 G 市居民医疗保障体系。

（二）绩效运行监控设计实施

1. 运行监控目的和思路

开展本次绩效运行监控是为了方便 G 市财政部门和卫健委动态跟踪债券项目建设期的项目投资、预算执行进度、目标实现保障要求等，同时突出政府债务运行特

---

① 工程专用术语，"正负零"指的是主体工程的一个基准面，在主体工程基准面下工程完成，该进行主体地上工程施工的时候，也就是主体工程达到"正负零"。一般是以地平线为标准，高于地平线为正，低于地平线为负。

点，对债务资金使用、债券信息公开等进行重点跟踪，及时纠偏整改，确保绩效目标的实现。其中，项目投资和预算执行进度指项目工程的建设进度和质量控制、预算资金支出进度等；项目目标实现的保障要求情况指为完成绩效目标所需的资源保障，具体包括资金来源的可持续性、组织机构和人员配备合理，项目实施前和实施中的实施准备、合同管理、采购管理、财务管理、施工、监理和验收等各环节相关制度的健全性，以及相关制度执行的有效性等。

2. 运行监控分析和结论

（1）预算执行情况

专项债资金计划于 2019 年年底使用完毕，根据项目公司提供的专项债资金使用进度明细表，截至 2019 年 11 月，专项债券资金支出 5896 万元，实际结余 2104 万元，执行率为 73.11%。由于项目设计采购施工总承包工程支付节点设置不太合理，未充分考虑项目建设进度、施工单位垫资带来的潜在风险和不稳定性因素，这导致债券资金存在滞留，增加债券资金成本。此外，项目进度延迟也导致施工费用的增加。

（2）绩效目标实现情况

由于项目改造前期准备工作不充分，导致桩基础施工启动后，需重新模拟老旧基础的布置形式。但在实际施工中发现，新的建筑物支护桩及工程桩近 50% 与老旧桩位置重叠，基础施工入岩量大增，导致支护及桩基础工期延长近 60 天，直接影响项目预算控制、工期，并导致资金使用进度出现延迟等问题。在质量和施工安全方面，项目公司严把施工现场质量安全，施工单位明确质量目标，建立健全质量保证体系，制定了各项技术保障措施，严格按照设计施工图和规范标准组织施工，获得了一次 G 市建设工程安全生产与文明施工优良工地奖。

（3）债券信息公开情况

根据财政部《关于印发〈地方政府债务信息公开办法（试行）〉的通知》（财预〔2018〕209 号）第十一条"使用专项债资金的部门不迟于每年 6 月底前公开：截至上年末专项债资金使用情况；截至上年末专项债券对应项目建设进度、运营情况等；截至上年末专项债项目收益及对应形成的资产情况"的要求，项目公司于 2019 年 9 月在网站公布了本项目专项债券存续期的资金使用状况，但缺失项目建设进展情况的信息。项目建设进度受工期延长等影响出现了延迟，但项目公司未按要求对存续期专项债进行信息披露。信息披露的缺失不利于投资者对存续期债券风险的把控，同时也不利于财政部门对专项债实施管理。

（4）项目目标实现的保障要求

本项目基本按照要求履行施工建设程序，实施准备、合同管理、采购管理、财务管理、施工、监理和验收等各环节履行规范。

综上，建议 G 市卫健委指导项目公司进一步保障并合理推进公立医院专项债项目施工进度，加快专项债资金的使用，依据合同约定及时向供应商和施工单位支付项目工程建设款项，保证项目施工的质量，加快项目建设进度。同时，建议 G 市卫健委指导项目公司按照政府债务信息公开要求及时对项目进度、重大参数变更等存续期项目的实施、资金使用情况等进行说明和披露，让市场及投资者能够全面详细了解项目全周期的信息，增强政府债务信息的透明度。

（三）案例总结

1. 案例经验及优点

该案例除了对绩效目标实现情况和预算执行情况开展监控外，还重点对债券资金使用进度、债券信息公开、债券利息偿还情况等进行了延伸监控，体现出专项债项目的特点。

2. 案例不足与探讨方向

考虑到该项目债券资金占总投资额比例不高，以及债券资金执行未能在当年度全部支付完成的结果，该案例可考虑进一步对债券项目决策、债券发行计划等开展论证，对债券发行的必要性和资金阶段性募集规模的合理性提出建议。

|第三节| 生态环保专项债项目绩效评价案例

一、生态环保专项债券简介

（一）基本情况

改革开放四十多年来，我国经济社会发展取得了巨大成就，但在各区域的经济发展过程中，大规模的工业化、城镇化也造成了环境污染和生态恶化等问题的日益加剧。十九大提出将建设生态文明提升至中华民族永续发展的千年大计，坚持节约资源和保护环境的基本国策，坚决污染防治攻坚战。为确保实现污染防治攻坚战阶段性目标，发挥政府投资项目的引导和带动作用，生态环保领域政府投资持续加大。

2018 年以来，伴随着有关发行专项债用于支持生态环保领域政策的不断出台，生态环保领域专项债发行规模实现了飞跃式发展。截至 2020 年 9 月末，市场上已发行 141 期生态环保主题专项债（仅包含生态环保领域集合发行数据，未包含与其他创新品种打包发行的生态环保项目数据），发行金额共计 2104.106 亿元。

（二）生态环保专项债券特点

1. 发行品种

从收益性角度来看，大气治理、土壤治理、森林保护、野生动物保护等生态环保领域很难找到受益主体来付费，实现项目融资与收益自求平衡较为困难。结合市场上生态环保领域专项债集合发行数据情况，债券资金主要应用于环境综合治理（包含城乡环境综合整治、生态环境治理等集合发行项目）、污水治理（包含水污染治理和污水处理等项目)、垃圾处理(包含固废处理、餐厨垃圾等项目)、生态保护(包含生态保护修复、景区修复与开发等项目)等领域。

2. 集合发行

生态环保领域单个项目平均发行规模较低,多数会采取同一品种或同一期限项目集合发行,避免碎片化发行影响债券认筹。市场上已发行的 141 期生态环保主题专项债中,有 118 期是采用多个项目集合发行方式,涉及金额 1950.97 亿元,发行市场占比 92.70%。除此之外,山东省、河南省、湖南省、甘肃省、云南省、宁夏回族自治区等将生态环保项目与"两供两治"、农林水利、市政及园区基础设施、城乡发展及乡村振兴等项目集合发行,部分地区如安徽省、新疆维吾尔自治区及宁波市等则按照发行期限将生态环保项目与其他创新品种专项债打包发行。

3. 期限结构安排

污水处理、垃圾处理等占比较大的生态环保主题项目在运营期间每年都会产生较为稳定的现金流,因此为降低项目融资成本,深圳市、四川省、河北省三个发行主体在发行债券时设置了债券提前还本金条款,进一步丰富债券期限结构。

二、J 市水污染治理专项债项目绩效评价案例

本案例围绕 L 省 J 市 K 区水污染治理专项债项目,按照本书前文阐述的绩效评价路径,介绍专项债项目开展绩效评价的思路和方法。

(一)项目简介

1. 项目背景

2015 年 4 月,国务院颁布实施《水污染防治行动计划》(国发〔2015〕17 号),明确各市人民政府是整治黑臭水体的责任主体,并要求 2017 年年底前,各直辖市、省会城市、计划单列市建成区基本消除黑臭水体;2020 年年底前,地级以上城市建成区黑臭水体均控制在 10% 以内;到 2030 年,全国城市建成区黑臭水体总体得到消除。

在此背景下,L 省发布《L 省××××年水污染防治攻坚战工作方案》(L 环函〔20××〕××号),将"全面攻坚劣Ⅴ类断面""强化优良水体保护""保障饮用水源安全""全力消除黑臭水体""着力提升生活污染治理效率"等内容作为水污染攻坚战的主要任务,为 2020 年实现水质优良比例达到 87%、全面消除劣Ⅴ类断面夯实基础。

"十二五"时期,区域洪潮涝、水污染问题已成为制约 J 市城市建设发展的重要因素。20××年,J 市政府出台《J 市贯彻国务院水污染防治行动计划实施治水提质行动方案》(J 府〔20××〕××号),要求到 2020 年年底实现饮用水源水库质量达标率稳定在 100%,M 河(N 片区)水质指标达到考核要求,水环境质量得到总体改善,城市防洪排涝设防达到要求。为积极响应各级政府水污染治理要求,K 区政府出

台《K区水务发展"十三五"规划》，要求按照"N模式"（"一个模式、三全治理、三全达标、八个举措"）推进水污染治理工作，明确提升国考省考断面水质和污水处理能效，彻底实现雨污分流，完成黑臭水体消除的任务和目标。

2. 项目主要内容及基本情况

2019年，K区对辖区内超过150项水污染治理项目进行政府投资建设，并从中选择9个K区生态文明建设重点项目以发行地方政府专项债券的方式筹集部分项目资金。本专项债计划通过国有土地出让收入和城市更新土地出让收入偿还。本次绩效评价对象为K区2019年发行的40亿元水污染治理专项债，涉及环境综合整治、正本清源、黑臭水体消除、水库水质保障四类治理项目，共9个债务项目。由于债务项目资金来源除了专项债外，还涉及一般公共预算和国土基金，不同来源的资金在同一项目使用的效果无法分割，所以本次绩效评价范围在40亿元专项债基础上进行延伸，即对9个债务项目在2019年的总预算进行绩效评价。本次绩效评价项目主管单位为K区水务局，评价期限为2019年1月1日—2019年12月31日。

（二）项目预算及执行情况

1. 债务项目总投资估算

根据可研批复文件和概算批复文件，9个债务项目的开发建设总成本为400亿元，所需资金到2022年逐步到位。其中2019年投资总安排50亿元，占9个债务项目建设总投资的12.5%。为保障债务项目建设期的资金需求，2019年通过专项债筹集方式筹集40亿元作为9个债务项目的部分项目资金，债券利率以《20××年J市（K区）水污染治理专项债实施方案》（以下简称"《方案》"）测算日的"前五日10年期国债收益率的平均值3.28%，上浮25个基本点"，即按3.53%进行测算。债券筹集过程中产生的相关费用计入9个债务项目总投资中，具体包括专项债发行费用440万元、建设期内产生利息费4.31亿元及还本利息服务费8万元。

2. 专项债券发行及偿还计划

本专项债发行规模40亿元，发行期限为10年，发行时间为2019年。根据《方案》，专项债计划于2020年起开始偿还债券本金，并在2029年完成全部债券本金偿还；专项债付息计划从2019年开始，并在2019年完成7060万元利息支出。专项债偿还以国有土地出让收入和城市更新土地出让收入两种方式完成。

3. 债务项目预算安排及执行

2019年，9个债务项目总预算50亿元，其中专项债安排40亿元，占比80%；一般公共预算和国土基金安排10亿元，占比20%。截至2019年年底，9个债务项目支出42.5亿元，其中专项债支出40亿元，执行率为100%。各债务项目预算安排及执行情况见表7-4。

表 7-4　各债务项目 2019 年预算执行情况

序号	项目名称	总执行率/%	专项债执行率/%
1	M 河流域（N 片区）水环境综合整治工程	73.63	100
2	M 河流域（N 片区）正本清源工程	80.34	100
3	K 区 2019 年全面消除黑臭水体工程（M 河片区）	100	100
4	K 区 2019 年全面消除黑臭水体工程（甲片区）	100	100
5	K 区 2019 年全面消除黑臭水体工程（乙片区）	94.72	100
6	YYY 水库水质保障工程（一期）	44.97	100
7	YYY 水库水质保障工程（二期）	60.82	100
8	YYY 水库水质保障工程（三期）	48.97	100
9	YYY 水库水质保障工程（四期）	17.33	100
合计		85.07	100

（三）项目组织管理情况

根据专项债"借、用、还"全债务管理流程，本项目涉及的组织管理主体包括 K 区财政局和 K 区水务局。在分工上，前者负责专项债的"借"与"还"，后者负责专项债的"用"。

K 区财政局（以下简称"区财政局"）在区政府债务管理领导小组领导下拟订区地方政府债务管理的制度和政策，组织开展区地方政府债务管理。在本项目中，区财政通过合理的预算安排积极筹措资金，于 2019 年根据本区债务限额完成了 40 亿元 K 区水污染治理专项债券的筹集，并按照债券实际利率 3.53% 偿还本专项债利息 7060 万元。

K 区水务局（以下简称"区水务局"）在本项目中负责债务项目"立项—实施—交付"等与专项债"用"相关的工作，包括制定全区水务发展规划、安排债务项目年度建设任务、统筹实施辖区内水域水体水质检测、实施债务项目进度跟踪及监督管理、质安管理等。

（四）项目绩效目标

根据《K 区水污染治理指挥部关于印发 K 区水污染治理 20×× 年度建设计划的通知》（K 水污染治指〔20××〕6 号），2019 年债务项目治理绩效目标分为三点：一是在 2019 年年底相关河流实现全面消除黑臭水体，并实现长治久清；二是在 2019 年年底相关河流实现全面消灭劣 V 类，并维持水质稳定；三是在 2019 年年底实现国考 AA 断面及省考 BB、CC 大桥断面达到地表水 V 类。

各债务项目在 2019 年年初根据工程建设计划申报绩效目标，具体目标情况详见表 7-5。

表 7-5　债务项目年度绩效目标

序号	项目名称	年度绩效目标
1	M河流域（N片区）水环境综合整治项目	12月底前完成涉及消黑相关工程（老旧管网修复及清淤、暗涵整治、小微水体治理，面源污染治理）
2	K区2019年全面消除黑臭水体工程（甲片区）	2019年10月31日前全面消除片区黑臭水体，完成片区内所有的小微水体、暗涵、暗渠、小湖塘库、排污口整治，重点污染源（含垃圾中转站、农贸市场、汽配、洗车、餐饮街等），正本清源，老旧管道改造、老旧管网疏浚维护，污水处理厂水量调配等施工任务；2019年12月31日前，完成河道防洪完善及排口整治，排涝泵站改造等；重点景观与生态修复等全部施工任务
3	K区2019年全面消除黑臭水体工程（乙片区）	完成年度考核形象进度目标70%
4	YYY—石岩水库水质保障工程（一期）	完成年度形象进度50%
5	YYY—石岩水库水质保障工程（二期）	完成年度形象进度25%
6	YYY—石岩水库水质保障工程（三期）	已完成年度绩效目标5%
7	YYY—石岩水库水质保障工程（四期）	年底前完成施工图设计及预算编制工作

（五）评价工作开展情况

1. 评价思路

本案例重在评价债务项目的实施效果，拟从专项债"借、用、还"全流程考察融资风险、偿债风险及举债融资机制中存在的问题，从而为K区水污染治理项目和专项债管理提出可行性建议。

2. 评价内容及指标体系设计

按照决策—过程—产出—效益的逻辑路径，评价小组设计了水污染治理专项债绩效综合评价指标体系和各债务项目绩效评价指标体系。前者从宏观上评价本专项债的"借、用、还"各环节的管理及风险预警情况，从产出和效益两个维度着重关注9个债务项目的综合产出及效益；后者主要聚焦于具体项目的立项合理性及规范性，从产出和效益两个维度重点关注具体项目的建设完成情况及产出的效益情况（特别是生态效益）。两个指标体系均采取百分制。另需特别说明的是，本次评价涉及的9个债务项目均未交付验收，在产出质量方面主要考察债务项目实施过程中质量监管情况而非水污染治理的结果验收质量。

为评价债券运行合理性，水污染治理专项债绩效综合评价指标体系基于决策维度，从举债融资制度健全性、债务限额控制有效性和举债融资组织完备性三个方面评价举债机制健全性，从水污染治理项目立项必要性、水污染治理项目立项程序规范性和水污染治理项目绩效目标明确性三个方面评价项目立项的合理性及规范性。为评价债券发行效率性，该指标体系基于过程维度对债券资金安排、债务预算管理、债务信息公开及项目实施管理四个方面进行了评价。为评价债券资金使用有效性、债券风险可控性、债券机制可持续性，该指标体系基于产出维度对债务项目完成的数量、质量、时效进行了评价，并在效果维度对生态效益、满意度及可持续性进行了评价。

3. 评价实施

本评价围绕 J 市 K 区 2019 年度 40 亿元水污染治理专项债的管理及使用而展开，遵循科学规范、全面系统、公正公开和绩效相关的基本原则，坚持定量优先、定量与定性相结合的方式，主要运用了文献法、公众评判法、因素分析法、专家评估法等方法，评价过程分为前期准备、工作方案制定、现场调研、数据采集与分析、报告撰写与修改五个阶段依次推进。

（六）评价分析

从水污染治理债券资金筹集与使用、水污染治理效果、区域政府债务风险三个维度展开评价分析，认为：一是专项债券资金使用效率高，债务项目在实施过程中推进状况良好，但债务项目进度较原有计划有不同程度滞后；二是 2019 年水污染治理效果总体向好，K 区水污染治理年度绩效目标大部分达成，但水体水质不稳定，存在反复问题；K 区政府债务余额规模增长迅速，私人投资挤出效应严重且短期内偿债压力大。

1. 债券资金使用效率分析

本部分主要从债券资金拨付效率、使用规范性、工程质量三个维度对债券资金使用情况展开分析。分析结论如下：

一是区财政严格按照 K 区 2019 年度专项债债务限额开展专项债筹集工作，从预算安排到各债务项目的债券执行率达 100%，从专项债券筹集到债券资金拨付使用及时，实现了"2019 年 10 月底完成专项债拨付到项目"的工作目标。

二是专项债券资金使用审批由第三方监理单位对项目使用进度复核确认，且从现场财务核查来看，未发现挪用专项债券资金现象。结合区财政债务梳理，2019 年偿还本专项债利息的 7060 万元资金来自 K 区国有土地出让收入和城市更新土地出让收入，未发现"发新债偿旧债"的情况。

三是通过对第三方工程监理月报及质安监理整改台账梳理，未发现债务项目在实施过程中存有"偷工减料"、质量不合格的问题，工程施工质量良好。但从债务项目的实施进度看，9 个项目中有 8 个项目的建设进度受到交通主干道占道审批、林地占用手续审批、汛期施工、新增任务等因素的不同程度影响。

2. 水污染治理效果分析

本部分主要结合债务项目治理目标，从河流黑臭水体消除、水质达标、国考及省考断面水质达标三个维度展开分析。分析结论如下：

一是根据区水务局对目标河流黑臭水体消除检测情况梳理分析，从 12 月的检测结果看，全区 48 条检测河流在 12 月 4 次检测的结果均为"不黑不臭"，基本实现年底主要河流全面消除黑臭水体的目标；从消除黑臭水体稳定性看，在河流水质监测第三次出现"不黑不臭"后，有 30 条河流再次出现黑臭情况，河流消除黑臭相对稳定（有 3 次波动机会）率为 36.74％。

二是根据区水务局对目标河流水质检测情况梳理分析，从 12 月的检测结果看，12 月区水务局监测的 32 条主要河流中，有 6 条河流保持（12 月 4 次水质检测结果均为"达标"）水质达到"地表水 V 类"标准，水质达标率为 18.75％；从水质达标稳定性来看，4—12 月区水务局纳入监测的 44 条主要河流中，在河流第三次出现达标后，有 9 条河流维持了水质相对稳定（有 3 次波动机会），相对于全年监测的 44 条主要河流，相对稳定率为 20.45％。

三是根据区水务局对国考、省考断面水质检测数据（2019 年 1—12 月）梳理，国考 AA 村断面、省考 BBM 断面及省考 CC 大桥断面在 12 月的水质监测均达到"地表水 V 类"要求，实现 2019 年年底国考、省考断面水质达标的绩效目标；从全年水质达标情况看，国考 AA 村断面全年仅有 11 月和 12 月水质监测达标，全年达标率为 16.67％；省考 BBM 断面和省考 CC 大桥断面全年水质监测均有 7 次达标，达标率均为 58.33％。

3. 区域内政府债务风险分析

本部分围绕政府债务"借、用、还"三个维度，对 K 区现有政府债务规模增长趋势和债务负担率、债务依存度和私人投资挤出效应、偿债风险等内容进行分析。分析结论如下：

一是从"借"的维度看，K 区自 2014 年开始举债，截至 2020 年第二季度，政府债务余额已达 171 亿元，平均每年举借 24.43 亿元。从债券实际发行看，超过 98％的债券是在 2018 年之后发行的，即自 2018 年后政府债务规模爆发式增长；从 K 区 2020 年下半年发债计划来看，在 2020 年上半年已举债 78 亿元的基础上，下半年仍计划举债 18 亿元，到 2020 年年底 K 区政府债务余额将达到 189 亿元，短期内 K 区债务规模仍将继续扩大。在 2018 年（含）之前，K 区政府债务负担率极低，均保持在 0.5％以下水平，到 2019 年 K 区政府负债率增至 2.41％，仍保持在 10％警戒线以内，政府债务规模相对可控。但到 2020 年上半年，K 区政府债务负担率快速增至 11.14％，已超过债务负担率 10％的警戒线。K 区政府债务负担率快速增高。

二是从"用"的维度看，K 区自 2014 年发行 3 亿元一般债后直至 2018 年第二次举债，该区债务依存度从 2018 年 1.62％增至 2020 年 13.99％，逼近 15％的警戒线，在财力有限的前提下政府持续高额举借，债务风险较大。再看 K 区私人投资挤出效益，在 2017—2019 年，K 区政府债务增速迅猛，而民间投资在 2019 年则出现将近拦腰减速的情况，私人投资挤出效应为 2.02％，在私人投资挤出效应 0％～110％区间警戒线内，趋近于 0，私人投资挤出效应严重。

三是从"还"的维度看，根据已发行债券的偿债计划，在过去的近 5 年内 K 区政府债务任务主要为付息，偿债率均低于 5％，距离 15％的警戒线较远，偿债压力较小。但从 2020 年开始有债务需偿还本金后，偿债任务较 2016—2019 年大幅增加，并将在 2021 年达到第一个小峰值（有 3 项债务需偿还本金，合计 20.89 亿元），在 2023 年达到本次预测范围的最大峰值（有 4 项债务需偿还本金，合计 27.54 亿元）。

（七）评价结论

总体而言，K 区水污染治理专项债在管理及使用上存有一定成效，具体如下：一是债务管理机制完善，专项债券发行效率高，达到了国务院常委会议关于"确保 10 月底前新增政府债券资金全部拨付到项目上"的要求。二是财政投入力度大，治理效果立竿见影，2019 年年底辖区内 48 条主要河流全部达到"不黑不臭"的水体标准，有 18.75％的主要河流（监测河流数 32 条）达到"地表水Ⅴ类"标准，AA 村国考断面、BBM 省考断面和 CC 大桥省考断面全部达到"地表水Ⅴ类"标准。三是治理与环境优化同步，治水效果外延作用明显。水污染治理工程不仅有效提升水质，改善区域整体生态环境，也推动关联水域的基础设施建设和完善，在一定程度上改观了城市风貌，丰富了市民生活。

与此同时，K 区水污染治理专项债项目在实施过程中也存在一些需引起注意的问题，主要有以下几点：

一是水污染治理项目前期规划不够完善、可行性研究不充分、目标不清晰，降低了项目实施绩效。二是水污染治理项目绩效运行制度不够完善，对于建成后的运行维护尚未建立长效机制。三是区域性债务风险较大，债务精细化管理仍有较大提升空间。此外，虽然区财政局建立了风险预警机制，对单个政府性债券的偿还进行预警，但未能对全区债务全量进行债务风险点分解和量化分析，缺少全覆盖的债务风险预警指标体系，未能实现区域债务精细化管理。

针对评价中发现的问题，评价组给出如下建议：一是定期对辖区内水污染治理项目进行梳理、复盘，完善水污染治理规划，提高成果管理水平。二是落实全过程预算绩效管理，健全水污染治理长效机制，强化水污染治理项目的后续维护。三是健全社会投融资机制，推动民间投资基建，推动政府债务精细化管理，落实政府债务全过程、全生命周期动态风险预警机制。

（八）案例总结

1. 案例经验及优点

一是从"借、用、还"三个维度全面分析区域债务风险。本案例在评价过程中除了对债务项目的建设目标完成情况及债务项目实施效果进行绩效分析，还从"借、用、还"三个维度对 K 区的政府债务进行了摸底和风险评估，全面分析 K 区目前的举债规模、债务负担率、债务依存度、私人投资挤出效应及未来几年的偿债压力。

二是探索政府债务风险的预警指标体系。在评价过程中，为解决 K 区区域性债务风险较大且现有风险预警机制较为粗泛的问题，评价组结合政府债务"借、用、还"全流程可能存有的风险点构建了风险预警指标体系，将债务风险分解为影响债务风险变化的影响因素，通过分析影响因素的变化预警债务风险的大小。

2. 案例的不足与后续探讨方向

本案例从债务规模、债务负担率、债务依存度、私人投资挤出效应及偿债计划五个维度对辖区内政府债务风险进行了评估，所运用的分析方法偏简单和粗泛，需要进一步探索方法科学、维度全面、分析精准的政府债务风险评估模型，以更有效预测、预警辖区内的债务风险。

|第四节| 地区债券资金整体绩效评价案例

一、项目简介

（一）项目实施背景

O 新区位于 P 市北部，于 201× 年正式挂牌成为国家级经济开发区。新区规划面积 ××× 平方公里，分为直管区和统筹区，直管区由新区管委会组织和领导，统筹区按照属地原则由 P 市、Q 市直接管辖，管委会按照属地原则负责本区域内开发建设和经济社会管理工作。为扶持新区发展，省级政府在新增地方政府债务限额分配时给予新区适当倾斜，同时要求新区妥善安排债务资金用途、加快新增债券资金使用进度、强化债务风险防控。截至 2019 年年底，新区直管区债务余额为 6 亿元，其中一般债为 4 亿元，专项债为 2 亿元。

（二）项目内容、范围及期限

O 新区一般债券资金用于新区 R 大道建设。R 大道全长 55 千米，是连接新区南北的干线性主干道，预计建设时长为 30 个月。O 新区专项债券资金用于新区医药产业园区一期建设，建设内容包括园区环境提升、道路改造、电力设施改造、路网新建、土地开发平整、写字楼建设等，预计建设时长为 1 年。

（三）项目资金来源及规模

O 新区于 2018 年、2019 年各发行一般债券资金 2 亿元，共 4 亿元，为记账式固定利率附息债。其中，2018 年分别发行了 3 年期、5 年期、7 年期及 10 年期一般债券，发行金额分别为 0.2 亿元、0.5 亿元、0.5 亿元、0.8 亿元，票面利率分别为 3.67%、3.95%、4.08%、4.17%；2019 年发行了 10 年期一般债券，发行金额为 2 亿元，票面利率为 3.38%，本金均为到期偿还。

此外，O 新区于 2019 年发行 10 年期医药产业园区建设专项债券，为 10 年期记账式固定利率附息债，共 2 亿元，票面利率为 3.46%。该专项债券产生债券利息 6920 万元，债券本息合计 2.69 亿元，从 2019—2029 年 10 年期间，平均每年需偿还利息 692 万元，2029 年需偿还本金 2 亿元。

（四）项目组织、管理及流程

从债券发行情况来看，O 新区一般债务额度由省财政分配下达，新区在收到债务额度和资金后根据项目储备情况，将其分配至 R 大道建设项目。专项债则按照规定程序发行，在债券发行前已经完成项目可行性研究、立项、用地审批等工作，后按照相关规定在深圳证券交易所发行该证券。

从项目组织实施及管理情况看，O 新区 R 大道建设项目的实施主体为新区开投集团。R 大道建设项目立项前，开投集团组织了前期交通规划，但未完成可行性研究论证，项目经新区管委会决议批复通过后立项，通过公开招标的方式，由开投集团与多家施工单位签订了 R 大道工程总承包（EPC）合同，按照合同规定开展建设工作。医药产业园区建设项目的实施主体为新区 S 组团管理处，S 组团管理处向新区管委会提交项目立项建议书，获管委会批复同意后完成了可行性研究论证工作，并获新区管委会批准。项目立项后由 S 组团管理处通过公开招标的方式确定施工单位，并与其签订了施工合同，按照合同规定开展建设工作。

二、评价设计与实施

（一）评价思路

本次评价委托方重点关注债券资金使用进度、项目实施进度和效果、债券偿还能力等问题，评价组按照"借、用、还"的流程明确评价思路，并将其整体归纳为以下几个方面：一是"借"，包括债务举借、债券发行等；二是"用"，包括债券资金拨付及使用、项目实施进度及预期效果等；三是"还"，包括偿债来源、偿债计划、债务率等；四是潜在风险，包括体制风险、政策风险、管理风险等。具体见表7-6。

表 7-6　评价思路

评价维度	评价要点
债务举借	考察从债务额度确定到发行环节是否规范、合理
资金使用	考察债券资金拨付及使用是否到位，项目实施进度及效果是否达到预期水平
债务偿还	考察债务偿还能力是否充分，是否存在偿债风险，包括偿债来源、偿债计划、债务率等
债务风险	考察影响债券资金使用和项目实施的各项风险因素，包括体制风险、政策风险、管理风险等

（二）评价实施

基于上述评价思路，评价组首先通过与新区管委会沟通及获取相关资料等形式，从整体层面了解了 O 新区管理体制、债务总体情况、债券资金使用和管理情况，为后续工作开展奠定了基础。此后，评价组根据前期获取的资料，进一步梳理确定评价思路及重点，制定了本次评价指标体系，征得委托方及被评方同意后，开展实地调研工作，并根据实地调研获取的数据资料形成了最终的评价结果。由于本次评价既涉及一般债券资金，又涉及专项债券资金，且项目所处的阶段有所不同，评价组设置了两套评价指标体系分别对一般债券和专项债券进行考察。

（三）评价分析与结论

对照上述评估思路，以社会调查获取的数据为依据，评价分析从债券资金"借、用、还"及项目目标实现可能存在的风险等方面展开。

1. 债务举借

首先，对举债机制健全性进行考察，从总体管理层面评估举债是否规范、合理。如 O 新区出台了《O 新区管委会关于进一步规范地方政府债券资金项目管理的通知》，对债券资金项目申报、资金分配、项目实施、使用进度等方面予以明确，且债务余额未超过债务限额。但一般债务先有额度后有项目，在项目准备不充分的情况下完成了一般债务额度的下达及债券资金的发行，这一点不够规范。

其次，对债券发行规范性进行考察，从具体债券发行过程层面评估发债是否规范。如 O 新区在 R 大道建设项目立项前，其可行性研究论证尚未完成，尽管前期进行了交通规划，并在规划中对基本农田用地进行了一定的评估和测量，但对于用地审批可能遇到的困难预估不足，项目立项过程不够规范；专项债按照规定程序发行，在债券发行前已完成可行性研究报告、项目立项、用地审批等工作，后按照相关规定在深圳证券交易所发行该债券，相关材料如实施方案、财务评估咨询报告、法律意见书等均完备，专项债券发行程序规范。

2. 资金使用

首先，对于资金拨付和支出进度进行考察。如尽管新区财政金融局在收到省财政厅债券资金后及时将一般债券资金拨付到开投集团，但受限于土地报批导致的工程进度延后这一问题，资金支出进度慢，一般债券资金总额 4 亿元，截至 2020 年 5 月底支出约 1 亿元，支出进度仅为 25%。

其次，结合项目立项文件、可行性研究报告、合同等材料，对项目完成进度和预期效果进行考察。如 R 大道建设项目受永久性农田报批影响，部分工程至评价截止期尚未按计划开展，且无相关实施进度计划，实施进度滞后，预计完工时间将推迟一年，项目效果暂未显现；医药产业园区于 2019 年年底开工建设，整体施工进度良好，部分项目已经完成，核心区道路、用电条件已经得到保障，但由于园区建设尚未全部完成，入驻企业数仍然较少，预期的土地出让、商铺出租、人才公寓、停车位经营等各项收入尚未能够实现。

3. 债务偿还

首先，通过债务率、偿债率等指标了解地区债务基本情况，如 2019 年度 O 新区一般债务偿债率仅为 1.85%，但考虑到债券发行到期需要偿还本金，如 2023 年需要还本付息 6411.1 万元，在需要偿还债券资金本金的年度将面临较大的财政压力。

其次，结合偿债计划及偿债资金来源，对偿债能力进行评估。如：O 新区一般债务偿还资金主要来源于一般公共预算收入，其中，税收收入是一般公共预算主要收入来源，2019 年为 10.18 亿元，较 2018 年的 9.38 亿元增长 8.53%。从 2019 年新区各项经济发展指标来看，新区规模以上工业增加值增长率、消费品零售额增长率、固定投资额增长率等指标均与全省持平或者高于省会城市同期水平。以上数据整体表明新区经济运行较为平稳，未来一般债券偿债能力预计将有所提高。又如：O 新区专项债务还本付息资金主要来源于新区政府性基金预算收入，而政府性基金预算收入主要来源于土地出让收入。根据专项债发行时的财务评估咨询报告，医药产业园区建设一期项目范围内，可出让土地面积为 530 亩，按照前期制订的土地出让计划，预计收益能够满足专项债还本付息需求。但当前医药产业园区尚未建成，其招商引资能力尚有所欠缺，土地出让、商铺出租等尚未形成规模性收入，加上土地出让收入受宏观经济影响大，可能存在一定的变动，后期仍然存在一定的偿债风险。

4. 债务风险

一是管理体制风险。评价组结合 O 新区成立时间短且刚经历过管理体制调整这一特点，对债券资金偿还可能带来的问题进行了分析。如：以 R 大道为例，R 大道建设总投资 86.9 亿元，原计划按照新区本级与四组团 1∶9 比例承担，体制调整后，在后期资金筹措上尚未出台明确的方案，组团配套资金无法得到充分保障，仅以新区直管区的财力水平显然难以承受；在项目协调配合上也存在一定困难，沟通成本较高，如房屋征收工作受协调主体变更影响导致进度延后。

二是政策风险。由于本项目道路建设涉及基本农田，评价组基于该特点分析其中存在的困难。如：R 大道所涉及的基本农田报批需要由市级层面单位协调、省级层面单位审核、国家部委审批，申报流程复杂，所需时间长，涉及基本农田，审批难度较大，且存在一定的政策变更风险。

三是管理风险。评价组从 R 大道建设延期的原因出发，反思在项目管理过程中可能存在的问题。如：2018 年一般债额度分配至 O 新区时，仅有 R 大道建设项目相对符合预期要求，且 R 大道项目也未完成可行性研究论证，对开工条件预估不足，项目实施条件不够成熟。此外，由于受规划调整、用地报审流程复杂、项目前期变动等多种因素影响，新区手续完备、具备开工条件的项目数量少，且能实现收益自求平衡、达到专项债券发行要求的项目数量不多。

(四) 评价结论

整体而言，O 新区举债机制较为健全，预算管理和资金管理较为规范，专项债项目资金使用进度和实施进度较好，但主要存在以下几个方面的问题：一是新区财力较为紧张，一般债存在较大偿债风险；二是对征收基本农田报批困难预计不足导致 R 大道建设进度缓慢；三是体制调整导致 R 大道建设后期投入资金难以得到保障；四是立项过程不够规范，项目库储备不足。

针对项目建设过程中存在的问题，评价组主要给出以下建议：

1. 充分考虑财政承受能力，多措并举化解偿债风险

一是积极促进新区经济发展，实现"开源"，如向上争取在财税改革中事权与财权对称，在民生实事方面多争取转移支付，用好核心区资源，积极推进区域中心建设，打造新区核心产业，让其成为可持续税源，用活财政杠杆，引入民间资金投入基础设施建设或民生公益事业；二是节约相关开支，做到"节流"，机关事业单位和国有企业节约用财，做强做优平台公司，最大限度降低市场发债成本；三是通多种方式化解存量债券，如精细化预算安排、加快土地拍卖、处置闲置资产、债务重组、调配闲置资金等。

2. 及时调整 R 大道建设规划、资金支出用途，引入社会资本缓解政府债务压力

一是若土地报批无法顺利完成，在 R 大道建设确有必要的情况下，考虑调整 R 大道建设规划，尽量避开基本农田覆盖区域，同时若 R 大道建设资金短期内仍无法顺利支出，建议按照规定程序申请调整支出用途。二是在组团资金无法落实到位的情况下，一方面要积极争取相关资源，另一方面还应当积极探索融资建设模式，通过引入社会资本化解新区政府债务压力，并采取多种手段激发市场活力，如鼓励民间资本与国有资本联合投资、通过增补资源开发权及授权提供配套服务等方式创新盈利模式、通过管理或技术创新降低成本等。

3. 理顺管理体制，建立健全多地区多部门信息沟通共享和协同推进机制

建议 O 新区进一步理顺权责管理关系，清晰划分相关权力主体的职责功能，制定权力责任清单，实现职能与权利主体的匹配。同时，建议新区建立健全多地区多部门信息沟通共享和协同推进机制，利用电子信息技术支持政府之间的沟通合作，增强工作的系统性、整体性、协同性，确保各项工作不断档、管理不脱节，加强跨区域之间的组织合作，打破行政区划壁垒以推动新区整体性发展。

4. 落实项目库制度，加强项目储备，规范项目立项

建议继续落实新区本级政府投资项目储备库建设，加强债券项目储备，依据新区中长期发展规划申报重大公益性、资本性项目，打造优质项目储备库，实行项目动态管理。同时强化项目筛选、审核环节，规范项目立项工作，对于新区非干不可、迟早要干的项目，尽早计划、尽快启动立项。一方面，在重点项目立项环节，充分考虑项目资金平衡方案，按照债券发行标准开展立项和可研编制，以达到项目储备要求。另一方面，在新增地方政府债券限额分配时，优先选择支持在建项目或可研已批复并具备开工条件的新建项目，重点核实项目基本信息，确保项目信息的真实性、准确性及

项目可行性。

三、案例总结

（一）案例经验及优点

一是评价建议有针对性，结果应用性强。评价组在前期和委托方沟通过程中，了解到 O 新区地方政府债券资金使用进度较慢的客观事实，在评价过程中则有针对性地对该问题进行了考察，重点了解了导致资金使用进度慢的原因，以此为依据提出了改进建议。

二是评价重点有所区分。本项目同时涉及一般债券资金和专项债券资金，评价组在评价时根据其本身性质不同及项目特点不同，有针对性地分别制定了评价指标体系，评价重点有所区分。如对于偿债能力的分析，一般债项目偿债资金主要来源于一般公共预算收入，在评价分析时优先关注的是一般公共预算的收支情况；而专项债项目偿债资金主要来源于项目运营过程中产生的政府性基金收入和专项收入，评价分析专项债偿债能力时则优先关注项目自身的偿债能力。

（二）案例的不足与后续探讨方向

本次评价开展时，O 新区医药产业园区尚未建设完成，对于收入实现足额性和保障度的判断依据不够充分，评价组只能退而求其次，选择对新区政府性基金预算收支情况、土地出让收入情况进行分析，以此判断其对专项债券资金偿还的保障程度，存在一定的局限性。

基于本案例存在的不足，可以从以下方向做进一步探索：专项债券属于公益性资本支出，项目回报期较长，应当立足项目的全生命周期，对项目从立项到建设，到运营再到结束的绩效做出量化评价。决策管理方面重点关注债券资金需求合理性，项目收入、成本、收益预测合理性等；产出效益方面重点关注项目目标实现和外部效应等。

官方口径下我国地方政府债务风险评估指标

我国地方债务风险评估指标体系的演变

我国地方债务指标体系演变分为三个阶段。

第一阶段，根据 2011 年国办发《关于做好地方政府性债务审计工作的通知》（国办发明电〔2011〕6 号），开始了第一轮地方政府性债务审计。其中要求"分析债务偿还能力，揭示存在的风险隐患"，以 4 个维度作为衡量债务风险的分析指标：债务率、偿债率、逾期债务率和借新还旧偿债率。

第二阶段，2014 年《中华人民共和国预算法》修正和《国务院关于加强地方政府性债务管理的意见》（国发〔2014〕43 号）出台后，各级政府相继出台"地方政府性债务风险评估和预警办法"，以债务率作为主要指标，新增债务率、偿债率、逾期债务率等作为辅助指标。根据债务率及其他各辅助指标通过加权计算综合风险指标。

第三阶段，2020 年财政部印发《地方政府法定债务风险评估和预警办法》（财预〔2020〕118 号），提出对地方政府按照债务率水平，分成红橙黄绿 4 档进行管控。主要指标为债务率，辅助指标为偿债资金保障倍数和利息支出率，计算口径略有变化。

地方债务风险评估指标计算及演变

我国官方口径下地方债务风险评估指标体系的计算及演变总结如附表 1-1。

附表 1-1　我国官方口径下地方债务风险评估指标体系的演变

阶段	相关政策文件	债务指标	计算公式	警戒线/%
2011 年地方政府性债务审计	《关于做好地方政府性债务审计工作的通知》（国办发明电〔2011〕6 号）	债务率	年末债务余额/当年综合可用财力	100
		偿债率	当年偿还债务本息/当年综合可用财力	20
		逾期债务率	年末逾期债务额/年末债务总余额	—
		借新还旧偿债率	举借新债偿还债务本息额/当年债务还本付息总额	—

阶段	相关政策文件	债务指标	计算公式	警戒线/%
2014 年《国务院关于加强地方政府性债务管理的意见》（国发〔2014〕43 号）后	《政府债务风险评估和预警办法》[①]	债务率	［一般（专项）债务余额/债务年限］/一般（专项）公共预算可偿债财力	100％
		新增债务率	一般（专项）债务还本支出/上年一般（专项）债务余额	
		偿债率	一般（专项）债务还本支出/［一般公共（政府性基金）预算支出＋一般（专项）债务还本支出］	
		逾期债务率	一般（专项）债务逾期余额/一般（专项）债务还本支出	
		综合债务率	35％＊一般债务率＋专项债务率＋30％＊专项债务率＋2.5％＊一般债务新增债务率＋2.5％＊专项债务新增债务率＋5％＊一般债务偿债率＋5％＊专项债务偿债率＋10％＊一般债务逾期率＋10＊％专项债务逾期率	100％
2020 年提出	《地方政府法定债务风险评估和预警办法》（财预〔2020〕118 号）	债务率	（一般债务余额＋专项债务余额）/（一般公共预算财力＋政府性基金预算财力）	红（≥300％）、橙（200％≤债务率＜300％）、黄（120％≤债务率＜200％）、绿（＜120％）
		偿债资金保障倍数	一般公共（政府性基金）预算可偿债资金/［一般（专项）债务余额/一般（专项）债务剩余年限］	
		利息支出率	（一般债务付息支出＋专项债务付息支出）/（一般公共预算支出＋政府性基金预算支出）	

1. 债务率、一般债务率、专项债务率

债务率作为衡量地方政府债务风险的主要指标，是当年度政府债务余额与当年度综合财力之比，反映了地方政府的偿债能力。2020 年之前，其通用计算方式为：

债务率＝地方政府债务余额/地方政府可偿债财力

在 2014 年国发 43 号文之后，各省、市、县相应发布了"地方政府性债务风险评估和预警办法"，为理清各地一般公共债务和政府专项债的债务情况，各地政府性债务风险评估和预警办法中规定债务率又分为一般债务率及专项债务率。计算方式如下：

① 计算公式口径参考《黄冈市市本级政府债务风险评估和预警办法》（黄政办〔2017〕60 号）。

一般债务率＝(一般债务余额÷债务年限／一般公共预算可偿债财力)×100％

专项债务率＝(专项债务余额÷债务年限／政府性基金预算可偿债财力)×100％

其中,根据根据《新增地方政府债务限额分配管理暂行办法》(财预〔2017〕35号),全国地方政府债务平均年限是全国地方政府债券余额平均年限和非债券形式债务余额平均年限的加权平均值。用公式表示为:

全国地方政府债务平均年限＝(地方政府债券余额×地方政府债券平均年限＋非政府债券形式债务余额×非政府债券形式债务平均年限)÷地方政府债务余额

通常在各地方发布的"地方政府风险评估和预警指标口径说明"中会明确公布在计算一般及专项债务率时应使用的债务年限要求,多为四至五年。一般公共预算可偿债财力和政府性基金预算可偿债财力为扣除保工资、保运转等刚性支出后剩余部分。而关于刚性支出的计算方法和准则,在公开文件中未有详细提供。由这种方式计算的债务率的警戒值一般定为100％。

由于各地刚性支出占比差异较大,债务率的分母"可偿债财力"受到各地刚性支出的规模及测算的准确性影响较大。2020年财政部发布财预118号文后,债务率指标本身的计算口径也相应做出调整:债务率的分母从"预算可偿债财力"简化为"预算财力",即在计算预算财力时不再将刚性支出从中剔除;而债务率的分子项(债务余额÷债务年限)被替换为债务余额,不再除以债务年限,以避免债务年限在各地的规定口径中的差异。通过这些在债务率计算口径上的改革,使得以债务率为主要指标对各地政府的债务风险水平进行横向比较变得更为可行。2020年后债务率具体计算公式如下:

债务率＝(一般债务余额＋专项债务余额)／(一般公共预算财力＋政府性基金预算财力)

债务率的分子项一般债务余额及专项债务余额在决算报告及预算执行报告中都进行披露,而债务率的分母项一般公共预算财力及政府性基金预算财力(以下将简称"政府综合财力")在公开文件中未提供详细的计算方法,因此如何准确估算政府综合财力成为根据公开数据计算地方政府债务率的难点。

根据2017年财政部35号文,地区政府财力计算方式如下:

某地区政府财力＝某地区一般公共预算财力＋某地区政府性基金预算财力

其中地区一般公共预算财力及地区政府性基金预算财力计算方式如下:

地区一般公共预算财力＝本级一般公共预算收入＋中央一般公共预算补助收入－地方一般公共预算上解

地区政府性基金预算财力＝本级政府性基金预算收入＋中央政府性基金预算补助收入－地方政府性基金预算上解

因此,地区政府综合财力可以表示为:一般公共预算收入＋政府性基金预算收入＋上级补助收入－上解支出。

以2017年财政部35号文规定的地区政府综合财力计算方式测算得到的2020年

我国各地方政府债务率测算及债务风险情况如附表 1-2 所示。

附表 1-2　2020 年地方政府债务率及债务风险测算

地区	一般公共预算			政府性基金预算			地方政府债务		债务风险	
	预算收入	补助收入	上解支出	预算收入	补助收入	上解支出	债务余额	债务率/%	100%警戒线	风险等级
天津	1923	632	0	912	106	0	6368	178	超过	黄
贵州	1787	3259	39	2047	214	0	10989	151	超过	黄
内蒙古	2051	2787	30	656	259	0	8269	144	超过	黄
辽宁	2656	3029	119	1351	136	0	9262	131	超过	黄
青海	298	1447	5	187	63	0	2454	123	超过	黄
云南	2117	4245	40	1559	253	0	9592	118	超过	绿
吉林	1085	2480	20	1021	170	0	5521	117	超过	绿
宁夏	419	991	5	160	53	0	1859	115	超过	绿
海南	816	1000	9	523	9	0	2624	112	超过	绿
河北	3826	3056	88	3161	23	0	11016	110	超过	绿
湖南	3009	4192	58	3356	268	0	11814	110	超过	绿
福建	3079	1195		3430	0	0	8339	108	超过	绿
广西	1717	3481	46	1939	222	0	7615	104	超过	绿
黑龙江	1153	3658	28	449	248	0	5685	104	超过	绿
山东	6560	3296	855	7279	335	0	16592	100	未超过	绿
陕西	2257	2964	36	2105	236	0	7433	99	未超过	绿
重庆	2095	2165	49	2458	250	0	6799	98	未超过	绿
新疆	1477	3622	110	591	194	0	5635	98	未超过	绿
安徽	3216	3743	91	3145	251	0	9600	94	未超过	绿
湖北	2512	4912	79	3229	535	0	10079	91	未超过	绿
江西	2508	2272	22	3102	219	0	7149	88	未超过	绿
山西	2297	1713	43	1152	130	0	4612	88	未超过	绿
四川	4258	5836	73	4779	393	0	12743	84	未超过	绿
河南	4155	4077	85	3752	32	0	9822	82	未超过	绿
江苏	9059	2209	361	11359	405	0	17228	76	未超过	绿
浙江	7248	1388	515	11353	26	0	14642	75	未超过	绿
北京	5484	797	118	2317	0	0	6064	72	未超过	绿
广东	12922	2214	594	8642	541	0	15316	65	未超过	绿
上海	7046	1119	215	3175	279	0	6892	60	未超过	绿
西藏	221	1866	0	88	74	0	375	17	未超过	绿
甘肃	874.5	—	—	649	—	—	3942	—	—	—

根据测算,全国以上 31 个省(自治区)市中,除了甘肃省一般公共预算和政府性基金预算上级补助收入的具体数值未在 2020 年结算报告中查到,因而无法通过公式计算债务率外,其余 30 个省市中 14 个省市债务风险超过 100％警戒线,其他 16 个省市在债务率小于等于 100％的安全范围内;根据风险等级判断,30 个省市中有 5 个省市债务风险为黄色预警,以债务率排名分别为天津(178％)、贵州(151％)、内蒙古(144％)、辽宁(131％)、青海(123％),全国范围内暂未出现橙色和红色预警的省市,这些省市的地方政府债务风险需要警惕但目前基本仍在可控范围内,其余各市债务率均在绿色范围。债务率较低的省份从低到高排名分别为西藏、上海、广东、北京、浙江、江苏等,主要以地区经济发展情况较好、综合财力较强的省市为主。

　　此外,有学者根据部分地区通过公开发布的地方政府债务率,通过地方综合财力＝地方债务余额/债务率这一公式反推得出地方政府在计算债务率时使用的综合财力值,发现与上述 2017 年财政部 35 号文公布的计算公式略有出入,并提出如下公式可能更接近于政府公布的债务率实际使用的一般预算财力及政府性基金财力计算方式:

　　一般预算收入财力＝一般公共预算收入＋上级补助收入＋上年结余＋调入预算稳定调节基金＋调入资金－上解上级支出－调出资金

　　政府性基金财力＝政府性基金预算收入＋上级补助收入＋上年结余＋调入资金－上解上级支出－调出资金

　　而地区综合财力仍为一般预算收入财力与政府性基金财力之和。通过该公式计算得到的地区综合财力的值与理论值差距更小,由于各地在计算地区综合财力时,计算口径可能稍有差异,该方法计算得到的各地区综合财力结果与理论值之间仍略有差异。

　　债务率的计算方法中,通常主要的大项为一般公共预算收入、政府性基金预算收入和上级补助收入,若存在数据可得性问题时,可将地方政府综合财力简化为这三项之和。相比 2017 年财政部 35 号文的债务率公式而言,省略了"上解支出"一项。根据附表 1-2 的各省数据显示,上解支出相比地方政府综合财力而言占比不高,占比最高的三个省分别为山东、浙江、广东,分别为 4.7％、2.5％、2.4％,多数省市上解支出占比更低,因此剔除上解支出后对地方政府债务率的影响基本在 5％以内。其余的上年结余、调入调出和上解支出通常额度较小,对地方政府财力计算的准确性影响相对较小。而上级补助收入中,通常主要为一般预算上级补助,政府性基金上级补助收入额度较小。2020 年,地方将抗疫特别国债计入政府性基金上级补助收入中,因此部分地方政府性基金上级补助收入相对较高,存在年代特殊性。

　　由于 2020 年开始使用的债务率计算方式的口径与之前有所不同,地方政府债务率的警戒线也不再沿用"100％"这条标准,而是根据 2020 年下发的《地方政府法定债务风险评估和预警办法》,通过将一般债务和专项债务合并计算,并且从 0 到 300％细分为四档,将地方政府债务率由高低设置红、橙、黄、绿四个风险等级档次,用以表征地方债务风险情况。具体为:红,债务率≥300％;橙,200％≤债务率<300％;黄,120％≤债

务率<200%;绿,债务率<120%。

2. 偿债率、逾期债务率、借新还旧偿债率、新增债务率、综合债务率

2011年的地方政府性债务审计中,除了债务率外,还使用偿债率、逾期债务率、借新还旧偿债率等指标,以辅助判断地方政府债务风险情况。

偿债率为当年偿还债务本息额和当年地方政府综合财力之比,指标越高表明地方政府在该年度偿债量越大,间接反映了地方政府的偿债压力。警戒线通常设置为20%。

逾期债务率为当年年末地方政府逾期债务额与当年年末地方政府债务余额之比。理论上该指标较高时表明政府已出现偿债困难,存在较高债务偿还风险,但是实际上政府可以通过举借新债偿还旧债来减少或消除逾期债务无法及时偿还的风险,因此通过可见的逾期债务额计算得出的逾期债务率在各级政府之中普遍较低。出于同样的原因,报告的逾期债务率在政府之间也缺乏可比性。总体来说该指标对债务偿还风险的判断能力相对不足,因此在2020年后将逐渐被摒弃。

借新还旧偿债率,即政府举借新债偿还债务的本息额与当年债务还本付息总额之比,用于反映政府用举新还旧的情况,相比逾期债务率,可以更真实地反映政府债务偿还债务的困难程度及偿还风险。自2018年财政部发布《关于做好2018年地方政府债券发行工作的意见》(财库〔2018〕61号)起,地方政府借新还旧债券正式开始发行,至2020年年底我国地方政府该指标已达到63%,表明地方政府对举借新债偿还债务的依赖程度增速较快,存在一定的债务偿还风险。

2014年国发43号文中除了沿用债务率、偿债率、逾期债务率等指标外,首次引入了新增债务率指标,即当年新增债务额和上年年末债务余额的比值,用来反映地方债务增长速度。此后,各地政府陆续发布地方政府"债务风险评估和预警办法",建立了以债务率为主要指标,新增债务率、偿债率和逾期债务率为辅助指标,最终通过加权得到地区综合债务率以反映地方政府整体债务风险情况的风险评价体系。

其中综合债务率$=\sum$分项风险指标值×权重,而分项风险指标权重各地方政府通常定为:一般债务率35%、专项债务率30%,一般债务新增债务率2.5%、专项债务新增债务率2.5%,一般债务偿债率5%、专项债务偿债率5%、一般债务逾期率10%、专项债务逾期率10%。综合债务率的警戒线一般也定为100%。

通常规定,在计算综合债务率时,为避免部分风险指标极值对综合债务率影响过大,计算时对分项指标进行适当修正:当某项指标大于300%时,一般取最大值300%,例如对可偿债财力小于0或债务率大于300%的地区,债务率指标值取300%。

各地政府在披露2020年综合债务率时,也存在"红、橙、黄、绿"债务风险等级评判标准,但是由于债务率与综合债务率的概念存在区别,针对的目标及计算方式也有所不同,使用时应避免混淆,也不宜直接对两者进行对比。

3. 偿债资金保障倍数、利息支出率

2020 年财政部下发《地方政府法定债务风险评估和预警办法》,保留以债务率为地方政府债务风险评估的主要指标,以偿债资金保障倍数、利息支出率作为辅助指标的评价体系。

偿债资金保障倍数按一般债务、专项债务分别设置,为地方政府一般(专项)债务可偿债财力与政府一般(专项)债务余额之比,其中债务余额需按年限平均化处理,因此该值为 2020 年之前各地使用通用债务率计算公式得到的债务率数值的倒数。偿债资金保障倍数反映了政府财力对一般(专项)债务还本的保障能力,即偿债资金保障倍数越低,政府偿债能力越差。

利息支出率同样按一般债务、专项债务分项计算,为一般(专项)债务的付息支出与一般公共预算支出(政府性基金预算支出)之比,地区综合利息支出率为一般债务付息与专项债务付息之和与一般公共预算支出之比,可反映地方政府预算资金对于债务付息的保障能力。利息支出率越高,政府债务偿付中债务利息占债务偿还本息之和的比例越高,政府债务偿还压力越大,债务风险越高。

债务风险管理绩效指数模型构建

债务风险管理绩效指数模型的构建方法

本书选择能体现政府债务风险管理绩效水平的核心指标，基于政府预决算报告、年度统计公报等文件可获取的数据，通过层次分析法科学赋予各个指标对应权重，完成债务风险管理绩效指数模型的构建。主要步骤如下：

（一）建立层次结构

将决策的目标、因素和对象按照相互关系划分出不同层级，一般包括目标层、标准层和措施层。目标层一般指代决策的目标或需解决的问题，标准层一般指代影响决策的因素或决策的准则，措施层为标准层相关因素进一步细化。

（二）构造判断矩阵

对同层级中的要素进行两两组合配对，对要素进行比较，尽可能避免不同性质要素比较的困难，用以提高准确性。如对 i 与 j 两个要素进行比较，则有：

$$a_{ij} = \frac{1}{a_{ji}}$$

其中，a_{ij} 为要素 i 相比要素 j 的重要性程度。获得所有 a_{ij} 后，构建判断矩阵 A。

（三）单排序权向量一致性检验

基于判断矩阵应为一致阵的原则，需对矩阵的一致性进行检测。定义一致性指标为 CI，CI 的表达式为：

$$CI = \frac{\lambda - n}{n - 1}$$

其中，CI 为一致性得分，λ 为某要素的特征根。CI 越大，代表一致性越低。为衡量 CI 的大小，引入随机一致性指标 RI：

$$RI = \frac{CI_1 + CI_2 + \cdots + CI_n}{n}$$

其中，RI 为随机一致性指标，CI_1，CI_2，$\cdots$，CI_n 为随机构造的 n 个比较矩阵的一致性得分。

将 CI 和 RI 相除得到检验系数 CR，可判断矩阵是否符合一致性。

$$CR = \frac{CI}{RI}$$

一般如果 $CR < 0.1$，则认为矩阵通过一致性检验。若一次性检测未通过，则需要对各指标的重要性进行重新打分。

（四）权重分配及一致性检验

在对矩阵进行一致性检验后，求取各矩阵的特征根与特征向量。以标准化的特征向量作为每个层次各指标的重要性权重。三级指标的权重 w_i 由相应的一级与二级指标重要性权重相乘得到。

得到三级指标的权重 w_i 后，需对总排序权向量进行一致性检测，以确保使用层次分析法根据各层次重要性打分得到最终权重的合理性。检验公式如下：

$$CR = \frac{W_1 CI_1 + W_2 CI_2 + \cdots + W_n CI_n}{W_1 RI_1 + W_2 RI_2 + \cdots + W_n RI_n}$$

其中 W_i，CI_i，RI_i 分别为各一级指标的权重，一致性指数和随机一致性指数。同样，一般如果 $CR < 0.1$，则认为矩阵通过一致性检验。

（五）计算债务风险绩效管理指数

一致性检测通过后，对根据各三级指标被分配的权重进行加权，即获得基于层次分析法的指数表达式：

$$Y = \sum_{i=1}^{n} W_i \times C_i$$

其中，Y 为通过层次分析法定权后最终计算得到的债务风险绩效管理指数，C_i 为各三级指标经标准化处理后的数值，W_i 为各指数相应的权重。

债务风险绩效管理指数模型构建过程

（一）判断矩阵与层次内权重

本书邀请专家对同一判断层次中各项指标进行两两对比，根据上述等级标度进行打分，得到各层次的判断矩阵，详情如下：

附表 2-1 所示为根据专家对第一层次经济、财政、债务的重要性打分情况建立的判断矩阵。该矩阵一致性检验的 CR 值为 0.00，符合判断矩阵的一致性要求。计算该矩阵的特征向量并进行归一化处理，以此作为该层级各指标的权重 W_i。

结果显示，第一层次三个一级维度中，通过专家的重要性对比后，认为债务的重要性最高，W_i 值为 0.57，其次是财政，W_i 值为 0.29，最后是宏观经济，W_i 值为 0.14。

附表 2-1 一级维度重要性分析

地方政府债务风险绩效管理指数	财政	债务	宏观经济	W_i
财政	1	0.5	2	0.2857
债务	2	1	4	0.5714
宏观经济	0.5	0.25	1	0.1429

注：$\lambda_{max} = 3.0000$，$C_R = 0.0000 < 0.1$

完成第一层次的指标进行定权后，用相似的方式对第二和第三层次进行打分和定权。宏观经济的2个二级维度中，附表2-2所示为根据专家对宏观经济内产业结构和固定资产投资重要性打分情况建立的判断矩阵，并依此计算这两项指标在宏观经济这个层次中的权重。结果显示，专家认为宏观经济指标中固定资产投资重要性较高，W_i值为0.67，其次是产业结构，W_i值为0.33。

附表2-2　二级维度重要性分析（宏观经济）

宏观经济	第三产业GDP占比	固定资产投资总额	W_i
产业结构	1	0.5	0.3333
固定资产投资	2	1	0.6667

注：$\lambda_{max}=2.0000$，$CR=0.0000<0.1$

其他二级指标和三级指标，在其相应的层次内，指标权重的计算方法类似，不再赘述。判断矩阵和各指标权重如附表2-3至附表2-5所示。

附表2-3　二级维度重要性分析（财政）

财政	财政收入规模	财政负担水平	税收收入占比	W_i
财政收入规模	1	0.25	0.5	0.1429
财政负担水平	4	1	2	0.5714
税收收入占比	2	0.5	1	0.2857

注：$\lambda_{max}=3.0000$，$CR=0.0000<0.1$

附表2-4　二级维度重要性分析（债务）

债务	债务规模	债务偿还负担	W_i
债务规模	1	4	0.8
债务偿还负担	0.25	1	0.2

注：$\lambda_{max}=2.0000$，$CR=0.0000<0.1$

附表2-5　三级维度重要性分析（债务负担）

债务	债务率	负债率	W_i
债务率	1	4	0.8
负债率	0.25	1	0.2

注：$\lambda_{max}=2.0000$，$CR=0.0000<0.1$

（二）指标权重

对各层次内维度的权重进行分配后，各指标的最终权重为各指标在各层级对应的权重之积。以债务率为例，债务率在其二级指标"债务规模"中的权重为0.8，"债务规模"在其相应的一级指标"债务"里的权重为0.8,而"债务"在三个一级指标中的权重为0.5714,因此债务率的权重为$0.8 \times 0.8 \times 0.5714 = 0.3657$。其他指标的权重计算方法同理,最终各指标的权重计算结果如附表2-6所示。

附表2-6 指标权重分配情况汇总

一级指标	二级指标	三级指标	权重得分
经济	宏观经济	产业结构	4.76%
		固定资产投资总额	9.52%
财政	财政收入规模	预算财力	4.08%
	财政收入结构	税收收入占比	8.16%
	财政负担水平	财政自给率	16.33%
债务	债务规模	债务率	36.57%
		债务负债率	9.14%
	债务偿还负担	债务偿债率	11.43%

由于各层次各维度中的比较矩阵在一致性检测中都表现为绝对一致(各维度所有判断矩阵的 CR 都为 0),总排序权向量也将保持绝对一致。通过计算验证上述猜想,$\lambda_{\max} = 8.0000$,$CR = 0$,猜想成立。

(三)数据标准化处理

由于各指标之间的量纲、数量级存在差异,我们对数据进行标准化处理。债务的三个次级指标——债务率、负债率和偿债率通常作为债务风险指标,数值越高债务风险越高,作为正向指标处理;其余经济、财政等指标数值越高,代表该地经济、财政状况越佳,作为债务风险的逆向指标。标准化公式分别为:

正向指标:

$$x'_{ij} = \frac{x_{ij} - x_{i,\min}}{x_{i,\max} - x_{i,\min}}$$

逆向指标:

$$x'_{ij} = \frac{x_{i,\max} - x_{ij}}{x_{i,\max} - x_{i,\min}}$$

其中 x_{ij} 为指标 i 在地区 j 的具体数据,$x_{i,\max}$ 和 $x_{i,\min}$ 为指标 i 在各地区的最大和最小值。由于标准化处理计算公式的分母依赖于该指标在地区内的两个极值,标准化处理后计算得到的指数一定程度上反映了某地区在整个区域内的排序情况。以上海市各区的债务风险绩效管理指数为例,若 A 区指数较高,该指数仅代表 A 区的债务风险管理情况相对于上海市其他区来说较差,但如果上海市整体债务风险情况较为良好,则A 区的实际债务风险可能仍然完全在可控范围内,需要进一步分析具体情况。

（四）加权汇总

根据附表2-7的对应权重获得地方政府一般债务风险绩效管理指数模型的数学表达式：

$$Z = 产业结构 * 4.76\% + 固定资产投资 * 9.52\% + 政府财力 * 4.08\% + 税收收入占比 * 8.16\% + 政府财政自给率 * 16.33\% + 债务率 * 36.57\% + 负债率 * 9.14\% + 偿债率 * 11.43\%$$

其中，Z 为地方政府债务风险绩效管理指数，Z 值越高，表示该地方政府的债务风险相较其他地区来说越高。同理，可建立地方政府一般债务风险绩效管理指数模型和地方政府专项债务风险绩效管理指数模型：

$$Z_1 = 产业结构 * 4.76\% + 固定资产投资 * 9.52\% + 一般公共预算财力 * 4.08\% + 税收收入占比 * 8.16\% + 一般公共财政自给率 * 16.33\% + 一般债务率 * 36.57\% + 一般债务负债率 * 9.14\% + 一般债务偿债率 * 11.43\%$$

$$Z_2 = 产业结构 * 4.76\% + 固定资产投资 * 9.52\% + 政府性基金预算财力 * 4.08\% + 税收收入占比 * 8.16\% + 政府性基金财政自给率 * 16.33\% + 专项债务率 * 36.57\% + 专项债务负债率 * 9.14\% + 专项债务偿债率 * 11.43\%$$

其中 Z_1 为地方政府一般债务风险绩效管理指数，Z_2 为地方政府专项债务风险绩效管理指数。

（五）实例结果

基于上述建模结果，本书获取2018年上海市下属的16个区级政府的地方政府债务相关指标数据经过归一化后代入模型，获得上海市区级政府的债务风险绩效管理指数、一般债务风险绩效管理指数和专项债务风险绩效管理指数的计算结果，如附表2-7所示。

附表2-7　上海市各区地方政府债务风险绩效管理指数

地区	一般债务风险指数	专项债务风险指数	政府债务风险指数
黄浦区	0.186	0.442	0.358
徐汇区	0.288	0.205	0.283
长宁区	0.280	0.606	0.395
静安区	0.311	0.533	0.460
普陀区	0.420	0.540	0.593
虹口区	0.470	0.816	0.794
杨浦区	0.520	0.653	0.677
闵行区	0.327	0.444	0.462
宝山区	0.373	0.360	0.372

地区	一般债务风险指数	专项债务风险指数	政府债务风险指数
嘉定区	0.349	0.615	0.446
浦东新区	0.169	0.327	0.264
金山区	0.793	0.364	0.704
松江区	0.313	0.328	0.319
青浦区	0.293	0.389	0.318
奉贤区	0.682	0.373	0.676
崇明区	0.585	0.630	0.588

从各区级政府的指数得分可以看出，地方政府债务风险绩效管理指数的高低不仅取决于债务规模，还与地区经济状况、财政财力、偿债能力等息息相关。即使一些地区的债务指标并未显著高于其他地区，由于这些区的宏观经济及财政指标相较其他几个区来说较低，表明这些区的经济发展和财政收入相对较弱，指数显示这些区未来的债务风险防控的能力可能相对较弱。

政府债务预算绩效指标体系参考框架

附录三

附表 3-1　政府债务项目事前绩效评估指标体系框架

附表 3-1-1　一般债务项目事前绩效评估

评估维度	评估重点	指标解释	评估要点
项目立项必要性	规划相符性	考察债务项目是否符合地区规划、政策重点及实施主体的职能	项目是否与国家相关法律法规、国民经济和社会发展规划、中期财政规划、地方重大区域发展公共服务等范围相符
	事权匹配性	考察债务项目支出责任是否和地区事权相匹配	1. 项目支出责任和地方事权相匹配； 2. 项目是否与项目实施主体或委托单位职责、相关专项规划、重点工作等密切相关
	定位合理性	考察一般债务项目的性质，是否符合无收益、公益性和资本性支出的要求	1. 项目是否没有收益； 2. 项目是否具有公益性； 3. 项目是否为资本性支出项目
	需求迫切性	考察债务项目是否具有迫切的社会需求	1. 项目是否存在急切的现实需求，无法被替代； 2. 项目服务内容或产品是否能满足社会公众的基本需求
投入经济性	债务融资方式经济性	考察项目通过政府举债进行融资是否经济	1. 是否仅在当库款规模无法满足支出需求，存在财政收支缺口的前提下才进行举债融资； 2. 通过政府举债方式融资是否相较于市场化融资具备成本优势； 3. 是否根据项目分年度投资计划，合理提出分期发行建议以降低成本
	投入产出比	考察项目的投入产出比	与同地区或其他地区相似项目相比，项目的预期投入产出是否经济
	项目成熟度	考察项目审批程序履行等发行前期准备的充分情况	1. 项目是否已履行相关部门的立项、规划、环评、土地、可研等审批程序； 2. 项目是否已获取相关部门的审批； 3. 项目是否已开工建设

评估维度	评估重点	指标解释	评估要点
投入经济性	项目内容合理性	考察是否合理设计项目范围、项目构成内容等，确保项目作为整体能够实现战略规划、社会发展等预期目标	1. 是否明确了项目中的各个子项目信息及建设内容； 2. 子项目设置及项目工程量等是否经过了必要的论证过程； 3. 项目中的子项目构成是否对实现项目整体目标不可或缺
	预算编制科学性	考察项目预算编制的科学合理程度	1. 预算编制是否符合相关规定； 2. 预算编制是否依据充分； 3. 预算与项目内容是否相匹配
	与其他投入重复可能性	考察项目是否存在财政重复投入风险	1. 财政系统是否没有类似项目资金投入； 2. 其他系统是否没有类似项目得到财政资金投入； 3. 需求者（受益对象）的需求是否没有其他同类项目重复投入
绩效目标合理性	绩效目标完整性	考察项目是否设置了绩效目标，以及绩效目标是否内容完整等	1. 项目是否分别设定了总体绩效目标、分阶段绩效目标和年度绩效目标； 2. 项目是否具有明确的产出和效果目标； 3. 项目绩效目标是否包括项目投资建设进度、项目运营效果等内容
	绩效目标相关性	考察项目所设定的绩效目标是否依据充分，与项目实际内容相关	1. 绩效目标是否与项目内容相对应； 2. 绩效目标是否与项目投资额或预算资金安排相匹配； 3. 绩效目标是否符合客观实际，与国民经济和社会发展规划、中期财政规划等战略目标相适应
	绩效目标细化程度	考察依据绩效目标设定的绩效指标是否明确、细化、可衡量	1. 项目绩效目标是否包括细化、具体的绩效指标； 2. 绩效指标是否量化、可衡量； 3. 绩效指标是否包括明确的指标值
	预期效益可实现程度	考察项目预期效益是否在一定期限内可实现	1. 项目预期效益是否具有较强的可实现性； 2. 项目绩效目标是否具有时限性
实施方案可行性	实施方案完整性	考察项目实施方案的完整性，是否明确了项目实施主体，制订了项目建设、运营和风险管理方案等	1. 是否明确了项目实施主体； 2. 项目实施主体是否合规； 3. 是否制订了项目建设方案； 4. 是否制订了项目运营方案； 5. 是否制订了项目风险管理方案

评估维度	评估重点	指标解释	评估要点
实施方案可行性	建设方案可行性	考察项目建设方案是否明确了建设主体，以及前期工作准备和实施计划安排的充分情况	1. 是否明确了项目建设主体； 2. 项目建设是否履行了相关部门的勘察、设计、用地、环评、开工许可等审批程序； 3. 项目实施计划是否可行，明确前期准备、进度计划、技术方案、管理要求、配套设施等要素
	预算执行计划明确性	考察项目实施是否制订了明确的预算执行计划	1. 项目建设是否制订明确的预算执行计划； 2. 预算执行计划是否按年度分解且与项目实施进度计划匹配
	运营方案可行性	考察项目运营方案中是否明确了运营主体，制定了符合项目收益等情况的经营策略等	1. 是否明确了项目运营主体； 2. 是否制定了符合绩效目标实现的经营策略和具体措施，如管理原则、管理制度、服务目标、保障措施等
	风险控制措施可行性	考察项目是否具备风险识别、评估、控制等方面的措施，以及措施的可行性	1. 项目对市场风险、财务风险、管理风险、经营风险、政策风险等各类风险进行了清晰识别和评估； 2. 项目对各类风险具备明确的风险控制、监控及应对措施； 3. 风险应对措施合理、合规、可行
	管理机制健全性	考察项目实施的相关管理制度是否健全	1. 项目是否制定全生命周期流程相应的组织、合同、财务、实施、采购、资产等方面的管理办法； 2. 管理机制是否合法、合规、完整
筹资合规性	资金来源明确性	考察项目资金来源的明确和到位可行性	1. 项目的建设、运营费用、偿本付息等各项资金安排是否有明确、充足的来源，包括一般公共预算收入、一般债券或其他财政预算资金等； 2. 项目资金到位是否可行
	资金筹措合规性	考察项目资金筹措的合规性	1. 资金来源渠道是否符合相关规定； 2. 资金筹措是否体现权责对等，财权和事权是否匹配

附表 3-1-2 专项债务项目事前绩效评估

评估重点	评估维度	指标解释	评估要点
项目立项必要性	规划相符性	考察债务项目是否符合地区规划、政策重点及实施主体的职能	项目是否与国家相关法律法规、国民经济和社会发展规划、中期财政规划、地方重大区域发展公共服务等范围相符
	事权匹配性	考察债务项目支出责任是否和地区事权相匹配	1. 项目支出责任和地方事权相匹配； 2. 项目是否与项目实施主体或委托单位职责、相关专项规划、重点工作等密切相关
	定位合理性	考察一般债务项目的性质，是否符合具有一定的收益、公益性和资本性支出的要求	1. 项目是否具有一定的收益； 2. 项目是否具有公益性； 3. 项目是否为资本性支出项目
	需求迫切性	考察债务项目是否具有迫切的社会需求	1. 项目是否存在急切的现实需求，无法被替代； 2. 项目服务内容或产品是否能满足社会公众的基本需求
投入经济性	债务融资方式经济性	考察项目通过政府举债进行融资是否经济	1. 是否仅在当库款规模无法满足支出需求，存在财政收支缺口的前提下才进行举债融资； 2. 通过政府举债方式融资是否相较于市场化融资具备成本优势； 3. 是否根据项目分年度投资计划，合理提出分期发行建议以降低成本； 4. 是否合理设计提前还本机制等以降低成本
	融资收益平衡性	考察项目的融资收益和期限结构的平衡情况	1. 项目是否能够实现总体收支平衡和年度收支平衡，项目收益覆盖债券本息总额的保障倍数≥1.1； 2. 项目周期和债券融资期限是否相匹配，实现结构平衡
	投入产出比	考察项目的投入产出比	与同地区或其他地区相似项目相比，项目的预期投入产出是否经济
	项目成熟度	考察项目审批程序履行等发行前期准备的充分情况	1. 项目是否已履行相关部门的勘察、设计、用地、环评、开工许可等前期工作程序； 2. 项目是否已获取相关部门的审批； 3. 项目是否已开工建设
	项目内容合理性	考察是否合理设计项目范围、项目构成内容等，确保项目作为整体能够实现战略规划、社会发展等预期目标	1. 是否明确了项目中的各个子项目信息及建设内容； 2. 子项目设置及项目工程量等是否经过了必要的论证过程； 3. 项目中的子项目构成是否对实现项目整体目标不可或缺

评估重点	评估维度	指标解释	评估要点
投入经济性	预算编制科学性	考察项目预算编制的科学合理程度	1. 预算编制是否符合相关规定； 2. 预算编制是否依据充分； 3. 预算与项目内容是否相匹配
	与其他投入重复可能性	考察项目是否存在财政重复投入情况	1. 财政系统是否没有类似项目资金投入； 2. 其他系统是否没有类似项目得到财政资金投入； 3. 需求者（受益对象）的需求是否没有其他同类项目重复投入
绩效目标合理性	绩效目标完整性	考察项目是否设置了绩效目标，以及绩效目标是否内容完整等	1. 项目是否分别设定了总体绩效目标、分阶段绩效目标和年度绩效目标； 2. 项目是否具有明确的产出和效果目标； 3. 项目绩效目标是否包括项目投资建设进度、项目运营效果等内容
	绩效目标相关性	考察项目所设定的绩效目标是否依据充分，与项目实际内容相关	1. 绩效目标是否与项目内容相对应； 2. 绩效目标是否与项目投资额或预算资金安排相匹配； 3. 绩效目标是否符合客观实际，与国民经济和社会发展规划、中期财政规划等战略目标相适应
	绩效目标细化程度	考察依据绩效目标设定的绩效指标是否明确、细化、可衡量	1. 项目绩效目标是否包括细化、具体的绩效指标； 2. 绩效指标是否量化、可衡量； 3. 绩效指标是否包括明确的指标值
	预期效益可实现程度	考察项目预期效益是否在一定期限内可实现	1. 项目预期效益是否具有较强的可实现性； 2. 项目绩效目标是否具有时限性
实施方案可行性	实施方案完整性	考察项目实施方案的完整性，是否明确了项目实施主体，制定了项目建设、运营和风险管理方案等	1. 是否明确了项目实施主体； 2. 项目实施主体是否合规； 3. 是否制定了项目建设方案； 4. 是否制定了项目运营方案； 5. 是否制定了项目风险管理方案
	建设方案可行性	考察项目建设方案是否明确了建设主体，以及前期工作准备和实施计划安排的充分情况	1. 是否明确了项目建设主体； 2. 项目实施计划是否可行，明确前期准备、进度计划、技术方案、管理要求、配套设施等要素

评估重点	评估维度	指标解释	评估要点
实施方案可行性	融资收益平衡估算可靠性	考察融资收益平衡分析是否对项目的收入、成本和收益进行了合理、可靠的测算	1. 项目收入是否在可研报告的基础上，根据项目建设运营周期、资金需求、项目对应的政府性基金收入和专项收入，经过合理测算确定，并详细说明了估算方法、参考标准和数据来源等； 2. 项目建设投资成本、融资成本、运营成本、相关费用、税金及附加等是否在可研报告的基础上进行合理可靠的测算，并详细说明估算方法、参考标准和数据来源等
	预算执行计划明确性	考察项目实施是否制订了明确的预算执行和利息偿付计划	1. 项目建设是否制订明确的预算执行计划； 2. 预算执行计划是否按年度分解且与项目实施进度计划匹配
	运营方案可行性	考察项目运营方案中是否明确了运营主体，制定了符合项目收益等情况的经营策略等	1. 是否明确了项目运营主体； 2. 是否制定了符合绩效目标实现的经营策略和具体措施，如管理原则、管理制度、服务目标、保障措施等
	风险控制措施可行性	考察项目是否具备风险识别、评估、控制等方面的措施，以及措施的可行性	1. 项目对偿债风险、施工风险、管理风险、经营风险、市场风险、财务风险、政策风险等各类风险是否进行了清晰识别和评估； 2. 项目对各类风险是否具备明确的风险控制、监控及应对措施； 3. 风险应对措施是否合理、合规、可行
	管理机制健全性	考察项目实施的相关管理制度是否健全	1. 项目是否制定全生命周期流程相应的组织、合同、财务、实施、采购、资产等方面的管理办法； 2. 管理机制是否合法、合规、完整
	偿债计划可行性	考察是否针对专项债偿还制定了相应的管理机制	1. 专项债项目的本息偿债计划是否可行； 2. 是否具备应对专项债项目收支与方案偏离时的预案； 3. 在项目产生收益之前是否具备明确的利息偿付来源和安排； 4. 对于专项债券还本到期前提前实现的收入，是否具备妥善合理的管理办法，即防止资金过度闲置，又确保还本付息资金安全

评估重点	评估维度	指标解释	评估要点
筹资合规性	资金来源明确性	考察项目资金来源的明确和到位可行性	1. 项目的建设、运营费用、偿本付息等各项资金安排是否有明确、充足的来源； 2. 项目资金到位是否可行
	资金筹措稳健性	考察项目筹资对应的债券发行规模、资金结构及收益结构、利息偿付等方面的稳健情况	1. 专项债券发行规模是否不超过项目预期收入的某一临界值； 2. 项目投资中的资本金占比是否大于某一临界值； 3. 项目收益（土地储备、棚户区改造项目除外）中土地出让收入占比是否不超过某一临界值
	专项债作资本金条件符合性	考察专项债用作重大项目资本金时，融资比例和资金投向领域是否符合相关条件要求	1. 专项债用于资本金的项目所属领域是否符合相关条件要求； 2. 专项债用作资本金的规模占比是否符合相关条件要求
	资金筹措合规性	考察项目资金筹措的合规性	1. 资金来源渠道是否符合相关规定； 2. 资金筹措是否体现权责对等，财权和事权是否匹配

附表 3-2 政府债务项目建设期绩效评价指标体系框架

一级指标 （参考权重）	二级指标	三级指标	指标解释	目标值	指标说明
决策（25）	项目立项	举债机制 健全性	债务项目申请、设立是否符合法律法规、相关政策和发展规划等，用以反映和考核政府债务举债机制的健全情况	充分	评价要点： ① 项目是否符合政府债务资金支持领域和方向； ② 项目立项是否符合国家法律法规、国民经济发展规划和相关政策； ③ 项目是否按照规定的程序申请设立、事前是否已经过必要的可行性研究、专家论证、风险评估、绩效评估、集体决策
		项目 成熟度	项目前期勘察、设计、用地、环评、开工许可等实施准备的合法合规和充分情况，用以反映和考核债务项目实施前的成熟度情况	充分	评价要点： ① 项目勘察、设计、用地、环评、开工许可等前期工作程序履行是否完整； ② 开工程序及审批是否完成及时
	绩效目标	绩效目标 合理性	项目所设定的绩效目标是否依据充分、是否符合客观实际，和考核项目绩效与项目相符情况	合理	评价要点： ① 项目是否有绩效目标； ② 项目绩效目标内容是否具有相关性； ③ 项目预期产出效益和效果是否符合正常的业绩水平； ④ 是否与预算确定的项目投资额或资金量相匹配
		绩效指标 明确性	依据绩效目标设定的绩效指标是否清晰、细化、可衡量等，用以反映和考核项目绩效目标的明细情况	明晰	评价要点： ① 是否将项目绩效目标细化分解为具体的绩效指标； ② 是否通过清晰、可衡量的指标值予以体现； ③ 是否与项目目标任务数或计划数相对应
	资金投入	预算编制 科学性	项目预算编制是否经过科学论证、资金额度与年度目标是否相适应，用以反映和考核项目预算编制的科学性、合理性和情况	科学	评价要点： ① 预算编制是否经过科学论证； ② 预算内容与项目内容是否匹配； ③ 预算额度测算依据是否充分、是否按照标准编制； ④ 预算确定的项目投资额或资金量是否与工作任务相匹配

一级指标（参考权重）	二级指标	三级指标	指标解释	目标值	指标说明
决策（25）	资金投入	债务规模合理性	项目申请债务额度与实际需要匹配情况，用以反映或考核债务资金规模的合理性	合理	评价要点：①债券发行规模和项目当期实际资金需求匹配；②债券发行批次和债务项目分年度投资计划匹配
		资金到位率	项目实际到位资金与预算资金的比率，用以反映和考核资金落实对项目总体保障程度	100%	资金到位率=实际到位资金/预算资金×100%
		预算执行率	项目预算资金是否按照计划执行，用以反映或考核项目预算执行情况	100%	预算执行率=实际支出债务资金/实际到位债务资金×100%。实际支出资金：一定时期（本年度或项目到位日期）内项目实际投付的债务资金
过程（35）	资金管理	资金使用合规性	债务资金使用是否符合相关的财务管理制度规定，用以反映资金的规范运作情况	合规	评价要点：①是否符合国家财经法规和财务管理的规定，仅用于支付有关项目建设工程款与项目建设有关的资本性支出等；②预算资金的拨付有完整的审批程序和手续；③项目的重大开支经过评估论证；④符合合同规定的用途；⑤不存在截留、挪用、挤占、虚列支出及大量结余闲置等情况
		财务监控有效性	项目单位是否为保障债务的安全、规范运行等采取了必要的监控、管理措施，用以反映和考核项目实施单位对资金运行的控制情况	有效	评价要点：1.采取财务检查、抽查等必要的措施或手段对债务资金使用进行监控；2.具备可追溯至资金最终使用对象支出情况的必要条件或机制
		预算管理合规性	项目债务资金相关收支、本息是否符合政府债务预算管理规定	合规	（一般项目）一般债务收支、还本付息是否纳入一般公共预算管理；（专项项目）专项债务收支、还本付息及专项收入是否纳入政府性基金预算管理

一级指标 （参考权重）	二级指标	三级指标	指标解释	目标值	指标说明
		财务管理制度健全性	项目实施单位的财务制度是否健全，用以反映和考核财务管理制度对项目顺利实施的保障情况	健全	评价要点： ①是否已制定或具有相应的财务管理制度； ②财务管理制度是否合法、合规、完整
		业务管理制度健全性	项目实施单位的业务制度是否健全，用以反映和考核业务管理制度对项目顺利实施的保障情况	健全	评价要点： ①是否已制定或具有相应的合法合规的业务管理制度； ②业务管理制度是否内容完整，覆盖明确的组织管理、采购管理、工程监理、合同管理、质量管理、进度管理、安全管理、成本管理等内容； ③各项业务管理制度明确了工作流程、职责分工、管理要求等，具备可操作性
过程（35）	组织实施	实施计划合理性	是否有合理的工程建设和相应的资金开支计划以实现项目预定投资计划，用以反映和考核项目实施计划的合理情况	合理	评价要点： ①是否编制合理科学的施工总进度计划、月度、季度和年度计划和相应资金开支计划； ②施工计划和开支计划符合客观实际，可执行性较强； ③资金拨付和支出进度与项目建设进度相匹配
		组织管理合理性	项目相关建设管理主体的资质是否符合相应的要求；项目组织形式和机构设置是否合理，勘察设计、咨询、强审等方的引人方式及程序是否合法合规，用以反映和考核项目组织管理的合理情况	合理	评价要点： ①项目建设管理主体资质符合相关要求； ②项目建设参与方资质符合相关要求； ③供应商供应材料、设备、产品、服务等符合相关技术标准； ④项目组织形式和机构设置是否合理； ⑤勘察设计、咨询、强审等建设参与方的引人方式及程度是否合法、合规

一级指标（参考权重）	二级指标	三级指标	指标解释	目标值	指标说明
过程（35）	组织实施	政府采购规范性	工程、设备、原材料等采购需求是否合理，项目管理主体、工程承包、分包等采购程序是否规范，采购是否通过充分地遴选等，用以反映实施项目单位采购实施的规范性	规范	评价要点： ① 是否按照政府采购规定采取了合理的采购方式； ② 政府采购的程序执行是否规范； ③ 工程、设备、原材料等的采购需求是否与项目实际需求一致； ④ 是否存在重复采购或过量采购等浪费情形； ⑤ 是否明确了采购遴选项目需求； ⑥ 采购标的是否满足项目需求； ⑦ 采购价格是否在可比情况下处于合理较低水平
		合同管理完备性	合同管理是否符合基本建设按照合同管理需求，是否严格履约定履行合同，不发生合同的变更、终止及其违风控措施。项目合同是否符合合法合规，用以反映合同各考核项目的有效管理情况能否形成对保障项目的有效实施约束	完备	评价要点： ① 是否按规定签署采购合同、协议； ② 合同标的物及价格是否明确、清晰； ③ 合同中是否有明确、清晰的物及质量标准或验收标准； ④ 合同中是否有明确的付款时间、方式及地点； ⑤ 合同支付方式和支付时间是否明确、清晰； ⑥ 合同违约责任界定是否明确、清晰； ⑦ 是否按照合同各要素项履行合约； ⑧ 合同变更是否经由规范流程审核、批准
		成本控制有效性	是否在保证工期和质量满足要求的情况下，利用经济措施、技术措施、合同措施把成本控制在合理范围内，用以反映和考核项目成本控制的有效性	有效	评价要点： ① 是否执行有关的成本开支范围、费用开支标准、工程预算定额等； ② 是否通过有效措施控制各类生产要素的利用效率和消耗率增加； ③ 是否控制效率和消耗的其他因素进行常态分析和预控； ④ 是否对不可预见成本风险取应相应的应急措施等； ⑤ 对于需增加投资概算等调整成本的项目，是否提出调整方案及资金来源，并按照规定的程序报原初步设计审批部门或者投资概算核定部门核定

续表

一级指标 (参考权重)	二级指标	三级指标	指标解释	目标值	指标说明
		质量管理 有效性	项目设计和施工质量管理是否符合相应国家规范或国家标准，满足设计要求、体现经济性、先进性、适用性和生态性等，用以反映和考核项目质量管理的有效性	有效	评价要点： ①项目采用的技术标准是否满足国家或行业标准、相关规定要求，可研批复标准、功能布局等是否满足运营需要； ②项目设计方案、设备配套、工艺、功能布局等是否满足运营需要； ③项目工艺、设备使用等是否充分考虑节省能和环保需求； ④项目技术方案是否经济合理，可操作性强； ⑤项目在技术创新方面是否具有先进水平，对工程质量和投资等产生积极影响。 ⑥项目工程施工过程是否按照相应的国家规范、标准及项目管理制度规定有效执行
过程 (35)	组织实施	安全管理 完备性	是否加强项目实施中的安全生产和风险控制，用以反映和考核项目安全管理的完备性	完备	评价要点： ①是否按照项目安全管理要求，加强对施工现场、消防安全、临时用电安全、机械安全、环境安全的管理； ②是否强化安全监督、定期培训项目实施相关人员和监督人员
		工程变更 规范性	是否建立有完善的授权签证制度（含重大变更报批制度）、各类工程变更手续是否齐全，用以反映和考核工程变更的规范性	规范	评价要点： ①工程变更处理由与条件是否合理； ②工程变更是否经由规范流程审核、批准； ③工程变更的图纸要求和深度是否审核批准后进行施工 ④工程变更设计是否审核批准后同原设计文件；
		监理 规范性	财务监理和工程监理工作的规范性，用以反映和考核工程监理在项目时间管理、质量管理、风险管理的工作完成情况	规范	评价要点： ①是否聘请资质符合的监理单位； ②工程监理记录是否完整，包括安全、质量、进度等内容； ③是否形成监理资料并及时提交

一级指标（参考权重）	二级指标	三级指标	指标解释	目标值	指标说明
		配套措施执行有效性	项目实施的人员条件、沟通协调、用以反映信息支撑和考核项目配套措施执行有效性	有效	评价要点：①是否按照项目实施内容及投标承诺要求配备人员数量；②配备的技术、施工等人员及时到位，不随意变更；③配备人员专业资质符合相关要求；④是否建立投资部门和项目单位间良好的沟通协调机制；⑤是否依托投资在线审批监管平台、项目库管理平台、监测监管系统等信息化手段对项目进行管理
		项目验收规范性	是否按照基本建设行业规范或管理制度要求对债券项目工程进行验收，用以反映和考核验收机制对采购数量、质量的保障情况	规范	评价要点：①是否按验收流程及标准组织验收工作；②验收相关方是否全部参与验收；③相关验收文件是否齐全、有效
		项目资产管理规范性	项目竣工后是否按照国有资产管理规定履行资产备案和产权登记	规范	评价要点：①是否履行资产备案和产权登记；②是否按照国有资产管理要求，明确债券项目中资产的产权归属、管理与移交方案等
过程（35）	组织实施	债务信息公开完备性	是否公开债务项目信息、公开内容是否完整、规范	完备	评价要点：①是否公开债务项目存续期的重大事项，包括债券资金使用情况、项目建设进度等；②若为专项债项目，是否对实施方案中自平衡测算的调整进行披露；③项目进度是否根据原计划进行，若有延迟，是否进行披露
		（专项债项目）融资收益平衡性	专项债项目是否能实现融资收益平衡和期限结构平衡	平衡	评价要点：①项目是否能够实现总体收支平衡和年度收支平衡，项目收益覆盖债券本息总额的保障倍数≥1.1；②项目周期和债券融资期限是否匹配，实现结构平衡

一级指标（参考权重）	二级指标	三级指标	指标解释	目标值	指标说明
过程（35）	组织实施	债务偿还率	是否及时、足额偿还债务本息，反映债务本息偿还计划执行情况	100%	债务偿还率＝一定时期（本年度或项目建设期）内实际偿还债务本息额/一定时期（本年度或项目建设期）内应偿还债务本息额
		外部监督发现问题整改情况	是否对同级人大、审计等部门及上级部门监督发现的问题进行整改	落实	评价要点：①外部监督发现问题以实质性纠错的方式予以全部整改落实；②已采取措施着手整改但尚未完全整改落实的问题明确了后续落实方案和时间计划；③对于较重大问题或屡次再现的监督发现问题，项目单位及主管部门是否建立有效解决的长效解决机制
	数量	项目建设面积	项目工程形成资产情况	100%	项目绩效目标确定的在一定时期（本年度或项目期）内计划完工建设的分部分项工程量
	质量	项目验收合格率	项目工程施工质量水平是否达到设计要求、合同约定验收合格水平	100%	验收合格率＝（工程一次验收合格的分部分项工程量/实际完成分项工程量）×100%
	时效	项目实施进度	项目实施进度是否符合工期要求	符合工期要求	项目实施单位完成该项目或项目阶段性工程实际所耗用的时间
		资产入账及时性	资产是否按时验收入库	及时	项目资产验收入账登记时间
产出（30）	成本	项目建设成本节约率	完成项目建设目标的实际节约成本与计划成本的比率，用以反映和考核项目建设的成本节约程度	$n\%$	项目建设成本节约率＝[（计划成本－实际成本）/计划成本]×100%；实际成本：项目单位如期、保质、保量完成既定工作目标实际所耗费的支出；计划成本：项目单位为完成建设目标计划安排的支出，一般以项目预算为参考
		债券资金成本率	反映考虑闲置因素后债券资金实际成本情况	$n\%$	债券资金成本率＝{（债券面值×票面利率）/[债券的发行价格×（1－债券筹资费率）]}×（1－闲置债券资金占比）

一级指标 （参考权重）	二级指标	三级指标	指标解释	目标值	指标说明
效益（10）	实施效益	财政支出乘数	项目是否带动社会有效投资	n	财政支出乘数＝项目投资资金总规模/财政投资资金规模
		重大事故发生数	项目建设过程中是否发生重大事故	0	重大事故指在工程建设过程中，由于责任过失造成工程倒塌或报废、机械设备毁坏及安全设施不当造成人身伤亡或者重大经济损失的事故
		事故隐患整改率	项目建设中发现的安全生产事故隐患是否及时整改	100%	事故隐患整改率＝（完成整改的事故隐患数/检查发现的事故隐患数）×100%
	满意度	项目环境影响	项目环境保护设施落实对环境的影响，及项目实施对生态环境所带来的直接或间接影响	达标	评价要点： ① 项目噪声污染水平控制在规定水平以下； ② 项目大气污染水平控制在规定水平以下； ③ 项目固废污染水平控制在规定水平以下； ④ 项目废水污染水平控制在规定水平以下
		社会公众满意度	项目建设当地居民对项目施工建设的满意情况，是否存在投诉等		社会公众是指因该项目实施而受到影响的单位、群体或个人。按很满意、比较满意、一般、不太满意、很不满意分五级意愿通过社会调查统计得出

附表 3-3　政府债务项目运营期绩效评价指标体系框架

一级指标 （参考权重）	二级指标	三级指标	指标解释	目标值	指标说明
决策（15）	项目立项	立项程序 规范性	项目的申请、设立过程是否符合相关要求，用以反映和考核项目立项的规范情况	规范	评价要点： ① 项目是否按照规定的程序申请设立； ② 审批文件、材料是否符合相关要求
	绩效目标	绩效目标 合理性	项目所设定的绩效目标是否依据充分、是否符合客观实际，用以反映和考核项目绩效目标实施的相符情况	合理	评价要点： ① 项目是否有绩效目标； ② 项目绩效与实际工作内容是否相关； ③ 项目预期产出效益和效果是否符合正常的业绩水平； ④ 是否与预算确定的项目投资额或资金量相匹配
		绩效指标 明确性	依据绩效目标设定的绩效指标是否清晰、细化、可衡量等，用以反映和考核项目绩效目标的明细化情况	明晰	评价要点： ① 是否将项目绩效目标细化分解为具体的绩效指标； ② 是否通过清晰、可衡量的指标子以体现； ③ 是否与预算确定的项目任务量是否与计划数相对应
过程（25）	资金投入	预算编制 科学性	项目预算编制是否经过科学论证，有明确标准，资金额度与年度目标是否相适应，用以反映和考核项目预算编制的科学性、合理性	科学	评价要点： ① 预算编制是否经过科学论证； ② 预算金额与内容是否匹配； ③ 预算额度测算依据是否充分，是否按照标准编制； ④ 预算确定的项目投资额或资金量是否与工作任务相匹配
	资金管理	资金 到位率	项目实际到位资金与预算资金的比率，用以反映和考核资金落实对项目总体保障程度	100%	资金到位率＝实际到位资金/预算资金×100%
		预算 执行率	项目预算资金是否按照计划执行，用以反映或考核项目预算执行情况	100%	预算执行率＝实际支出资金/实际到位资金×100%（本年度或项目期）内项目实际拨付的资金

一级指标（参考权重）	二级指标	三级指标	指标解释	目标值	指标说明
过程（25）	资金管理	资金使用合规性	资金使用是否符合相关的财务管理制度和考核项目债务资金反映运行的规范情况	合规	评价要点： ①是否符合国家财经法规和财务管理制度以及债务项目运维管理办法的规定； ②资金的拨付是否有完整的审批程序和手续； ③是否符合项目预算批复或合同规定的用途； ④是否存在截留、挤占、挪用、虚列支出等情况
		预算管理合规性	项目债务资金相关收支、本息是否符合政府债务预算管理规定	合规	评价要点： （一般债项目）一专项债券收支、还本付息是否纳入一般公共预算管理； （专项债项目）专项债券收支、还本付息及专项收入入政府性基金预算管理
		财务监控有效性	是否采取必要的措施或手段对债务项目运维收支情况进行监控	有效	1.是否对债务项目运维收支情况进行定期监控； 2.是否制定针对专项债务收支不及预期的风险预案； 3.对于专项债资金用于资本金的项目，是否对政府债券与贷款的还本付息、运营成本、相关费用、税金及附加等项目运维收支情况加强项目运维管理； 4.是否定期汇总、上报实现信息，并将可能出现的风险情况及时上报给主管部门
	组织实施	财务管理制度健全性	项目实施单位的财务制度是否健全，用以反映对项目核财务管理制度实施的保障情况	健全	评价要点： ①是否已制定或具有相应的财务管理制度； ②财务管理制度是否合法、合规、完整
		业务管理制度健全性	项目实施单位的业务制度是否健全，用以反映对项目核业务管理制度实施的保障情况	健全	评价要点： ①是否已制定或具有相应的合法合规的业务管理制度； ②业务管理制度是否内容完整、覆盖全面，具体包括业务管理、资产管理、应急管理、供应商管理、管理要求等； ③各项业务管理制度明确了工作流程、职责分工、管理要求等，具备可操作性

一级指标（参考权重）	二级指标	三级指标	指标解释	目标值	指标说明
		组织管理合理性	项目运维主体和组织构架是否符合运维管理要求，用以反映和考核项目组织管理的合理情况	合理	评价要点：①是否按照基础设施运维管理要求及运营方案地复规定等，明确了项目实施主体和项目运营单位；②项目运营主体内是否明确了项目运维的组织架构、分工安排等
		政府采购规范性	项目实施单位的采购是否符合政府采购管理要求，用以反映和考核项目实施单位采购实施的规范性	规范	评价要点：①是否按照政府采购规定采取了合理的采购方式；②政府采购执行的程序是否规范
过程（25）	组织实施	合同管理完备性	合同管理是否符合基本建设项目管理需求，是否严格按约定履行合同，不发生合同违约、项目合同的变更、终止及其风险控制措施是否合规，合同管理情况能否对保障项目的有效实施形成约束	完备	评价要点：①是否按规定签署采购合同、协议；②合同标的物及价格是否明确、清晰；③合同中是否有明确的质量标准或验收标准；④合同中是否有明确的交付时间、方式及地点；⑤合同支付方式和支付时间是否明确、清晰；⑥合同违约责任界定是否明确、清晰；⑦是否按规范要求履行合约；⑧合同变更是否经合同规范流程审核、批准；⑨若合同变更是由导致的项目成本、收入实现等发生变化的，是否依照事前制定的风险控制方案应对或分担风险
		成本控制有效性	是否利用组织措施、经济措施、技术措施等把运维成本控制在合理范围内，用以反映和考核项目成本控制的有效性	有效	评价要点：①是否执行有关的成本开支范围、费用开支标准；②是否对不可预见成本风险应分析和预控，并采取相应的应急措施等

续表

一级指标 (参考权重)	二级指标	三级指标	指标解释	目标值	指标说明
		基础设施运维规范性	基础设施运维是否到位，用以反映基础设施运维的规范程度	有效	评价要点： ① 是否定期对运维情况召开例会并做好会议记录； ② 是否对基础设施运行进行周期巡检； ③ 是否对基础设施运行必要的维护与完善
		配套措施执行有效性	项目实施的人员条件、沟通协调、信息支撑等是否落实到位，用以反映和考核项目配套措施执行有效性	有效	评价要点： ① 是否按照项目运营方案及实施内容要求配备人员数量； ② 配备的人员及时到位，不随意变更； ③ 配备人员是否专业资质符合相关要求； ④ 是否建立专项运营项目单位和项目单位间良好的沟通协调机制； ⑤ 是否依托信息化手段对基础设施运维进行管理
过程 (25)	组织实施	(专项债项目)项目收入实现合规性	专项债项目政府性基金收入和其他经营性专项收入实现的合规性	合规	评价要点： ① 是否按照预算安排计划、国家财税体系、相关征收标准和项目运营等要求规定定价，调价是否合规，服务收费管理是否合规，调价是否经过相关部门审批和核准； ② 项目运营收入机制；
		资产运维合规性	政府债务项目资产是否使用合规用以反映资产安全运行情况	规范	评价要点： ① 除专项债项目资本金的项目资产外，债务项目资产是否用于为企业融资提供任何形式的担保； ② 资产运营管理是否核实相符； ③ 专项债项目对应资产的运营收入是否纳入专户管理

194 政府债务预算绩效管理路径探索：基于代际公平和投融资机制的视角

一级指标（参考权重）	二级指标	三级指标	指标解释	目标值	指标说明
		债务信息公开完备性	是否公开债务项目信息，公开内容是否完整、规范	完备	评价要点：①是否公开专项债存续期的重大事项，包括债券资金使用情况、项目运营情况等；②若为专项债项目，是否对实施方案和自平衡测算调整、收益模式的改变等进行披露
		（专项债项目）融资收益平衡性	专项债项目是否能实现融资收益平衡和期限结构平衡	平衡	评价要点：①项目是否能够实现总体收支平衡和年度收支平衡，项目收益覆盖本息总额的保障倍数≥1.1；②项目周期和债券融资期限是否相匹配，实现结构平衡
		债务偿还率	是否及时、足额偿还债务本息，反映偿还计划执行情况	100%	债务偿还率=一定时期（本年度或项目实施期）内实际偿还债务本息额/一定时期（本年度或项目实施期）内应偿还债务本息额
过程（25）	组织实施	外部监督发现问题整改情况	是否对同级人大、审计等部门及上级部门监督发现的问题进行整改	落实	评价要点：①外部监督发现问题以实质性纠错的方式予以全部整改落实；②已采取措施着手整改但尚未完全整改到位的问题明确了后续落实方案和时间计划；③对于较大问题或屡次再现的监督发现问题，项目单位及主管部门是否有效建立的长效解决机制
		档案管理机制健全性	项目运维相关日志、记录等档案的归集整理机制是否健全，档案是否及时完整归档	健全	评价要点：①项目运维相关日志、记录等归集整理机制是否健全；②是否及时、完整归档

一级指标（参考权重）	二级指标	三级指标	指标解释	目标值	指标说明
过程（25）	数量	项目运维对象数量	项目运维对象的预定种类和数量目标，根据不同类型项目个性化设置	/	根据政府债务投资规划、行业主管部门的职能和债务资金投向的领域，结合具体债务项目的运营方案，功能匹配专项债绩效指标案例，构建分行业、分领域专项绩效指标案例，偿债特性，偿债安排等。详见专项债绩效指标体系、标准和标准体系
	质量	项目运维质量	项目运维对象的规模和服务水平目标，根据不同类型项目个性化设置	/	
		项目运维水平	项目运营是否达到预期的设计标准，项目各子系统、分项目，服务各环节间的合作、配合是否和谐、正常。根据不同类型项目个性化设置	/	
	时效	运维完成及时性	项目运营、维护目标完成的及时情况	及时	
	成本	运营成本控制率	项目运营人工、费用等运营支出成本是否控制在预设目标内	100%	
效益（30）	实施效益	公益性基础设施社会效益	使用债务资金建设项目，社会影响方面的改善程度对社会影响实现程度，根据不同类型项目个性化设置	/	
		公益性基础设施生态效益	债务资金投入的生态环保类项目对能耗、水耗、污染排放、废物综合利用等方面的改善情况。根据不同类型项目个性化设置	/	
		公益性基础设施经济效益	使用债务资金建设项目对促进区域投资，经济增长等方面的经济效益个性化设置	/	
	满意度	服务对象满意度	社会公众和企业等服务对象对项目运行效率、效果及提供公共服务质量的满意程度	/	

附表 3-4 政府债务管理绩效综合评价指标体系框架

一级指标	二级指标	三级指标	指标解释	目标值	指标说明
债务举借	债务余额控制	一般债务余额占比	年末一般债务余额是否分别控制在下达的一般债务限额之内	≤100%	一般债务余额占比＝一般债务余额/一般债务余额限额 * 100%
		专项债务余额占比	年末专项债务余额是否分别控制在下达的专项债务限额之内	≤100%	专项债务余额占比＝专项债务余额/专项债务余额限额 * 100%
		外债转贷余额占比	负有偿还责任的国际金融组织和外国政府贷款转贷债务是否控制下达的外债转贷额度之内	≤100%	外债转贷余额占比＝外债转贷余额/外债转贷余额限额 * 100%
		负债率	政府债务余额占 GDP 的比值是否控制在合理区间内	≤60%	负债率＝政府债务余额/GDP * 100%
	新增举债规模	新增一般债务规模	新增一般债务余额是否分别控制在下达限额内	≤上级下达一般债务新增限额	新增一般债务规模＝全市新增一般债务预算数
		新增专项债务规模	新增专项债务余额是否分别控制在下达限额内	≤上级下达专项债务新增限额	新增专项债务规模＝全市新增专项债务预算数
	债务风险控制	债务率	债务率是否控制在警戒线内	<120%	债务率＝(一般债务余额＋专项债务余额＋政府公共预算财力＋政府性基金)/(一般公共预算财力＋政府性基金预算财力)
		偿债资金保障倍数	偿债资金保障倍数是否高于合理区间		偿债资金保障倍数＝一般公共(政府性基金)预算可偿债资金/[一般(专项)债务余额/一般(专项)债务剩余年限]
		利息支出率	利息支出率是否控制在警戒线内		利息支出率＝(一般债务付息支出＋专项债务付息支出)/(一般公共预算支出＋政府性基金预算支出)

一级指标	二级指标	三级指标	指标解释	目标值	指标说明
资金安排	债券发行安排	资金需求合理性	债务资金需求规模是否合理	合理	评价要点：债券发行规模和项目当期实际资金需求匹配；
		债券结构合理性	资金安排、债券期限与项目投资进度，债券期限是否匹配	合理	评价要点：①债券发行批次和债券项目分年投资计划匹配；②债券期限结构和项目期限结构匹配
		依据充分性	债务项目是否符合法律法规、相关政策、发展规划及部门职责，用以反映和考核项目立项依据情况	充分	评价要点：①债务项目是否符合法律法规、相关政策、发展规划及部门职责等；②债券资金是否用于公益性领域的情况；③债务资金是否优先保障在建工程项目建设、存量隐性债务项目、拖欠工程款问题等
	债务资金使用	一般债务项目合规度	一般债务资金是否用于公益性资本项目，是否不存在作为下级预算或对本级预算基数化致债务基数化的情况	合规	评价要点：①一般债券资金是否用于公益性支出；②一般债券资金是否没有收益；③是否不存在作为财力平衡力致预算导移支付导致预算或对下级预算对本级预算或对下级的转移支付的情况
		专项债务项目合规度	专项债券资金是否用于有一定收益的公益性资本支出	合规	评价要点：①专项债券资金是否用于公益性支出；②专项债券资金是否用于资本性支出；③专项债券资金是否具有一定收益
		专项债券用作项目资本金规模占比	专项债券用于资本金的项目是否符合相关条件要求	≤25%	专项债券资金用作项目资本金规模占比＝用作项目资本金的专项债券规模/全部新增专项债券规模

一级指标	二级指标	三级指标	指标解释	目标值	评价要点
	制度建设	政府债务管理机制健全度	地区为加强债务管理，规范举债行为而制定的制度的健全完整	健全	评价要点： ①是否按照国家相关规定、建立"借、用、还"相统一的政府债务管理机制； ②相关管理制度是否合法、合规、完整； ③相关管理制度是否得到有效执行
		预算管理合规性	债务资金项目库、中期财政规划等管理程序的合规性	合规	评价要点： ①是否编制债务预算的中期财政规划； ②一般债务是否纳入一般公共预算管理； ③专项债务是否纳入政府性基金预算管理； ④是否加强政府债券项目库管理
债务管理	资金管理	财务监控有效性	是否为保障债务资金使用安全、规范债务运行和债务偿管采取的签订债券资金监管协议、应用信息化监管系统等必要的主动、系统和动态监管措施	有效	评价要点： ①是否采取必要的措施或手段对债务资金使用、债务项目运营收支、"账实相符"情况进行监管； ②是否具备可追溯至资金最终使用对象支出情况的必要条件或机制； ③是否具备应对各环节的资金使用不合理、不合规或合法情况的惩戒机制
	外部监督整改	外部监督发现问题整改情况	是否对同级人大、审计等部门及上级部门监督发现的问题进行整改	落实	评价要点： ①外部监督发现问题以实质性纠错的方式予以全部整改落实； ②已采取措施着手整改但尚未完全整改到位的问题明确了后续落实方案和时间计划； ③对于较重大问题或屡次再现的监督发现问题，项目单位及主管部门是否建立有效的长效解决机制

一级指标	二级指标	三级指标	指标解释	目标值	指标说明
债务管理	风险管理	债务风险监控	债务风险预警、化解和处置等机制是否健全	健全	评价要点： ① 是否通报债务风险预警提示结果； ② 是否建立风险应急处置机制； ③ 是否建立债务风险化解方案
		隐性债务遏制	隐性债务遏制机制是否健全	健全	评价要点： ① 是否已制定适用于本市的防范化解政府性债务风险的制度； ② 是否未发生违法违规融资或担保行为； ③ 是否妥善化解隐性债务存量
	资产管理	资产管理合规性	项目竣工后是否按照国有资产管理规定履行资产备案和产权登记	健全	评价要点： ① 是否按照国有资产管理要求，明确存量债券项目中涉及的政府资产和企业资产的产权归属、管理与移交等； ② 项目竣工后是否履行资产备案和产权登记
	信息公开	信息公开完备性	是否公开债务信息，公开内容是否包括预决算范围公开的债务限额、余额等信息以及预决算范围公开范围之外的债券发行、利率、用途、存续期、重大事项等相关信息	完备	评价要点： ① 是否按规定内容在预算报告中公开相关债务信息； ② 是否按规定内容公开预决算范围外的债务信息
		信息公开及时率	是否及时公开债务相关信息	100%	信息公开及时率 =（在规定时限内公开的债务信息数／应公开的债务信息数）×100%
		信息公开准确率	公开的债务信息是否准确	100%	信息公开准确率 =（数据和内容准确的信息数／公开的债务信息总数）×100%

一级指标	二级指标	三级指标	指标解释	目标值	指标说明
债务管理	信息公开	信息获取便捷性	公开的债务信息是否便于各相关方获取	便捷	评价要点： ① 是否存在多种债务信息的公开渠道； ② 债务信息公开的格式是否规范
		专项债融资收益平衡性	专项债券项目的资金平衡方案是否根据项目建设运营周期、资金需求、项目对应的政府性基金收入等因素，经过合理测算确定	平衡	评价要点： ① 项目收入是否在可研报告的基础上，根据项目建设运营周期、资金需求、项目对应的政府性基金收入、经过合理测算确定、并详细说明了估算方法、参考标准和数据来源等； ② 项目建设投资成本、运营成本、相关费用、税金及附加等是否在可研报告的基础上进行合理可靠的测算，并详细说明估算方法、参考标准和数据来源等
债务偿还	偿还计划安排	专项债偿还机制健全性	是否针对专项债偿还制定了相应的管理机制	健全	评价要点： ① 专项债券最终偿债责任是否明晰 ② 对于专项债券还本到期前实现的收入，是否采取到期还本、提前还本、分年还本等不同还本方式，并具备妥善合理的管理办法，既防止资金过度闲置，又确保还本付息资金安全； ③ 是否具备应对专项债项目收支与方案偏离时的预案
		偿债计划合理性	债务资金偿还计划是否和中期财政规划、未来财政收支预测等相适应	合理	评价要点： ① 债务资金偿还计划设置是否合理； ② 是否存在偿债高峰

続表

一级指标	二级指标	三级指标	指标解释	目标值	指标说明
债务偿还	偿债计划执行	债务偿还率	当年政府债务本息及服务费用的实际偿还情况	100%	一般债务偿还率=(一般债券实际偿本付息规模/当年一般债券应偿本付息总额)×100%;专项债务偿还率=(专项债券实际偿本付息规模/当年专项债券应偿本付息总额)×100%;债务偿还率=(债券实际偿本付息规模/当年债券应偿本付息总额)×100%
		债务偿还及时率	当期政府债务本息及服务费用偿还的及时情况	100%	一般债务偿还及时率=(一般债券及时偿本付息规模/当年一般债券及时偿本付息总额)×100%;专项债务偿还及时率=(专项债券及时偿本付息规模/当年专项债券及时偿本付息总额)×100%;债务偿还及时率=(及时偿本付息规模/当年应偿本付息总额)×100%

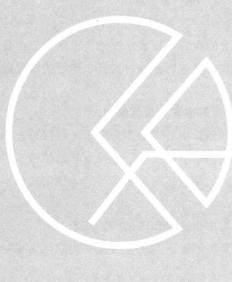

我国政府债务管理法律法规和规范性文件（节选）

附录四

中华人民共和国预算法（节选）

（1994 年 3 月 22 日第八届全国人民代表大会第二次会议通过

根据 2014 年 8 月 31 日第十二届全国人民代表大会常务委员会第十次会议《关于修改〈中华人民共和国预算法〉的决定》第一次修正

根据 2018 年 12 月 29 日第十三届全国人民代表大会常务委员会第七次会议《关于修改〈中华人民共和国产品质量法〉等五部法律的决定》第二次修正）

第一章 总则

第十四条 经本级人民代表大会或者本级人民代表大会常务委员会批准的预算、预算调整、决算、预算执行情况的报告及报表，应当在批准后二十日内由本级政府财政部门向社会公开，并对本级政府财政转移支付安排、执行的情况以及举借债务的情况等重要事项作出说明。

第四章 预算编制

第三十四条 中央一般公共预算中必需的部分资金，可以通过举借国内和国外债务等方式筹措，举借债务应当控制适当的规模，保持合理的结构。

对中央一般公共预算中举借的债务实行余额管理，余额的规模不得超过全国人民代表大会批准的限额。

国务院财政部门具体负责对中央政府债务的统一管理。

第三十五条 地方各级预算按照量入为出、收支平衡的原则编制，除本法另有规定外，不列赤字。

经国务院批准的省、自治区、直辖市的预算中必需的建设投资的部分资金，可以在国务院确定的限额内，通过发行地方政府债券举借债务的方式筹措。举借债务的规模，由国务院报全国人民代表大会或者全国人民代表大会常务委员会批准。省、自治区、直辖市依照国务院下达的限额举借的债务，列入本级预算调整方案，报本级人民代表大会常务委员会批准。举借的债务应当有偿还计划和稳定的偿还资金来源，只能用于公益性资本支出，不得用于经常性支出。

除前款规定外，地方政府及其所属部门不得以任何方式举借债务。

除法律另有规定外，地方政府及其所属部门不得为任何单位和个人的债务以任何方式提供担保。

国务院建立地方政府债务风险评估和预警机制、应急处置机制以及责任追究制度。国务院财政部门对地方政府债务实施监督。

第五章　预算审查和批准

第四十八条　全国人民代表大会和地方各级人民代表大会对预算草案及其报告、预算执行情况的报告重点审查下列内容：

......

（七）预算安排举借的债务是否合法、合理，是否有偿还计划和稳定的偿还资金来源；

......

第七章　预算调整

第六十七条　经全国人民代表大会批准的中央预算和经地方各级人民代表大会批准的地方各级预算，在执行中出现下列情况之一的，应当进行预算调整：

......

（四）需要增加举借债务数额的。

第八章　决算

第七十九条　县级以上各级人民代表大会常务委员会和乡、民族乡、镇人民代表大会对本级决算草案，重点审查下列内容：

......

（七）经批准举借债务的规模、结构、使用、偿还等情况；

......

第十章　法律责任

第九十四条　各级政府、各部门、各单位违反本法规定举借债务或者为他人债务提供担保，或者挪用重点支出资金，或者在预算之外及超预算标准建设楼堂馆所的，责令改正，对负有直接责任的主管人员和其他直接责任人员给予撤职、开除的处分。

中华人民共和国预算法实施条例（节选）

（1995 年 11 月 22 日中华人民共和国国务院令第 186 号发布
2020 年 8 月 3 日中华人民共和国国务院令第 729 号修订）

第一章　总则

第六条　……政府债务、机关运行经费、政府采购、财政专户资金等情况，按照有关规定向社会公开……

第三章　预算编制

第三十三条　……中央政府债务余额的限额应当在本级预算中单独列示。

第四十二条　预算法第三十四条第二款所称余额管理，是指国务院在全国人民代表大会批准的中央一般公共预算债务的余额限额内，决定发债规模、品种、期限和时点的管理方式；所称余额，是指中央一般公共预算中举借债务未偿还的本金。

第四十三条　地方政府债务余额实行限额管理。各省、自治区、直辖市的政府债务限额，由财政部在全国人民代表大会或者其常务委员会批准的总限额内，根据各地区债务风险、财力状况等因素，并考虑国家宏观调控政策等需要，提出方案报国务院批准。

各省、自治区、直辖市的政府债务余额不得突破国务院批准的限额。

第四十四条　预算法第三十五条第二款所称举借债务的规模，是指各地方政府债务余额限额的总和，包括一般债务限额和专项债务限额。一般债务是指列入一般公共预算用于公益性事业发展的一般债券、地方政府负有偿还责任的外国政府和国际经济组织贷款转贷债务；专项债务是指列入政府性基金预算用于有收益的公益性事业发展的专项债券。

第四十五条　省、自治区、直辖市政府财政部门依照国务院下达的本地区地方政府债务限额，提出本级和转贷给下级政府的债务限额安排方案，报本级政府批准后，将增加举借的债务列入本级预算调整方案，报本级人民代表大会常务委员会批准。

接受转贷并向下级政府转贷的政府应当将转贷债务纳入本级预算管理。使用转贷并负有直接偿还责任的政府，应当将转贷债务列入本级预算调整方案，报本级人民代表大会常务委员会批准。

地方各级政府财政部门负责统一管理本地区政府债务。

第四十六条　国务院可以将举借的外国政府和国际经济组织贷款转贷给省、自治区、直辖市政府。

国务院向省、自治区、直辖市政府转贷的外国政府和国际经济组织贷款，省、自治区、直辖市政府负有直接偿还责任的，应当纳入本级预算管理。省、自治区、直辖市政府未能按时履行还款义务的，国务院可以相应抵扣对该地区的税收返还等资金。

省、自治区、直辖市政府可以将国务院转贷的外国政府和国际经济组织贷款再转贷给下级政府。

第四十七条　财政部和省、自治区、直辖市政府财政部门应当建立健全地方政府债务风险评估指标体系，组织评估地方政府债务风险状况，对债务高风险地区提出预警，并监督化解债务风险。

第四章　预算执行

第五十一条　预算执行中，政府财政部门的主要职责：

······

（五）统一管理政府债务的举借、支出与偿还，监督债务资金使用情况；

······

第五十八条　财政部应当根据全国人民代表大会批准的中央政府债务余额限额，合理安排发行国债的品种、结构、期限和时点。

省、自治区、直辖市政府财政部门应当根据国务院批准的本地区政府债务限额，合理安排发行本地区政府债券的结构、期限和时点。

第七十五条　地方各级政府财政部门应当定期向上一级政府财政部门报送本行政区域预算执行情况，包括预算执行旬报、月报、季报，政府债务余额统计报告，国库库款报告以及相关文字说明材料。具体报送内容、方式和期限由上一级政府财政部门规定。

第七十八条　预算法第六十六条第一款所称超收收入，是指年度本级一般公共预算收入的实际完成数超过经本级人民代表大会或者其常务委员会批准的预算收入数的部分。

预算法第六十六条第三款所称短收，是指年度本级一般公共预算收入的实际完成数小于经本级人民代表大会或者其常务委员会批准的预算收入数的情形。

前两款所称实际完成数和预算收入数，不包括转移性收入和政府债务收入。

省、自治区、直辖市政府依照预算法第六十六条第三款规定增列的赤字，可以通过在国务院下达的本地区政府债务限额内发行地方政府一般债券予以平衡。

设区的市、自治州以下各级一般公共预算年度执行中出现短收的，应当通过调入预算稳定调节基金或者其他预算资金、减少支出等方式实现收支平衡；采取上述措施仍不能实现收支平衡的，可以通过申请上级政府临时救助平衡当年预算，并在下一年度预算中安排资金归还。

各级一般公共预算年度执行中厉行节约、节约开支，造成本级预算支出实际执行数小于预算总支出的，不属于预算调整的情形。

各级政府性基金预算年度执行中有超收收入的，应当在下一年度安排使用并优先用于偿还相应的专项债务；出现短收的，应当通过减少支出实现收支平衡。国务院另有规定的除外。

各级国有资本经营预算年度执行中有超收收入的，应当在下一年度安排使用；出现短收的，应当通过减少支出实现收支平衡。国务院另有规定的除外。

第七十九条　年度预算确定后，部门、单位改变隶属关系引起预算级次或者预算关系变化的，应当在改变财务关系的同时，相应办理预算、资产划转。

第七章　法律责任

第九十四条　各级政府、有关部门和单位有下列行为之一的，责令改正；对负有直接责任的主管人员和其他直接责任人员，依法给予处分：

（一）突破一般债务限额或者专项债务限额举借债务；

（二）违反本条例规定下达转移支付预算或者拨付转移支付资金；

（三）擅自开设、变更账户。

财政部关于印发《地方政府一般债务预算管理办法》的通知

财预〔2016〕154 号

各省、自治区、直辖市、计划单列市财政厅（局）：

根据《中华人民共和国预算法》、《国务院关于加强地方政府性债务管理的意见》（国发〔2014〕43 号），我部制定了《地方政府一般债务预算管理办法》。现予印发，请认真贯彻执行。

财政部

2016 年 11 月 9 日

附件：

地方政府一般债务预算管理办法

第一章 总则

第一条 为规范地方政府一般债务预算管理，根据《中华人民共和国预算法》、《国务院关于加强地方政府性债务管理的意见》（国发〔2014〕43 号）等有关规定，制定本办法。

第二条 本办法所称地方政府一般债务（以下简称一般债务），包括地方政府一般债券（以下简称一般债券）、地方政府负有偿还责任的国际金融组织和外国政府贷款转贷债务（以下简称外债转贷）、清理甄别认定的截至 2014 年 12 月 31 日非地方政府债券形式的存量一般债务（以下简称非债券形式一般债务）。

第三条 一般债务收入、安排的支出、还本付息、发行费用纳入一般公共预算管理。

第四条 除外债转贷外，一般债务收入通过发行一般债券方式筹措。

省、自治区、直辖市政府为一般债券的发行主体，具体发行工作由省级财政部门负责。设区的市、自治州，县、自治县、不设区的市、市辖区政府（以下简称市县级政府）确需发行一般债券的，应当纳入本省、自治区、直辖市一般债务预算管理，由省、自治区、直辖市政府统一发行并转贷给市县级政府。经省政府批准，计划单列市政府可以自办发行一般债券。

第五条 一般债务收入应当用于公益性资本支出，不得用于经常性支出。

第六条 一般债务应当有偿还计划和稳定的偿还资金来源。

一般债务本金通过一般公共预算收入（包含调入预算稳定调节基金和其他预算资金）、发行一般债券等偿还。

一般债务利息通过一般公共预算收入（包含调入预算稳定调节基金和其他预算资

金）等偿还，不得通过发行一般债券偿还。

第七条　非债券形式一般债务应当在国务院规定的期限内置换成一般债券。

第八条　加强地方政府债务管理信息化建设，一般债务预算收支纳入本级财政预算管理信息系统，一般债务管理纳入全国统一的管理信息系统。

第九条　外债转贷预算管理办法由财政部另行制定。

第二章　一般债务限额和余额

第十条　财政部在全国人民代表大会或其常务委员会批准的一般债务限额内，根据债务风险、财力状况等因素并统筹考虑国家调控政策、各地区公益性项目建设需求等，提出分地区一般债务限额及当年新增一般债务限额方案，报国务院批准后下达省级财政部门。

省级财政部门应当于每年 10 月底前，提出本地区下一年度增加举借一般债务和安排公益性资本支出项目的建议，经省、自治区、直辖市政府批准后报财政部。

第十一条　省级财政部门在财政部下达的本地区一般债务限额内，根据债务风险、财力状况等因素并统筹考虑本地区公益性项目建设需求等，提出省本级及所辖各市县当年一般债务限额方案，报省、自治区、直辖市政府批准后下达市县级财政部门。

市县级财政部门应当提前提出省级代发一般债券和安排公益性资本支出项目的建议，经本级政府批准后按程序报省级财政部门。

第十二条　省、自治区、直辖市应当在一般债务限额内举借一般债务，一般债务余额不得超过本地区一般债务限额。

省、自治区、直辖市发行一般债券偿还到期一般债务本金计划，由省级财政部门统筹考虑本级和各市县实际需求提出，报省、自治区、直辖市政府批准后按规定组织实施。

第三章　预算编制和批复

第十三条　增加举借一般债务收入，以下内容应当列入预算调整方案：

（一）省、自治区、直辖市在新增一般债务限额内筹措的一般债券收入；

（二）市县级政府从上级政府转贷的一般债务收入。

一般债务收入应当在一般公共预算收入合计线下反映，省级列入"一般债务收入"下对应的预算科目，市县级列入"地方政府一般债务转贷收入"下对应的预算科目。

第十四条　增加举借一般债务安排的支出应当列入预算调整方案，包括本级支出和转贷下级支出。一般债务支出应当明确到具体项目，纳入财政支出预算项目库管理，并与中期财政规划相衔接。

一般债务安排本级的支出，应当在一般公共预算支出合计线上反映，根据支出用途列入相关预算科目；转贷下级支出应当在一般公共预算支出合计线下反映，列入

"债务转贷支出"下对应的预算科目。

第十五条　一般债务还本支出应当根据当年到期一般债务规模、一般公共预算财力等因素合理预计、妥善安排，并列入年度预算草案。

一般债务还本支出应当在一般公共预算支出合计线下反映，列入"地方政府一般债务还本支出"下对应的预算科目。

第十六条　一般债务利息和发行费用应当根据一般债务规模、利率、费率等情况合理预计，并列入一般公共预算支出统筹安排。

一般债务利息、发行费用支出应当在一般公共预算支出合计线上反映。一般债务利息支出列入"地方政府一般债务付息支出"下对应的预算科目，发行费用支出列入"地方政府一般债务发行费用支出"下对应的预算科目。

第十七条　增加举借一般债务和相应安排的支出，财政部门负责具体编制一般公共预算调整方案，由本级政府提请本级人民代表大会常务委员会批准。

第十八条　一般债务转贷下级政府的，财政部门应当在本级人民代表大会或其常务委员会批准后，及时将一般债务转贷的预算下达有关市县级财政部门。

接受一般债务转贷的市县级政府在本级人民代表大会或其常务委员会批准后，应当及时与上级财政部门签订转贷协议。

第四章　预算执行和决算

第十九条　省级财政部门统筹考虑本级和市县情况，根据预算调整方案、偿还一般债务本金需求和债券市场状况等因素，制定全省一般债券发行计划，合理确定期限结构和发行时点。

第二十条　省级财政部门发行一般债券募集的资金，应当缴入省级国库，并根据预算安排和还本计划拨付资金。

代市县级政府发行一般债券募集的资金，由省级财政部门按照转贷协议及时拨付市县级财政部门。

第二十一条　省级财政部门应当按照规定做好一般债券发行的信息披露和信用评级等相关工作。披露的信息应当包括一般公共预算财力情况、发行一般债券计划和安排支出项目方案、偿债计划和资金来源，以及其他按照规定应当公开的信息。

第二十二条　省级财政部门应当在发行一般债券后3个工作日内，将一般债券发行情况报财政部备案，并抄送财政部驻当地财政监察专员办事处（以下简称专员办）。

第二十三条　地方各级财政部门应当依据预算调整方案及一般债券发行规定的预算科目和用途，使用一般债券资金。确需调整支出用途的，应当按照规定程序办理。

第二十四条　省级财政部门应当按照合同约定，及时偿还全省、自治区、直辖市一般债券到期本金、利息以及支付发行费用。市县级财政部门应当按照转贷协议约定，及时向省级财政部门缴纳本地区或本级应当承担的还本付息、发行费用等资金。

第二十五条　市县级财政部门未按时足额向省级财政部门缴纳一般债券还本付

息、发行费用等资金的，省级财政部门可以采取适当方式扣回，并将违约情况向市场披露。

第二十六条　预算年度终了，地方各级财政部门编制一般公共预算决算草案时，应当全面、准确反映一般债务收入、安排的支出、还本付息和发行费用等情况。

第五章　非债券形式一般债务纳入预算管理

第二十七条　县级以上地方各级财政部门应当将非债券形式一般债务纳入本地区一般债务限额，实行预算管理。

对非债券形式一般债务，应当由政府、债权人、债务人通过合同方式，约定在国务院规定的期限内置换成一般债券的时限，转移偿还义务。偿还义务转移给地方政府后，地方财政部门应当根据相关材料登记总预算会计账。

第二十八条　对非债券形式一般债务，债务人为地方政府及其部门的，应当在国务院规定的期限内置换成一般债券；债务人为企事业单位或个人，且债权人同意在国务院规定的期限内置换成一般债券的，地方政府应当予以置换，债权人不同意在国务院规定的期限内置换成一般债券的，不再计入地方政府债务，由债务人自行偿还，对应的一般债务限额由财政部按照程序予以调减。

第六章　监督管理

第二十九条　县级以上地方各级财政部门应当按照法律、法规和财政部规定，向社会公开一般债务限额、余额、期限结构、使用、偿还等情况，主动接受监督。

第三十条　县级以上地方各级财政部门应当建立和完善相关制度，加强对本地区一般债务的管理和监督。

第三十一条　专员办应当加强对所在地一般债务的监督，督促地方规范一般债务的举借、使用、偿还等行为，发现违反法律法规和财政管理规定的行为，及时报告财政部。

第三十二条　违反本办法规定情节严重的，财政部可以暂停相关地区一般债券发行资格。违反法律、行政法规的，依法追究有关人员责任；涉嫌犯罪的，移送司法机关依法处理。

第七章　附则

第三十三条　省、自治区、直辖市可以根据本办法制定实施细则。

第三十四条　本办法由财政部负责解释。

第三十五条　本办法自印发之日起施行。

财政部关于印发《地方政府专项债务预算管理办法》的通知

财预〔2016〕155号

各省、自治区、直辖市、计划单列市财政厅（局）：

根据《中华人民共和国预算法》、《国务院关于加强地方政府性债务管理的意见》（国发〔2014〕43号），我部制定了《地方政府专项债务预算管理办法》。现予印发，请认真贯彻执行。

财政部

2016年11月9日

附件：

地方政府专项债务预算管理办法

第一章 总 则

第一条 为规范地方政府专项债务预算管理，根据《中华人民共和国预算法》、《国务院关于加强地方政府性债务管理的意见》（国发〔2014〕43号）等有关规定，制定本办法。

第二条 本办法所称地方政府专项债务（以下简称专项债务），包括地方政府专项债券（以下简称专项债券）、清理甄别认定的截至2014年12月31日非地方政府债券形式的存量专项债务（以下简称非债券形式专项债务）。

第三条 专项债务收入、安排的支出、还本付息、发行费用纳入政府性基金预算管理。

第四条 专项债务收入通过发行专项债券方式筹措。

省、自治区、直辖市政府为专项债券的发行主体，具体发行工作由省级财政部门负责。设区的市、自治州，县、自治县、不设区的市、市辖区政府（以下简称市县级政府）确需发行专项债券的，应当纳入本省、自治区、直辖市政府性基金预算管理，由省、自治区、直辖市政府统一发行并转贷给市县级政府。经省政府批准，计划单列市政府可以自办发行专项债券。

第五条 专项债务收入应当用于公益性资本支出，不得用于经常性支出。

第六条 专项债务应当有偿还计划和稳定的偿还资金来源。

专项债务本金通过对应的政府性基金收入、专项收入、发行专项债券等偿还。

专项债务利息通过对应的政府性基金收入、专项收入偿还，不得通过发行专项债券偿还。

第七条 专项债务收支应当按照对应的政府性基金收入、专项收入实现项目收支平衡，不同政府性基金科目之间不得调剂。执行中专项债务对应的政府性基金收入不足以偿还本金和利息的，可以从相应的公益性项目单位调入专项收入弥补。

第八条　非债券形式专项债务应当在国务院规定的期限内置换成专项债券。

第九条　加强地方政府债务管理信息化建设，专项债务预算收支纳入本级财政预算管理信息系统，专项债务管理纳入全国统一的管理信息系统。

第二章　专项债务限额和余额

第十条　财政部在全国人民代表大会或其常务委员会批准的专项债务限额内，根据债务风险、财力状况等因素并统筹考虑国家调控政策、各地区公益性项目建设需求等，提出分地区专项债务限额及当年新增专项债务限额方案，报国务院批准后下达省级财政部门。

省级财政部门应当于每年 10 月底前，提出本地区下一年度增加举借专项债务和安排公益性资本支出项目的建议，经省、自治区、直辖市政府批准后报财政部。

第十一条　省级财政部门在财政部下达的本地区专项债务限额内，根据债务风险、财力状况等因素并统筹考虑本地区公益性项目建设需求等，提出省本级及所辖各市县当年专项债务限额方案，报省、自治区、直辖市政府批准后下达市县级财政部门。

市县级财政部门应当提前提出省级代发专项债券和安排公益性资本支出项目的建议，经本级政府批准后按程序报省级财政部门。

第十二条　省、自治区、直辖市应当在专项债务限额内举借专项债务，专项债务余额不得超过本地区专项债务限额。

省、自治区、直辖市发行专项债券偿还到期专项债务本金计划，由省级财政部门统筹考虑本级和各市县实际需求提出，报省、自治区、直辖市政府批准后按规定组织实施。

第三章　预算编制和批复

第十三条　增加举借专项债务收入，以下内容应当列入预算调整方案：

（一）省、自治区、直辖市在新增专项债务限额内筹措的专项债券收入；

（二）市县级政府从上级政府转贷的专项债务收入。

专项债务收入应当在政府性基金预算收入合计线下反映，省级列入"专项债务收入"下对应的政府性基金债务收入科目，市县级列入"地方政府专项债务转贷收入"下对应的政府性基金债务转贷收入科目。

第十四条　增加举借专项债务安排的支出应当列入预算调整方案，包括本级支出和转贷下级支出。专项债务支出应当明确到具体项目，纳入财政支出预算项目库管理，并与中期财政规划相衔接。

专项债务安排本级的支出，应当在政府性基金预算支出合计线上反映，根据支出用途列入相关预算科目；转贷下级支出应当在政府性基金预算支出合计线下反映，列入"债务转贷支出"下对应的政府性基金债务转贷支出科目。

第十五条　专项债务还本支出应当根据当年到期专项债务规模、政府性基金财力、调入专项收入等因素合理预计、妥善安排，并列入年度预算草案。

专项债务还本支出应当在政府性基金预算支出合计线下反映，列入"地方政府专项债务还本支出"下对应的政府性基金债务还本支出科目。

第十六条　专项债务利息和发行费用应当根据专项债务规模、利率、费率等情况合理预计，并列入政府性基金预算支出统筹安排。

专项债务利息、发行费用支出应当在政府性基金预算支出合计线上反映。专项债务利息支出列入"地方政府专项债务付息支出"下对应的政府性基金债务付息支出科目，发行费用支出列入"地方政府专项债务发行费用支出"下对应的政府性基金债务发行费用支出科目。

第十七条　增加举借专项债务和相应安排的支出，财政部门负责具体编制政府性基金预算调整方案，由本级政府提请本级人民代表大会常务委员会批准。

第十八条　专项债务转贷下级政府的，财政部门应当在本级人民代表大会或其常务委员会批准后，及时将专项债务转贷的预算下达有关市县级财政部门。

接受专项债务转贷的市县级政府在本级人民代表大会或其常务委员会批准后，应当及时与上级财政部门签订转贷协议。

第四章　预算执行和决算

第十九条　省级财政部门统筹考虑本级和市县情况，根据预算调整方案、偿还专项债务本金需求和债券市场状况等因素，制定全省专项债券发行计划，合理确定期限结构和发行时点。

第二十条　省级财政部门发行专项债券募集的资金，应当缴入省级国库，并根据预算安排和还本计划拨付资金。

代市县级政府发行专项债券募集的资金，由省级财政部门按照转贷协议及时拨付市县级财政部门。

第二十一条　省级财政部门应当按照规定做好专项债券发行的信息披露和信用评级等相关工作。披露的信息应当包括政府性基金预算财力情况、发行专项债券计划和安排支出项目方案、偿债计划和资金来源，以及其他按照规定应当公开的信息。

第二十二条　省级财政部门应当在发行专项债券后3个工作日内，将专项债券发行情况报财政部备案，并抄送财政部驻当地财政监察专员办事处（以下简称专员办）。

第二十三条　地方各级财政部门应当依据预算调整方案及专项债券发行规定的预算科目和用途，使用专项债券资金。确需调整支出用途的，应当按照规定程序办理。

第二十四条　省级财政部门应当按照合同约定，及时偿还全省、自治区、直辖市专项债券到期本金、利息以及支付发行费用。市县级财政部门应当按照转贷协议约定，及时向省级财政部门缴纳本地区或本级应当承担的还本付息、发行费用等资金。

第二十五条　市县级财政部门未按时足额向省级财政部门缴纳专项债券还本付

息、发行费用等资金的，省级财政部门可以采取适当方式扣回，并将违约情况向市场披露。

第二十六条　预算年度终了，地方各级财政部门编制政府性基金预算决算草案时，应当全面、准确反映专项债务收入、安排的支出、还本付息和发行费用等情况。

第五章　非债券形式专项债务纳入预算管理

第二十七条　县级以上地方各级财政部门应当将非债券形式专项债务纳入本地区专项债务限额，实行预算管理。

对非债券形式专项债务，应当由政府、债权人、债务人通过合同方式，约定在国务院规定的期限内置换成专项债券的时限，转移偿还义务。偿还义务转移给地方政府后，地方财政部门应当根据相关材料登记总预算会计账。

第二十八条　对非债券形式专项债务，债务人为地方政府及其部门的，应当在国务院规定的期限内置换成专项债券；债务人为企事业单位或个人，且债权人同意在国务院规定的期限内置换成专项债券的，地方政府应当予以置换，债权人不同意在国务院规定的期限内置换成专项债券的，不再计入地方政府债务，由债务人自行偿还，对应的专项债务限额由财政部按照程序予以调减。

第六章　监督管理

第二十九条　县级以上地方各级财政部门应当按照法律、法规和财政部规定，向社会公开专项债务限额、余额、期限结构、使用、项目收支、偿还等情况，主动接受监督。

第三十条　县级以上地方各级财政部门应当建立和完善相关制度，加强对本地区专项债务的管理和监督。

第三十一条　专员办应当加强对所在地专项债务的监督，督促地方规范专项债务的举借、使用、偿还等行为，发现违反法律法规和财政管理规定的行为，及时报告财政部。

第三十二条　违反本办法规定情节严重的，财政部可以暂停相关地区专项债券发行资格。违反法律、行政法规的，依法追究有关人员责任；涉嫌犯罪的，移送司法机关依法处理。

第七章　附　则

第三十三条　省、自治区、直辖市可以根据本办法制定实施细则。

第三十四条　本办法由财政部负责解释。

第三十五条　本办法自印发之日起施行。

财政部关于印发《地方政府债务信息公开办法（试行）》的通知

财预〔2018〕209 号

各省、自治区、直辖市、计划单列市财政厅（局），新疆生产建设兵团财政局：

近年来，为贯彻落实党中央、国务院决策部署，根据《中华人民共和国预算法》、《国务院关于加强地方政府性债务管理的意见》（国发〔2014〕43 号）等法律和政策规定，财政部持续推进地方政府债务信息公开工作，取得了明显成效。

按照《国务院办公厅关于印发 2018 年政务公开工作要点的通知》（国办发〔2018〕23 号）要求，为进一步做好地方政府债务信息公开工作，增强地方政府债务信息透明度，自觉接受监督，防范地方政府债务风险，我们制定了《地方政府债务信息公开办法》。现印发给你们，请遵照执行。

特此通知。

财政部

2018 年 12 月 20 日

附件：

地方政府债务信息公开办法（试行）

第一条　【目的和依据】为依法规范地方政府债务管理，切实增强地方政府债务信息透明度，自觉接受监督，防范地方政府债务风险，根据《中华人民共和国预算法》、《中华人民共和国政府信息公开条例》、《国务院关于加强地方政府性债务管理的意见》（国发〔2014〕43 号）等法律法规和制度规定，制定本办法。

第二条　【适用范围】本办法适用于县级以上各级财政部门地方政府债务信息公开工作。

本办法所称地方政府债务包括地方政府一般债务和地方政府专项债务；地方政府债务信息包括预决算公开范围的地方政府债务限额、余额等信息以及预决算公开范围之外的地方政府债券发行、存续期、重大事项等相关信息；重大事项是指可能引起地方政府一般债券、专项债券投资价值发生增减变化，影响投资者合法权益的相关事项。

第三条　【公开原则】地方政府债务信息公开应当遵循以下原则：

（一）坚持以公开为常态、不公开为例外；

（二）坚持谁制作、谁负责、谁公开；

（三）坚持突出重点，真实、准确、完整、及时公开；

（四）坚持以公开促改革、以公开促规范，推进国家治理体系和治理能力现代化。

第四条　【公开渠道】预决算公开范围的地方政府债务限额、余额、使用安排及还本付息等信息应当在地方政府及财政部门门户网站公开。财政部门未设立门户网站的，应当在本级政府门户网站设立专栏公开。

预决算范围之外的地方政府债券等信息应当在省级财政部门、发行场所门户网站公开。财政部设立地方政府债务信息公开平台或专栏，支持地方财政部门公开地方政府债务（券）相关信息。

第五条 【预决算公开】县级以上地方各级财政部门（以下简称"地方各级财政部门"）应当随同预决算公开地方政府债务限额、余额、使用安排及还本付息等信息。

（一）随同预算公开上一年度本地区、本级及所属地区地方政府债务限额及余额（或余额预计执行数），以及本地区和本级上一年度地方政府债券（含再融资债券）发行及还本付息额（或预计执行数）、本年度地方政府债券还本付息预算数等。

（二）随同调整预算公开当年本地区及本级地方政府债务限额、本级新增地方政府债券资金使用安排等。

（三）随同决算公开上年末本地区、本级及所属地区地方政府债务限额、余额决算数，地方政府债券发行、还本付息决算数，以及债券资金使用安排等。

第六条 【债券发行安排公开】省级财政部门应当在每月二十日前公开本地区下一月度新增地方政府债券和再融资债券发行安排，鼓励有条件的地区同时公开多个月份地方政府债券发行安排。

第七条 【新增一般债券发行公开】省级财政部门应当在新增一般债券发行前，提前5个以上工作日公开以下信息：

（一）经济社会发展指标。包括本地区国内生产总值、居民人均可支配收入等；

（二）地方政府一般公共预算情况；

（三）一般债务情况。包括本地区一般债务限额及余额、地区分布、期限结构等；

（四）拟发行一般债券信息。包括规模、期限、项目、偿债资金安排等；

（五）第三方评估材料。包括信用评级报告等；

（六）其他按规定需要公开的信息。

省级财政部门应当在新增一般债券发行后2个工作日内，公布发行债券编码、利率等信息。

第八条 【新增专项债券发行公开】省级财政部门应当在新增专项债券发行前，提前5个以上工作日公开以下信息：

（一）经济社会发展指标。包括本地区国内生产总值、居民人均可支配收入等；

（二）地方政府性基金预算情况。包括本地区、本级或使用专项债券资金的市县级政府地方政府性基金收支、拟发行专项债券对应的地方政府性基金预算收支情况；

（三）专项债务情况。包括本地区专项债务限额及余额、地区分布、期限结构等；

（四）拟发行专项债券信息。包括规模、期限及偿还方式等基本信息；

（五）拟发行专项债券对应项目信息。包括项目概况、分年度投资计划、项目资金来源、预期收益和融资平衡方案、潜在风险评估、主管部门责任等；

（六）第三方评估信息。包括财务评估报告（重点是项目预期收益和融资平衡情况评估）、法律意见书、信用评级报告等；

（七）其他按规定需要公开的信息。

省级财政部门应当在新增专项债券发行后 2 个工作日内，公布发行债券编码、利率等信息。

第九条　【再融资债券发行公开】省级财政部门应当在再融资债券发行前，提前 5 个以上工作日公开再融资债券发行规模以及原债券名称、代码、发行规模、到期本金规模等信息。

第十条　【一般债券存续期公开】地方各级财政部门应当组织开展本地区和本级一般债券存续期信息公开工作，督促和指导使用一般债券资金的部门不迟于每年 6 月底前公开以下信息：

（一）截至上年末一般债券资金余额、利率、期限、地区分布等情况；

（二）截至上年末一般债券资金使用情况；

（三）截至上年末一般债券项目建设进度、运营情况等；

（四）其他按规定需要公开的信息。

第十一条　【专项债券存续期公开】地方各级财政部门应当组织开展本地区和本级专项债券存续期信息公开工作，督促和指导使用专项债券资金的部门不迟于每年 6 月底前公开以下信息：

（一）截至上年末专项债券资金使用情况；

（二）截至上年末专项债券对应项目建设进度、运营情况等；

（三）截至上年末专项债券项目收益及对应形成的资产情况；

（四）其他按规定需要公开的信息。

第十二条　【违法违规情形公开】涉及违法违规举债担保行为问责的，各级财政部门应当在收到问责决定后 20 个工作日内公开问责结果。

第十三条　【一般债券重大事项公开】一般债券存续期内，发生可能影响使用一般债券资金地区的一般公共预算收入的重大事项，财政部门应当按照《国务院办公厅关于印发地方政府性债务风险应急处置预案的通知》（国办函〔2016〕88 号）等有关规定提出具体补救措施，经本级政府批准后向省级财政部门报告，并由省级财政部门公告或以适当方式告知一般债券持有人。

第十四条　【专项债券重大事项公开】专项债券存续期内，对应项目发生可能影响其收益与融资平衡能力的重大事项的，专项债券资金使用部门和财政部门应当按照《国务院办公厅关于印发地方政府性债务风险应急处置预案的通知》（国办函〔2016〕88 号）等有关规定提出具体补救措施，经本级政府批准后向省级财政部门报告，并由省级财政部门公告或以适当方式告知专项债券持有人。

第十五条 【债券资金调整用途公开】地方政府债券存续期内确需调整债券资金用途的，按规定履行相关程序后，由省级财政部门予以公告或以适当方式告知债券持有人。

第十六条 【财政经济信息】地方各级财政部门在公开政府债务信息时，应当根据本级政府及其相关部门信息公开进展，一并提供本级政府工作报告、预决算报告、预算执行和其他财政收支的审计工作报告等信息或其网址备查。

第十七条 【政府债务管理制度】地方各级财政部门应当及时公开本地区政府债务管理制度规定。

第十八条 【职责分工】财政部负责指导、监督全国地方政府债务信息公开工作。地方各级财政部门负责组织实施本地区和本级政府债务信息公开工作，指导、监督和协调本级使用债券资金的部门和下级政府债务信息公开工作。

第十九条 【绩效评价】地方各级财政部门要将地方政府债务信息公开情况纳入地方政府债务绩效评价范围，加强绩效评价结果应用。

第二十条 【日常监督】财政部驻各省、自治区、直辖市、计划单列市财政监察专员办事处应当将地方政府债务信息公开工作纳入日常监督范围，对发现问题的予以督促整改。

第二十一条 【法律责任】对未按规定公开地方政府债务信息的，应当依照《中华人民共和国预算法》、《中华人民共和国政府信息公开条例》等法律法规的规定，责令改正，对负有直接责任的主管人员和其他直接责任人员依法依规给予处分。

第二十二条 【社会监督】公民、法人或者其他组织认为有关部门不依法履行地方政府债务信息公开义务的，可以向同级或上一级财政部门举报。财政部门收到举报后应当依法依规予以处理。

第二十三条 省、自治区、直辖市、计划单列市财政部门可以根据本办法规定，结合本地区实际制定实施细则。

第二十四条 中央转贷地方国际金融组织和外国政府贷款信息公开办法由财政部另行制定。

第二十五条 本办法由财政部负责解释。

第二十六条 本办法自 2019 年 1 月 1 日起实施。

中共中央办公厅　国务院办公厅印发
《关于做好地方政府专项债券发行及项目配套融资工作的通知》

为贯彻落实党中央、国务院决策部署，加大逆周期调节力度，更好发挥地方政府专项债券（以下简称专项债券）的重要作用，着力加大对重点领域和薄弱环节的支持力度，增加有效投资、优化经济结构、稳定总需求，保持经济持续健康发展，经中央领导同志同意，现就有关事项通知如下。

一、总体要求和基本原则

（一）总体要求。以习近平新时代中国特色社会主义思想为指导，全面贯彻党的十九大和十九届二中、三中全会精神，认真落实党中央、国务院决策部署，坚决打好防范化解重大风险攻坚战。坚持以供给侧结构性改革为主线不动摇，坚持结构性去杠杆的基本思路，按照坚定、可控、有序、适度要求，进一步健全地方政府举债融资机制，推进专项债券管理改革，在较大幅度增加专项债券规模基础上，加强宏观政策协调配合，保持市场流动性合理充裕，做好专项债券发行及项目配套融资工作，促进经济运行在合理区间。

（二）基本原则

——坚持疏堵结合。坚持用改革的办法解决发展中的矛盾和问题，把"开大前门"和"严堵后门"协调起来，在严控地方政府隐性债务（以下简称隐性债务）、坚决遏制隐性债务增量、坚决不走无序举债搞建设之路的同时，加大逆周期调节力度，厘清政府和市场边界，鼓励依法依规市场化融资，增加有效投资，促进宏观经济良性循环，提升经济社会发展质量和可持续性。

——坚持协同配合。科学实施政策"组合拳"，加强财政、货币、投资等政策协同配合。积极的财政政策要加力提效，充分发挥专项债券作用，支持有一定收益但难以商业化合规融资的重大公益性项目（以下简称重大项目）。稳健的货币政策要松紧适度，配合做好专项债券发行及项目配套融资，引导金融机构加强金融服务，按商业化原则依法合规保障重大项目合理融资需求。

——坚持突出重点。切实选准选好专项债券项目，集中资金支持重大在建工程建设和补短板并带动扩大消费，优先解决必要在建项目后续融资，尽快形成实物工作量，防止形成"半拉子"工程。

——坚持防控风险。始终从长期大势认识当前形势，坚持推动高质量发展，坚持举债要同偿债能力相匹配。专项债券必须用于有一定收益的重大项目，融资规模要保持与项目收益相平衡。地方政府加强专项债券风险防控和项目管理，金融机构按商业化原则独立审批、审慎决策，坚决防控风险。

——坚持稳定预期。既要强化宏观政策逆周期调节，主动预调微调，也要坚持稳中求进工作总基调，精准把握宏观调控的度，稳定和提振市场预期。必须坚持结构性去杠杆的改革方向，坚决不搞"大水漫灌"。对举借隐性债务上新项目、铺新摊子的要坚决问责、终身问责、倒查责任。

二、支持做好专项债券项目融资工作

（一）合理明确金融支持专项债券项目标准。发挥专项债券带动作用和金融机构市场化融资优势，依法合规推进专项债券支持的重大项目建设。对没有收益的重大项目，通过统筹财政预算资金和地方政府一般债券予以支持。对有一定收益且收益全部属于政府性基金收入的重大项目，由地方政府发行专项债券融资；收益兼有政府性基金收入和其他经营性专项收入（以下简称专项收入，包括交通票款收入等），且偿还专项债券本息后仍有剩余专项收入的重大项目，可以由有关企业法人项目单位（以下简称项目单位）根据剩余专项收入情况向金融机构市场化融资。

（二）精准聚焦重点领域和重大项目。鼓励地方政府和金融机构依法合规使用专项债券和其他市场化融资方式，重点支持京津冀协同发展、长江经济带发展、"一带一路"建设、粤港澳大湾区建设、长三角区域一体化发展、推进海南全面深化改革开放等重大战略和乡村振兴战略，以及推进棚户区改造等保障性安居工程、易地扶贫搬迁后续扶持、自然灾害防治体系建设、铁路、收费公路、机场、水利工程、生态环保、医疗健康、水电气热等公用事业、城镇基础设施、农业农村基础设施等领域以及其他纳入"十三五"规划符合条件的重大项目建设。

（三）积极鼓励金融机构提供配套融资支持。对于实行企业化经营管理的项目，鼓励和引导银行机构以项目贷款等方式支持符合标准的专项债券项目。鼓励保险机构为符合标准的中长期限专项债券项目提供融资支持。允许项目单位发行公司信用类债券，支持符合标准的专项债券项目。

（四）允许将专项债券作为符合条件的重大项目资本金。对于专项债券支持、符合中央重大决策部署、具有较大示范带动效应的重大项目，主要是国家重点支持的铁路、国家高速公路和支持推进国家重大战略的地方高速公路、供电、供气项目，在评估项目收益偿还专项债券本息后专项收入具备融资条件的，允许将部分专项债券作为一定比例的项目资本金，但不得超越项目收益实际水平过度融资。地方政府要按照一一对应原则，将专项债券严格落实到实体政府投资项目，不得将专项债券作为政府投资基金、产业投资基金等各类股权基金的资金来源，不得通过设立壳公司、多级子公司等中间环节注资，避免层层嵌套、层层放大杠杆。

（五）确保落实到期债务偿还责任。省级政府对专项债券依法承担全部偿还责任。组合使用专项债券和市场化融资的项目，项目收入实行分账管理。项目对应的政府性基金收入和用于偿还专项债券的专项收入及时足额缴入国库，纳入政府性基金预算管理，确保专项债券还本付息资金安全；项目单位依法对市场化融资承担全部偿还责任，在银行开立监管账户，将市场化融资资金以及项目对应可用于偿还市场化融资的专项收入，及时足额归集至监管账户，保障市场化融资到期偿付。市场化转型尚未完成、存量隐性债务尚未化解完毕的融资平台公司不得作为项目单位。严禁项目单位以任何方式新增隐性债务。

三、进一步完善专项债券管理及配套措施

（一）大力做好专项债券项目推介。地方政府通过印发项目清单、集中公告等方式，加大向金融机构推介符合标准专项债券项目力度。金融管理部门积极配合地方政府工作，组织和协调金融机构参与。金融机构按照商业化原则、自主自愿予以支持，加快专项债券推介项目落地。

（二）保障专项债券项目融资与偿债能力相匹配。地方政府、项目单位和金融机构加强对重大项目融资论证和风险评估，充分论证项目预期收益和融资期限及还本付息的匹配度，合理编制项目预期收益与融资平衡方案，反映项目全生命周期和年度收支平衡情况，使项目预期收益覆盖专项债券及市场化融资本息。需要金融机构市场化融资支持的，地方政府指导项目单位比照开展工作，向金融机构全面真实及时披露审批融资所需信息，准确反映偿还专项债券本息后的专项收入，使项目对应可用于偿还市场化融资的专项收入与市场化融资本息相平衡。金融机构严格按商业化原则审慎做好项目合规性和融资风险审核，在偿还专项债券本息后的专项收入确保市场化融资偿债来源的前提下，对符合条件的重大项目予以支持，自主决策是否提供融资及具体融资数量并自担风险。

（三）强化信用评级和差别定价。推进全国统一的地方政府债务信息公开平台建设，由地方政府定期公开债务限额、余额、债务率、偿债率以及经济财政状况、债券发行、存续期管理等信息，形成地方政府债券统计数据库，支持市场机构独立评级，根据政府债务实际风险水平，合理形成市场化的信用利差。加快建立地方政府信用评级体系，加强地方政府债务风险评估和预警结果在金融监管等方面的应用。

（四）提升地方政府债券发行定价市场化程度。坚持地方政府债券市场化发行，进一步减少行政干预和窗口指导，不得通过财政存款和国库现金管理操作等手段变相干预债券发行定价，促进债券发行利率合理反映地区差异和项目差异。严禁地方政府及其部门通过金融机构排名、财政资金存放、设立信贷目标等方式，直接或间接向金融机构施压。

（五）丰富地方政府债券投资群体。落实完善相关政策，推动地方政府债券通过商业银行柜台在本地区范围内向个人和中小机构投资者发售，扩大对个人投资者发售量，提高商业银行柜台发售比例。鼓励和引导商业银行、保险公司、基金公司、社会保险基金等机构投资者和个人投资者参与投资地方政府债券。合理确定地方政府债券柜台发售的定价机制，增强对个人投资者的吸引力。适时研究储蓄式地方政府债券。指导金融机构积极参与地方政府债券发行认购，鼓励资管产品等非法人投资者增加地方政府债券投资。积极利用证券交易所提高非金融机构和个人投资地方政府债券的便利性。推出地方政府债券交易型开放式指数基金，通过"债券通"等机制吸引更多境外投资者投资。推动登记结算机构等债券市场基础设施互联互通。

（六）合理提高长期专项债券期限比例。专项债券期限原则上与项目期限相匹配，并统筹考虑投资者需求、到期债务分布等因素科学确定，降低期限错配风险，防止资金闲置。逐步提高长期债券发行占比，对于铁路、城际交通、收费公路、水利工程等建设和运营期限较长的重大项目，鼓励发行10年期以上的长期专项债券，更好匹配项目资金需求和期限。组合使用专项债券和市场化融资的项目，专项债券、市场化融资期限与项目期限保持一致。合理确定再融资专项债券期限,原则上与同一项目剩余期限相匹配,避免频繁发债增加成本。完善专项债券本金偿还方式,在到期一次性偿还本金方式基础上,鼓励专项债券发行时采取本金分期偿还方式,既确保分期项目收益用于偿债,又平滑债券存续期内偿债压力。

(七)加快专项债券发行使用进度。地方政府要根据提前下达的部分新增专项债务限额,结合国务院批准下达的后续专项债券额度,抓紧启动新增债券发行。金融机构按市场化原则配合地方政府做好专项债券发行工作。对预算拟安排新增专项债券的项目通过先行调度库款的办法,加快项目建设进度,债券发行后及时回补。各地要均衡专项债券发行时间安排,力争当年 9 月底前发行完毕,尽早发挥资金使用效益。

四、依法合规推进重大项目融资

(一)支持重大项目市场化融资。对于部分实行企业化经营管理且有经营性收益的基础设施项目,包括已纳入国家和省市县级政府及部门印发的"十三五"规划并按规定权限完成审批或核准程序的项目,以及发展改革部门牵头提出的其他补短板重大项目,金融机构可按照商业化原则自主决策,在不新增隐性债务前提下给予融资支持,保障项目合理资金需求。

(二)合理保障必要在建项目后续融资。在严格依法解除违法违规担保关系基础上,对存量隐性债务中的必要在建项目,允许融资平台公司在不扩大建设规模和防范风险前提下与金融机构协商继续融资。鼓励地方政府合法合规增信,通过补充有效抵质押物或由第三方担保机构(含政府出资的融资担保公司)担保等方式,保障债权人合法权益。

(三)多渠道筹集重大项目资本金。鼓励地方政府通过统筹预算收入、上级转移支付、结转结余资金,以及按规定动用预算稳定调节基金等渠道筹集重大项目资本金。允许各地使用财政建设补助资金、中央预算内投资作为重大项目资本金,鼓励将发行地方政府债券后腾出的财力用于重大项目资本金。

五、加强组织保障

(一)严格落实工作责任。财政部、国家发展改革委和金融管理部门等按职责分工和本通知要求,抓紧组织落实相关工作。省级政府对组合使用专项债券和市场化融资的项目建立事前评审和批准机制,对允许专项债券作为资本金的项目要重点评估论证,加强督促检查。地方各级政府负责组织制定本级专项债券项目预期收益与融资平衡方案,客观评估项目预期收益和资产价值。金融机构按照商业化原则自主决策,在不新增隐性债务前提下给予融资支持。

(二)加强部门监管合作。在地方党委和政府领导下,建立财政、金融管理、发展改革等部门协同配合机制,健全专项债券项目安排协调机制,加强地方财政、发展改革等部门与金融单位之间的沟通衔接,支持做好专项债券发行及项目配套融资工作。财政部门及时向当地发展改革、金融管理部门及金融机构提供有关专项债券项目安排信息、存量隐性债务中的必要在建项目信息等。发展改革部门按职责分工做好建设项目审批或核准工作。金融管理部门指导金融机构做好补短板重大项目和有关专项债券项目配套融资工作。

（三）推进债券项目公开。地方各级政府按照有关规定，加大地方政府债券信息公开力度，依托全国统一的集中信息公开平台，加快推进专项债券项目库公开，全面详细公开专项债券项目信息，对组合使用专项债券和市场化融资的项目以及将专项债券作为资本金的项目要单独公开，支持金融机构开展授信风险评估，让信息"多跑路"、金融机构"少跑腿"。进一步发挥主承销商作用，不断加强专项债券信息公开和持续监管工作。出现更换项目单位等重大事项的，应当第一时间告知债权人。金融机构加强专项债券项目信息应用，按照商业化原则自主决策，及时遴选符合条件的项目予以支持；需要补充信息的，地方政府及其相关部门要给予配合。

（四）建立正向激励机制。研究建立正向激励机制，将做好专项债券发行及项目配套融资工作、加快专项债券发行使用进度与全年专项债券额度分配挂钩，对专项债券发行使用进度较快的地区予以适当倾斜支持。适当提高地方政府债券作为信贷政策支持再贷款担保品的质押率，进一步提高金融机构持有地方政府债券的积极性。

（五）依法合规予以免责。既要强化责任意识，谁举债谁负责、谁融资谁负责，从严整治举债乱象，也要明确政策界限，允许合法合规融资行为，避免各方因担心被问责而不作为。对金融机构依法合规支持专项债券项目配套融资，以及依法合规支持已纳入国家和省市县级政府及部门印发的"十三五"规划并按规定权限完成审批或核准程序的项目，发展改革部门牵头提出的其他补短板重大项目，凡偿债资金来源为经营性收入、不新增隐性债务的，不认定为隐性债务问责情形。对金融机构支持存量隐性债务中的必要在建项目后续融资且不新增隐性债务的，也不认定为隐性债务问责情形。

（六）强化跟踪评估监督。地方各级政府、地方金融监管部门、金融机构动态跟踪政策执行情况，总结经验做法，梳理存在问题，及时研究提出政策建议。国务院有关部门要加强政策解读和宣传培训，按职责加大政策执行情况监督力度，尤其要对将专项债券作为资本金的项目加强跟踪评估，重大事项及时按程序请示报告。

财政部印发《关于加快地方政府专项债券发行使用有关工作的通知》

财预〔2020〕94 号

各省、自治区、直辖市、计划单列市财政厅（局），新疆生产建设兵团财政局：

为贯彻落实国务院常务会议部署，用好地方政府专项债券（以下简称专项债券），加强资金和项目对接、提高资金使用效益，做好"六稳"工作、落实"六保"任务，现就加快地方政府专项债券发行使用有关工作通知如下：

一、合理把握专项债券发行节奏。对近期下达及后续拟下达的新增专项债券，与抗疫特别国债、一般债券统筹把握发行节奏，妥善做好稳投资稳增长和维护债券市场稳定工作，确保专项债券有序稳妥发行，力争在10月底前发行完毕。

二、科学合理确定专项债券期限。专项债券期限原则上与项目期限相匹配，并统筹考虑投资者需求、到期债务分布等因素科学确定，降低期限错配风险，防止资金闲置。既要鼓励发行长期专项债券，支持铁路、城际交通、收费公路、水利工程等建设和运营期限较长的重大项目，更好匹配项目资金需求和期限，又要综合评估分年到期专项债券本息、可偿债财力以及融资成本等情况，合理确定专项债券期限，避免人为将偿债责任后移。

三、优化新增专项债券资金投向。坚持专项债券必须用于有一定收益的公益性项目，融资规模与项目收益相平衡。重点用于国务院常务会议确定的交通基础设施、能源项目、农林水利、生态环保项目、民生服务、冷链物流设施、市政和产业园区基础设施等七大领域。积极支持"两新一重"、公共卫生设施建设中符合条件的项目，可根据需要及时用于加强防灾减灾建设。

四、依法合规调整新增专项债券用途。赋予地方一定的自主权，对因准备不足短期内难以建设实施的项目，允许省级政府及时按程序调整用途，优先用于党中央、国务院明确的"两新一重"、城镇老旧小区改造、公共卫生设施建设等领域符合条件的重大项目。确需调整用途的，原则上应当于9月底前完成，合理简化程序，确保年内形成实物工作量。各地涉及依法合规调整专项债券用途的，应当将省级政府批准同意的相关文件按程序报财政部备案，并在地方政府债务管理信息系统全过程登记。

五、严格新增专项债券使用负面清单。严禁将新增专项债券资金用于置换存量债务，决不允许搞形象工程、面子工程。新增专项债券资金依法不得用于经常性支出，严禁用于发放工资、单位运行经费、发放养老金、支付利息等，严禁用于商业化运作的产业项目、企业补贴等。同时，坚持不安排土地储备项目、不安排产业项目、不安排房地产相关项目。

六、加快新增专项债券资金使用进度。抓紧安排已发行未使用的新增专项债券资金投入使用，做好与近期下达批次的新增专项债券资金使用的衔接。要依托地方政府债务管理信息系统，对专项债券发行使用实行穿透式、全过程监控，动态监测地方财政、相关主管部门以及项目单位等各类参与主体，逐个环节跟踪进展，一级抓一级，层层压实相关主体责任，既要督促加快专项债券资金使用进度，尽快形成实物工作量，也要确保项目质量，提高债券资金使用绩效，决不能乱花钱。

七、依法加大专项债券信息公开力度。发挥按中央要求建立的全国统一的地方政府债务信息公开平台（WWW.CELMA.ORG.CN）作用，全面详细公开发行专项债券对应项目信息，加快推进专项债券项目库公开，对组合使用专项债券和市场化融资的项目以及将专项债券作为资本金的项目要单独公开，发挥市场自律约束作用，以公开促规范、以公开防风险。

八、健全通报约谈机制和监督机制。要健全每月定期通报机制，对资金拨付进度快、安排使用合规有效的市县、相关主管部门和项目单位予以表扬，对资金拨付进度慢、安排使用不合规的市县、相关主管部门和项目单位予以通报或约谈，既要防止债券资金滞留国库，也要避免资金拨付后沉淀在项目单位，提高债券资金使用效益，尽快形成对经济的有效拉动。财政部各地监管局要加强属地监督。

特此通知。

财政部

2020 年 7 月 27 日

财政部关于印发《地方政府专项债券项目资金绩效管理办法》的通知

财预〔2021〕61 号

各省、自治区、直辖市、计划单列市财政厅（局），新疆生产建设兵团财政局，财政部各地监管局：

为贯彻落实党中央、国务院决策部署，加强地方政府专项债券项目资金绩效管理，提高专项债券资金使用效益，有效防范政府债务风险，根据《中华人民共和国预算法》、《中华人民共和国预算法实施条例》、《中共中央 国务院关于全面实施预算绩效管理的意见》、《国务院关于进一步深化预算管理制度改革的意见》等法律法规及有关规定，我们制定了《地方政府专项债券项目资金绩效管理办法》。现印发给你们，请遵照执行。

特此通知。

财政部

2021 年 6 月 10 日

附件：

地方政府专项债券项目资金绩效管理办法

第一章 总 则

第一条 为加强地方政府专项债券项目资金绩效管理，提高专项债券资金使用效益，有效防范政府债务风险，根据《中华人民共和国预算法》、《中华人民共和国预算法实施条例》、《中共中央 国务院关于全面实施预算绩效管理的意见》、《国务院关于进一步深化预算管理制度改革的意见》、《项目支出绩效评价管理办法》等法律法规及有关规定，制定本办法。

第二条　本办法所称地方政府专项债券（以下简称专项债券）指省级政府为有一定收益的公益性项目发行的、以公益性项目对应的政府性基金收入或专项收入作为还本付息资金来源的政府债券，包括新增专项债券和再融资专项债券等。

第三条　本办法所称绩效管理，是指财政部门、项目主管部门和项目单位以专项债券支持项目为对象，通过事前绩效评估、绩效目标管理、绩效运行监控、绩效评价管理、评价结果应用等环节，推动提升债券资金配置效率和使用效益的过程。

第四条　绩效管理应当遵循以下原则：

（一）科学规范。专项债券项目资金绩效实行全生命周期管理。坚持"举债必问效、无效必问责"，遵循项目支出绩效管理的基本要求，注重融资收益平衡与偿债风险。建立规范的工作流程和指标体系，推动绩效管理工作有序开展。

（二）协同配合。各级财政部门牵头组织专项债券项目资金绩效管理工作，督促指导项目主管部门和项目单位具体实施各项管理工作。上级财政部门加强工作指导和检查。

（三）公开透明。绩效信息是专项债券项目信息的重要组成部分，应当依法依规公开，自觉接受社会监督，通过公开推动提高专项债券资金使用绩效。

（四）强化运用。突出绩效管理结果的激励约束作用，将专项债券项目资金绩效管理结果作为专项债券额度分配的重要测算因素，并与有关管理措施和政策试点等挂钩。

第二章　事前绩效评估

第五条　申请专项债券资金前，项目单位或项目主管部门要开展事前绩效评估，并将评估情况纳入专项债券项目实施方案。事前绩效评估主要判断项目申请专项债券资金支持的必要性和可行性，重点论证以下方面：

（一）项目实施的必要性、公益性、收益性；

（二）项目建设投资合规性与项目成熟度；

（三）项目资金来源和到位可行性；

（四）项目收入、成本、收益预测合理性；

（五）债券资金需求合理性；

（六）项目偿债计划可行性和偿债风险点；

（七）绩效目标合理性；

（八）其他需要纳入事前绩效评估的事项。

第六条　地方财政部门指导项目主管部门和项目单位做好事前绩效评估，将事前绩效评估作为项目进入专项债券项目库的必备条件。必要时财政部门可组织第三方机构独立开展绩效评估，并将评估结果作为是否获得专项债券资金支持的重要参考依据。

第三章　绩效目标管理

第七条　绩效目标应当重点反映专项债券项目的产出数量、质量、时效、成本，还包括经济效益、社会效益、生态效益、可持续影响、服务对象满意度等绩效指标。

第八条　项目单位在申请专项债券项目资金需求时，要同步设定绩效目标，经项目主管部门审核后，报同级财政部门审定。绩效目标要尽可能细化量化，能有效反映项目的预期产出、融资成本、偿债风险等。

第九条　地方财政部门要将绩效目标设置作为安排专项债券资金的前置条件，加强绩效目标审核，将审核后的绩效目标与专项债券资金同步批复下达。

第十条　绩效目标原则上执行中不作调整。确因项目建设运营环境发生重大变化等原因需要调整的，按照新设项目的工作流程办理。

第四章　绩效运行监控

第十一条　绩效运行监控是指在专项债券资金使用过程中，对专项债券资金预算执行进度和绩效目标实现情况进行"双监控"，查找资金使用和项目实施中的薄弱环节，及时纠正偏差。

第十二条　项目主管部门和项目单位应当建立专项债券项目资金绩效跟踪监测机制，对绩效目标实现程度进行动态监控，发现问题及时纠正并告知同级财政部门，提高专项债券资金使用效益，确保绩效目标如期实现。

第十三条　地方财政部门应当跟踪专项债券项目绩效目标实现程度，对严重偏离绩效目标的项目要暂缓或停止拨款，督促及时整改。项目无法实施或存在严重问题的要及时追回专项债券资金并按程序调整用途。

第十四条　财政部门利用信息化手段探索对专项债券项目实行穿透式监管，根据工作需要组织对专项债券项目建设运营等情况开展现场检查，及时纠偏纠错。

第五章　绩效评价管理

第十五条　地方财政部门负责组织本地区专项债券项目资金绩效评价工作。年度预算执行终了，项目单位要自主开展绩效自评，评价结果报送主管部门和本级财政部门。项目主管部门和本级财政部门选择部分重点项目开展绩效评价。

第十六条　省级财政部门根据工作需要，每年选取部分重大项目开展重点绩效评价。选取项目对应的资金规模原则上不低于本地区上年新增专项债务限额的5%，并逐步提高比例。鼓励引入第三方机构，对重大项目开展重点绩效评价。必要时财政部可直接组织开展绩效评价。

第十七条　项目主管部门和财政部门绩效评价要反映项目决策、管理、产出和效益。绩效评价指标框架和绩效评价提纲由省级财政部门结合实际情况自主制定，参考《项目支出绩效评价管理办法》有关范例，并突出专项债券项目资金绩效评价特点。包括但不限于以下内容：

（一）决策方面。项目立项批复情况；项目完成勘察、设计、用地、环评、开工许可等前期工作情况；项目符合专项债券支持领域和方向情况；项目绩效目标设定情况；项目申请专项债券额度与实际需要匹配情况等。

（二）管理方面。专项债券收支、还本付息及专项收入纳入政府性基金预算管理情况；债券资金按规定用途使用情况；资金拨付和支出进度与项目建设进度匹配情况；项目竣工后资产备案和产权登记情况；专项债券本息偿还计划执行情况；项目收入、成本及预期收益的合理性；项目年度收支平衡或项目全生命周期预期收益与专项债券规模匹配情况；专项债券期限与项目期限匹配情况等；专项债券项目信息公开情况；外部监督发现问题整改情况；信息系统管理使用情况；其他财务、采购和管理情况。

（三）产出方面。项目形成资产情况；项目建设质量达标情况；项目建设进度情况；项目建设成本情况；考虑闲置因素后债券资金实际成本情况；项目建成后提供公共产品和服务情况；项目运营成本情况等。

（四）效益方面。项目综合效益实现情况；项目带动社会有效投资情况；项目支持国家重大区域发展战略情况；项目直接服务对象满意程度等。

第十八条　专项债券项目建立全生命周期跟踪问效机制，项目建设期绩效评价侧重项目决策、管理和产出等，运营期绩效评价侧重项目产出和效益等。

第十九条　地方各级财政部门负责组织实施本地区绩效评价结果公开工作，指导项目主管部门和项目单位每年 6 月底前公开上年度专项债券项目资金绩效评价结果。绩效评价结果要在全国统一的地方政府债务信息公开平台上公开。

第六章　评价结果应用

第二十条　绩效评价结果量化为百分制综合评分，并按照综合评分进行分级。综合评分为 90 分（含）以上的为"优"，80 分（含）至 90 分的为"良"，60 分（含）至 80 分的为"中"，60 分以下的为"差"。

第二十一条　项目主管部门和项目单位要根据绩效评价结果及时整改问题。省级财政部门也要及时将重点绩效评价结果反馈项目主管部门和项目单位，并提出整改意见。项目主管部门和项目单位应根据评价结果和整改意见，提出明确整改措施，认真组织开展整改工作。

第二十二条　上级财政部门对下级财政部门绩效管理工作定期开展抽查，指导和督促提高绩效管理水平。财政部组织各地监管局定期抽查各地区绩效管理工作情况、省级财政部门重点绩效评价开展情况等，抽查情况书面报告财政部。

第二十三条　按照评价与结果应用主体相统一的原则，财政部在分配新增地方政府专项债务限额时，将财政部绩效评价结果及各地监管局抽查结果等作为分配调整因素。省级财政部门在分配专项债务限额时，将抽查情况及开展的重点绩效评价结果等作为分配调整因素。地方财政部门将绩效评价结果作为项目建设期专项债券额度以及运营期财政补助资金分配的调整因素。

第二十四条　各级财政部门、项目主管部门和项目单位及个人，违反专项债券项目资金绩效管理规定致使财政资金使用严重低效无效并造成重大损失的，以及有其他滥用职权、玩忽职守、徇私舞弊等违法违规行为的，依法责令改正；对负有直接责任的主管人员和其他直接责任人员依法给予处分；涉嫌犯罪的，依法移送有关机关处理。

第七章　附则

第二十五条　省级财政部门制定本地区专项债券项目资金绩效管理办法，报财政部备案，并抄送财政部相关监管局。

第二十六条　本办法自印发之日起施行。2022 年及以后年度新增专项债券到期后按规定发行的再融资专项债券参照本办法执行。

主要参考文献

[1] 中华人民共和国全国人民代表大会. 中华人民共和国预算法（2014 年修正）[Z]. 2014—08—31.

[2] 中华人民共和国国务院. 国务院关于加强地方政府性债务管理的意见 [Z]. 2014—09—26.

[3] 中华人民共和国财政部. 地方政府存量债务纳入预算管理清理甄别办法 [Z]. 2014—10—23.

[4] 中华人民共和国财政部. 地方政府性债务风险分类处置指南 [Z]. 2016—11—03.

[5] 中华人民共和国财政部. 地方政府一般债务预算管理办法 [Z]. 2016—11—09.

[6] 中华人民共和国财政部. 地方政府专项债务预算管理办法 [Z]. 2016—11—09.

[7] 中华人民共和国财政部. 新增地方政府债务限额分配管理暂行办法 [Z]. 2017—03—23.

[8] 中华人民共和国财政部. 关于做好 2018 年地方政府债务管理工作的通知 [Z]. 2018—02—24.

[9] 中国共产党中央办公厅. 关于人大预算审查监督重点向支出预算和政策拓展的实施意见 [Z]. 2018—03—09.

[10] 中华人民共和国财政部. 关于进一步规范地方政府举债融资行为的通知 [Z]. 2017—05—08.

[11] 中华人民共和国国家发展和改革委员会. 关于印发中央政府投资项目后评价管理办法和中央政府投资项目后评价报告编制大纲（试行）的通知 [Z]. 2014—

09—21.

［12］中国共产党中共中央，中华人民共和国国务院．关于全面实施预算绩效管理的意见［Z］．2018—09—01．

［13］中华人民共和国财政部．关于贯彻落实《中共中央　国务院关于全面实施预算绩效管理的意见》的通知［Z］．2018—11—08．

［14］中华人民共和国财政部．地方政府债务信息公开办法［Z］．2018—12—20．

［15］中华人民共和国国务院．政府投资条例［Z］．2019—04—14．

［16］中华人民共和国财政部，中华人民共和国自然资源部．土地储备项目预算管理办法（试行）［Z］．2019—05—20．

［17］中国共产党中共中央办公厅，中华人民共和国国务院办公厅．关于做好地方政府专项债券发行及项目配套融资工作的通知［Z］．2019—06—10．

［18］中华人民共和国国务院．国务院关于进一步深化预算管理制度改革的意见国发（国发〔2021〕5号）［Z］．2021—04—13．

［19］中华人民共和国财政部．地方政府专项债券项目资金绩效管理办法（财预〔2021〕61号）［Z］．2021—06—10．

［20］河南省财政厅．河南省政府性债务管理工作绩效考核办法［Z］．2016—09—20．

［21］陕西省财政厅．陕西省政府债务管理绩效评价暂行办法［Z］．2018—09—26．

［22］共产党员网．习近平主持政治局会议　分析研究当前经济形势和经济工作［EB/OL］．（2017—07—24）［2017—07—24］．http://news.12371.cn/2017/07/24/ARTI1500890770975856.shtml.

［23］李萍，许宏才，李承．地方政府债务管理：国际比较与借鉴［M］．北京：中国财政经济出版社，2009．

［24］刘国永，李文思，王萌．全面实施预算绩效管理实践指导［M］．镇江：江苏大学出版社，2019．

［25］郑春荣．中国地方政府债务的规范发展研究［M］．上海：格致出版社、上海人民出版社，2016．

［26］安新华等．经营城市：中国地方政府专项债券创新与实践［M］．北京：经济科学出版社，2019．

［27］王小龙，李敬辉，等．预算管理一体化规范实用教程［M］．北京：经济科学出版社，2020．

［28］李建强，张淑翠．地方政府债务治理工程与可持续评估［M］．北京：经济科学出版社，2018．

［29］沙安文．财政管理［M］．鲍曙光，译．北京：中国财政经济出版社，2019．

［30］郑春荣. 公债学教程［M］. 上海：上海财经大学出版社，2020.

［31］刘尚希. 地方政府性债务风险不是来自债务本身［J］. 中国党政干部论坛，2014，（2）.

［32］刘楠楠. 澳大利亚地方债及预算管理的国际经验分析［J］. 公共经济与政策研究，2015，（4）.

［33］周晓亚，万晓萌. 我国地方政府债务问责案例与问责体系解析［J］. 地方财政研究，2019，（5）.

［34］刘立峰. 1995 年固定资产投资形势分析［J］. 经济研究参考，1996，（54）.

［35］王喜梅. 地方政府债务风险管理机制研究：基于新《预算法》视角的分析［J］. 西南金融，2017，（11）.

［36］田远. 日本国债制度设计利弊、债务运行情况及对我国启示［J］. 地方财政研究，2017，（8）.

［37］申琳. 美国储蓄国债的发展变迁与政策启示［J］. 上海金融，2017，（1）.

［38］中华人民共和国财政部. 娄洪：在地方政府债券发行制度改革座谈会上的讲话［EB/OL］. （2018－05－25）. http://gks. mof. gov. cn/zhengfuxinxi/lingdaojianghua/201805/t20180516_2898782. html.

［39］闫衍，王新策，袁海霞. 中国地方政府债务风险指数研究［J］. 财政科学，2018，（9）.

［40］程晨，肖乐鸣，张继强. 专题研究：政府债务率解析与各省红橙黄绿情况［EB/OL］. （2021－03－26）［2021－03－26］. http://stock. finance. sina. com. cn/stock/go. php/vReport_Show/kind/lastest/rptid/670077117400/index. phtml.

［41］周岳，肖雨. 关于债务率，我谈些什么［EB/OL］. （2021－04－06）［2021－04－06］. https://xw. qq. com/cmsid/20210409A0B1AK00.

［42］美国证监会的投资者教育和宣传办公室. 市政债券相关信息. ［EB/OL］. （2019－10－10）［2019－10－10］. https://www. investor. gov/introduction－investing/basics/investment－products/municipal－bonds.

［43］美国证监会. 评级机构在证券市场的角色和功能（SEC－2003 年）. ［EB/OL］. （2003－01－01）［2019－10－10］. https://www. sec. gov/news/studies/credratingreport0103. pdf.

［44］美国证监会. 全国认可统计评级组织. ［EB/OL］. （2019－10－10）［2019－10－10］. https://www. sec. gov/ocr/ocr－current－nrsros. html.

［45］美国州预算办公室. 美国州政府资本预算. ［EB/OL］. （2014－03－01）［2019－10－10］. https://www. nasbo. org/reports-data/capital-budgeting-in-the-states.

[46] 英国债务管理办公室. 金边债券的介绍. [EB/OL]. (2019－10－10)[2019－10－10]. https：//www. dmo. gov. uk/responsibilities/gilt-market/about-gilts/.

[47] 英国时报. 评级：英国政府信用评级. [EB/OL]. (2019－10－10)[2019－10－10]. https：//countryeconomy. com/ratings/uk.

[48] 穆迪评级. 穆迪完成了英国政府的定期审查. [EB/OL]. (2019－08－22)[2019－10－10]. https：//www. moodys. com/research/Moodys-announces-completion-of-a-periodic-review-of-issuers-including-PR_402360.

[49] 英国财政部. 债务管理报告(2019－20).[EB/OL]. (2019－03－01)[2019－10－10]. https：//assets. publishing. service. gov. uk/government/uploads/system/uploads/attachment_data/file/785550/debt_management_report_2019－20_final_web. pdf.

后 记

· · · ·
· · · ·

　　《中共中央 国务院关于全面实施预算绩效管理的意见》发布以来的三年多时间里，各级政府各部门都在积极推进相关工作，在不断取得成果的同时，也面临着新形势下的各种新要求、新问题。总的来说，全面实施预算绩效管理正处在一个关键时期。在这个关键期里，过去的许多经验需要梳理，面临的许多问题需要回答，当下的最新要求需要分析，将来的发展形势需要研判。

　　上海闻政管理咨询有限公司（以下简称"闻政"）基于长期研究积累和过往经验，将这三年多来的工作进行系统性梳理总结，并尝试对学界和业界关心的一系列问题给出一些答案，为让更多的人能读懂全面实施预算绩效管理这部"巨著"贡献自己的力量。为此，我们在 2019 年出版的《全面实施预算绩效管理系列丛书》的基础上进行了修订和再版，形成了呈现在读者面前的这套全新的《全面实施预算绩效管理系列丛书》（修订版）。

　　作为上海财经大学等国内多个高校的"产学研"基地，闻政始终坚持以绩效为核心，以"驱动绩效 定义未来 给力政府"为己任。在多年的发展和实践中，闻政以苛求专业的精神、求真务实的作风积极为各级政府部门、业内第三方机构等提供专业的全方位绩效管理服务，是一家集"预算绩效管理研究、政府绩效咨询、绩效信息化产品开发与服务、绩效大数据建设与应用、政府绩效管理培训"于一体的智库型企业，并不断深入开展关于政府治理能力现代化大数据决策应用体系的研发构建。

　　本套修订版丛书由闻政团队结合实践经验和研究成果精心打磨、淬炼而成。其中，《全面实施预算绩效管理专业基础（第二版）》和《全面实施预算绩效管理实践指导（第二版）》由 2019 年版《全面实施预算绩效管理系列丛书》修订而成，内容上更加细致全面；《全面实施预算绩效管理案例解读（2021）》根据闻政近三年的实际案例全新编撰。此外，闻政团队还基于 2017 年财政部与共建高校联合研究课题"关于政府购买服务第三方绩效评价机制研究"上海财经大学研究成果编著了《政府购买服务绩效评价：理论、实践与技术》，基于 2019 年财政部部省共建联合研究委托课题"政府债务预算绩效管理研究"中国国债协会和上海财经大学联合研究成果编著了《政府债务预算绩效管理路径探索：基于代际公平和投融资机制的视角》，两本新书提供了实现预算绩效管理全覆盖的典型范例，是对当前预算绩效管理新要求的一种回应。

丛书由刘国永担任主编，李文思、王萌担任副主编。丛书编委由孙晓霞、王华巍、姜蓉、张林、罗杰、王文才、何文盛、马蔡琛、华清君、李宜祥、俞红梅、任晓辉、彭锻炼、汤泉、刘敏、信俊汝、吴晶、夏和飞组成。具体来说，《全面实施预算绩效管理专业基础（第二版）》和《全面实施预算绩效管理实践指导（第二版）》由刘国永、李文思、王萌主导编撰；最新分册《全面实施预算绩效管理案例解读（2021）》由信俊汝、朱文、王春影、梁园园撰写；《政府购买服务绩效评价：理论、实践与技术》由熊羽、罗杰、刘敏撰写；《政府债务预算绩效管理路径探索：基于代际公平和投融资机制的视角》由孙晓霞、黄超、刘敏编撰。丛书再编过程中还参考、借鉴了国内外有关专家学者的最新研究成果。借此致敬前人的智慧，同时也对成书过程中给予关怀和支持的社会各界、领导同志、绩效同仁及读者表示深深的感谢。

本书作者孙晓霞，中国国债协会会长，财政部金融司原司长。从事财政管理工作 30 余年，主要开展外贸和金融财政财务政策的研究和制定工作，曾组织研究和实施促进经济发展和加强宏观管理的财政金融政策措施。本书作者黄超，上海闻政咨询管理有限公司研究员，经济师，主要研究领域为预算绩效指标标准和政府债务，参与了财政部《政府债务预算绩效管理研究》部省共建联合研究课题，曾负责上海市、广东省等多地绩效管理咨询项目，涉及能源、工业和信息化等多个领域，在《中国财政》《民生周刊》等期刊发表多篇论文。本书作者刘敏，上海闻政管理咨询有限公司高级研究员，经济师，专注预算绩效管理研究近 10 年，参与政府债务预算绩效管理相关课题和咨询等工作，在核心期刊发表多篇专业学术论文。

本着"孜孜以求，不断探索"的精神，闻政深知绩效之路深远绵长，唯以匠人之心继往开来，敢于在实践中求证，方能近道。今后，闻政还将继续全方位多触角发力，陆续推出关于基层政府预算绩效管理改革，教育、公交、国企等行业绩效管理探索，以及地方实践模式创新等领域的更多成果，旨在为绩效行业发展献上自己的智慧果实，让绩效管理更专业、更科学，从而为政府的科学决策提供有力支持。

编者

2021 年 12 月